权威·前沿·原创

皮书系列为
“十二五”“十三五”国家重点图书出版规划项目

山东蓝皮书

BLUE BOOK OF SHANDONG

山东省普惠金融发展报告（2019）

ANNUAL REPORT ON THE DEVELOPMENT OF INCLUSIVE FINANCE IN SHANDONG (2019)

青岛大学资本市场研究院
齐鲁财富网
鲁信区块链研究院
主　编／孙国茂

社会科学文献出版社
SOCIAL SCIENCES ACADEMIC PRESS (CHINA)

图书在版编目（CIP）数据

山东省普惠金融发展报告. 2019 / 孙国茂主编. -- 北京：社会科学文献出版社，2019.9
（山东蓝皮书）
ISBN 978-7-5201-5553-3

Ⅰ. ①山… Ⅱ. ①孙… Ⅲ. ①地方金融事业-经济发展-研究报告-山东-2019 Ⅳ. ①F832.752

中国版本图书馆 CIP 数据核字（2019）第 205420 号

山东蓝皮书
山东省普惠金融发展报告（2019）

主　　编 / 孙国茂

出 版 人 / 谢寿光
组稿编辑 / 高　雁　颜林柯
责任编辑 / 颜林柯

出　　版 / 社会科学文献出版社 · 经济与管理分社（010）59367226
地址：北京市北三环中路甲 29 号院华龙大厦　邮编：100029
网址：www.ssap.com.cn
发　　行 / 市场营销中心（010）59367081　59367083
印　　装 / 三河市东方印刷有限公司

规　　格 / 开 本：787mm × 1092mm　1/16
印 张：19.75　字 数：292 千字
版　　次 / 2019 年 9 月第 1 版　2019 年 9 月第 1 次印刷
书　　号 / ISBN 978-7-5201-5553-3
定　　价 / 188.00 元

《山东省普惠金融发展报告（2019）》
编　委　会

机构介绍

齐鲁财富网（www. qlmoney. com）是“服务大众”的专业财经互联网平台，为中小企业提供实用、专业、权威、有价值的多元化财富管理资讯，为政府有关部门提供决策咨询和服务，并致力于为客户提供具有战略参考价值的产业发展、区域规划、乡村振兴、城市金融、能源金融、绿色金融、普惠金融、资本运营以及投资管理等专项研究解决方案。

目前，齐鲁财富网已经通过社会化信息分享平台将网站信息维护与移动应用通道打通，实现统一信息编辑，网站、移动 WAP 网站、微信、微博、移动 App 多渠道一键发布，确保数据同源、多端协同。

近年来，齐鲁财富网集全媒体服务、政策研究、行业咨询、企业孵化、管理培训、投资理财、会议论坛、编辑出版、网络开发和数据挖掘等功能于一身，形成了服务山东、辐射全国的财经信息聚合平台、资讯传播平台、舆论监督平台、投融资对接平台和研究评价平台。

专家团队

齐鲁财富网特约包括李扬、王忠民、吴晓求、贾康、贺强、胡汝银、巴曙松、姚洋、韦森、王松奇、谭雅玲、刘李胜、李迅雷、郭田勇、施光耀、杨东、杨开忠、乔润令、杜莉、冯奎、刘士林、张栋、黄震、陈柳钦、孙国茂和张志元在内的近百名国内知名经济学家、金融证券研究专家、资深媒体人和财经评论人员，组成了在行业内享有盛誉的专家团队。

合作伙伴

齐鲁财富网与中国社会科学院、北京大学、中国人民大学、中央财经大学、山东大学、山东省社会科学院、山东财经大学、青岛大学、济南大学、中国上市公司市值管理研究中心、齐鲁股权交易中心、山东省扶贫基金会、山东省小额贷款企业协会、山东省普惠金融研究院等近百家大学、研究机构、金融机构，以及人民网、新华网、光明网、中国网、中国经济网、央视网、央广网、国际在线、中国社会科学网、齐鲁网、中金在线、金融界、和讯网、新浪财经、凤凰网、《中国证券报》、《上海证券报》、《证券时报》、《金融时报》、《证券日报》、《经济日报》、《工人日报》、《中国日报》、《法制日报》、《人民政协报》、《中华工商时报》、《中国社会科学报》、《经济参考报》、《中国经济导报》、《中国改革报》、《中国工业报》、《中国财经报》、《中国能源报》、《中国城市报》、《中国经济时报》、《中国经营报》、《中国企业报》、山东电视台、山东广播经济频道等近百家中央、地方专业媒体建立了良好的合作关系。

主要编撰者简介

孙国茂　山东省泰山产业领军人才，山东省高端金融人才，山东省人大常委会财经专家顾问，山东省政府研究室特邀研究员，青岛大学经济学院特聘教授、博士生导师，中国公司金融论坛创始人，《公司金融研究》杂志主编。先后担任济南大学公司金融研究中心主任、济南大学金融研究院院长、山东省资本市场创新发展协同创新中心主任、济南大学商学院教授等职。主要研究领域为公司金融、资本市场和制度经济学。著有《公司价值与股票定价研究》《制度、模式与中国投资银行发展》《金融改革、创新与公司金融》《山东省普惠金融现状研究》《普惠金融组织与普惠金融发展研究》等多部个人专著；在《管理世界》《中国工业经济》《经济学动态》等学术期刊以及《人民日报》《经济参考报》《中国证券报》等重要报纸上发表论文100多篇，其中30多篇被《新华文摘》和人大复印报刊资料转载；连续8年主编《中国证券公司竞争力研究报告》，连续6年主编《山东上市公司经营绩效及市值管理研究报告》，连续5年主编《山东省金融科技发展报告》。主持国家社科基金项目、省部级重大研究课题以及横向研究课题10多项，获得山东省社会科学一等奖、二等奖等多项。2012年创办中国公司金融论坛，连续成功举办8届，在学术界和金融界产生巨大反响。作为省政府特邀研究员和金融专家，参加时任山东省省长郭树清主持召开的山东省“十三五”规划讨论、山东省金融“十三五”规划讨论、山东省资本市场“十三五”规划讨论和《山东地方金融条例》讨论。

摘　要

《山东新旧动能转换综合试验区建设总体方案》提出要“增强金融服务实体经济能力，加快发展普惠金融，规范发展小额贷款公司、融资担保公司、融资租赁公司，深入开展新型农村合作金融试点，支持按程序开展普惠金融改革，探索完善区域普惠金融服务体系”。《山东省现代金融产业发展规划（2018～2022年）》提出的现代金融产业发展目标是“普惠金融、科技金融、绿色金融、海洋金融、文化金融、质量金融等新型金融服务蓬勃发展，小微企业和农户贷款覆盖率、申贷获得率稳步提升，金融扶贫任务提前完成”。2018年，随着创新驱动、乡村振兴以及中小企业高质量发展等一系列重大战略的实施，国家与山东省对普惠金融的重视程度不断提升，普惠金融实现加速发展，成为山东推动新旧动能转换的重要力量。

《山东省普惠金融发展报告》以党中央、国务院发展普惠金融、建设普惠金融体系、全面建成小康社会伟大战略为大背景，系统追踪山东普惠金融发展进程，丰富了普惠金融发展的内涵、功能和运作模式。《山东省普惠金融发展报告》已经连续编写3年，《山东省普惠金融发展报告（2019）》延续了“山东蓝皮书”系列的科学严谨性及客观权威性，分析山东发展普惠金融的现状、优势条件和发展过程中存在的问题，结合山东经济社会现实，提出了发展普惠金融的对策建议。全书分为4部分：总报告、分报告、专题报告和附录。

总报告对2018年山东普惠金融的发展情况进行概述，以全国银行业、小额贷款行业、数字普惠金融业运行情况及山东金融业运行情况为分析背景，发现全年山东普惠金融呈现服务主体更加多元、保险服务普惠性提升、金融扶贫攻坚成效显著等特点。同时存在数字化普惠金融发展不足、金融体系发展不均衡、普惠金融产品与服务质量欠佳、普惠金融生态环境有待改善等问题。相关部门应重点打造数字化普惠金融平台，提升普惠金融产品与服务质量，建立健全普惠金融风险防范与补偿机制，优化普惠金融发展的生态环境。

分报告从山东商业银行普惠金融、村镇银行、小微金融机构、新型农村合作金融 4 个方面，详细介绍山东普惠金融发展现状、存在的问题，并提出建议。2018 年，山东省内商业银行按照中国银保监会部署，积极推进普惠金融实践，各大型商业银行山东分行普惠金融工作成效显现，2018 年 11 月 30 日，中国证监会下发《关于核准青岛银行股份有限公司首次公开发行股票的批复》，青岛银行成为山东第一家银行类上市公司和第一家金融类上市公司，为山东普惠金融发展提供动力。截至 2018 年末，山东村镇银行数量居全国首位，达 126 家，中国银行成为发起（控股）数量最多的主发起行，农商银行成为发起村镇银行的主力军。以民间融资机构和小额贷款公司为代表的小微金融机构凭借自身特点，成为山东普惠金融发展的重要力量。山东作为新兴农村合作金融试点省份，截至 2018 年末，全省共有 118 个县（市、区）的 460 家农民专业合作社开展信用互助业务试点，比 2017 年增加了 63 家，县（市、区）覆盖率高达 86.13%，进一步促进山东普惠金融发展。

专题报告包括《山东普惠金融监管与风险防范》《山东普惠金融发展与评价》《山东农村商业银行普惠金融报告》《枣庄市普惠金融改革试验区可行性研究》4 个专项报告。以民间借贷、网络借贷以及小额贷款等普惠金融组织为例，对山东普惠金融监管与风险防范进行研究，提出 4 条风险防范措施；山东普惠金融评价指标体系测算结果显示，山东普惠金融仍存在银行业对普惠金融支持力度较小、金融科技在普惠金融发展中应用不足、金融机构服务质量及居民金融素养有待提升等问题，并据此提出 5 条发展建议；为形象描述山东普惠金融发展现状，以全省 110 家农村商业银行为重点研究对象，从发展现状、服务主体、服务领域、服务特点、履行社会责任等方面来体现其普惠金融服务能力；为响应国务院及山东省政府发展普惠金融、建设国家普惠金融改革发展试验区的号召，对枣庄市普惠金融改革试验区可行性展开研究，通过总结各省普惠金融改革试点经验，设计枣庄市普惠金融改革试验区方案，并提出保障措施。

关键词： 山东普惠金融　评价指标体系　普惠金融试验区　数字普惠金融

序　言
促进普惠金融与精准扶贫深度融合

董龙训*

金融制度演变至今，由于“金融租金门槛”、市场结构差异和供求失衡等因素的存在，金融市场上的各个经济主体难以享受公平、公开的交易机会，资金借贷并非完全由资金需求者的预期偿还能力决定，金融排斥问题无处不在。普惠金融是联合国为了解决金融排斥问题而提出的，目的是在平等、商业利益可持续原则的基础上，以可负担的成本为社会各阶层和群体提供全方位、有价值的金融服务。“普”是指人人可得，强调金融服务的普遍性，体现的是平等权利；“惠”是指惠及百姓，强调金融服务的目的在于便利百姓。对于中国而言，这一理念与中国所提倡的“包容性发展”“和谐发展”等战略思想一致。

中国对发展普惠金融高度重视。2013 年 11 月，党的十八届三中全会正式提出发展普惠金融。2015 年 12 月 31 日，国务院印发《推进普惠金融发展规划（2016～2020 年）》，从国家层面确定了发展普惠金融的战略意义。2016 年，在中国政府的积极推动下，G20 领导人杭州峰会正式通过了 G20 数字普惠金融高级原则，这是国际社会就利用信息技术促进普惠金融推出的第一份高级别文件。这是中国对全球经济、金融特别是扶贫、普惠事业的一个贡献。习近平总书记在党的十九大报告和全国金融工作会议上都强调要建设普惠金融体系，加强对小微企业、“三农”和偏远地区的金融服务。这为发展普惠金融、推动精准扶贫提供了遵循。党的十九大报告指出，在全面建

* 董龙训，山东省金融学会常务副会长。

成小康社会的决胜期，要抓重点、补短板、强弱项。一直以来，金融领域的弱项和短板是为小微企业、农民、低收入人群等提供服务不足。普惠金融是现有金融体系的有益补充，是当前我国扶持中小经济体和“三农”经济发展的重要举措。2018 年是我国脱贫攻坚三年行动的开局之年，是打赢精准脱贫攻坚战的重要一年。2018 年的中央一号文件要求，做好实施乡村振兴战略与打好精准脱贫攻坚战的有机衔接，普惠金融重点要放在乡村。2018 年《政府工作报告》再次强调，支持金融机构扩展普惠金融业务。坚决打好三大攻坚战，加大精准脱贫力度。2018 年 2 月 14 日中国银监会发布的《关于做好 2018 年三农和扶贫金融服务工作的通知》（银监办发〔2018〕46 号）指出：应将普惠金融重点放在农村，扩大基础金融服务范围，加大金融资源倾斜力度。

普惠金融通过减少信息不对称，拓宽了贫困群体的资金获取渠道，降低了信贷门槛和资金使用成本，在解决贫困群体融资难题、推进农村地区扶贫进程方面，有着不可替代的优越性。普惠金融可以使信贷资源精准投放到贫困人群手中，改变了以往“大水漫灌”的粗放式发放信贷资金，转而以“定点滴灌”的精准方式来发放贷款，避免中间环节损失，直接作用于贫困源头。普惠金融扶贫带有较大的杠杆性，扶贫效果较财政补贴等方式效率更高。普之城乡，惠之于民。普惠金融作为一种没有差异性的、类似于阳光的准公共品，是扶贫工作中不可缺少的金融服务。但随着扶贫工作的不断推进，扶贫工作进入了前所未有的攻坚期。对于这一特殊阶段，精准扶贫成为攻坚克难的良方。普惠金融的发展为精准扶贫工作提供了一个重要着眼点和有力支撑，通过普惠金融推进精准扶贫工作，已经成为当前我国精准扶贫工作的一项共识。

推进精准扶贫，金融扶贫不可或缺。金融扶贫是精准扶贫工作的重要组成部分。普惠金融将贫困群体纳入重点目标客户，是实现金融扶贫普惠效应的重要体现，也是实现精准脱贫的重要手段。同时，精准扶贫也会倒逼金融改革创新，不断拓展金融服务扶贫开发的领域和范围。传统金融理论认为可通过金融深化的就业效应和收入分配效应，以促进经济增长并提高居民收入，进而实现反贫困的目的。但金融深化更多强调的是金融发展的深度，而普惠金融强调的是金融服务的可得性和便利性，更强调的是金融的广度。因此，普惠金融促进收入差距缩小的机制有自身的特殊性。普惠金融在服务对象、发展方式、创新要求、持续性要求、精准化要求等方面均与精准扶贫保持了良好的一致性，因此在普惠金融的背景下，金融可作为精准扶贫的支持手段。经济的发展离不开原始资本的积累，金融又是资本形成的重要途径。普惠金融有利于贫困地区发展，精准扶贫为贫困地区的扶贫攻坚提出了工作方向，二者在扶贫工作上的协同性使得普惠金融在贫困地区的经济发展中扮演着重要的角色。金融机构的资金可以推动贫困地区的产业发展，是贫困地区经济发展的源泉。精准扶贫不同于以往“输血式”的粗放式扶贫，其目的在于构建“造血式”的扶贫模式，其所构建的扶贫模式的长效机制，与普惠金融的可持续性发展特征相符。在实际执行中，普惠金融与精准扶贫在手段、目标等方面存在一定的一致性，发展普惠金融促进精准扶贫有明显的普适性和优越性。金融精准扶贫是从金融的角度为扶贫攻坚提供全方位的金融支撑，以脱贫为目标，统筹协调宏观政策、财政政策、金融政策、产业政策等，在商业利益可持续的基础上创新信贷产品和服务方式，以较低的成本实现金融资源的合理配置。

目前，我国在金融精准扶贫工作中所运用的方式主要是特惠金融的手段，而非普惠金融的方法。特惠金融是指以补贴方式提供的优惠性融资或保险等金融形态，这是一种政策性金融。普惠金融的实质是扶持传统金融不愿意或难以服务的弱势群体，且能实现组织机构自身可持续发展的金融体系。在党中央、国务院的高度重视和大力推动下，我国多层次、广覆盖的普惠金融机构和普惠金融产品体系基本形成，金融服务的可获得性持续提升。在此背景下，普惠金融发展意识正逐渐深入人心，金融精准扶贫在这种理念中得到了比较好的发展。普惠金融支持精准扶贫的意义有两点：首先，精准扶贫以普惠金融为前提条件，以金融精准扶贫为中心，改善了贫困地区的生产生活状况，拓宽了其资金来源，将各种生产要素（人才、技术等）引入贫困地区，在贫困地区形成市场化经济体制，不断地为贫困地区输送“血液”，增强扶贫的成效；其次，利用金融推动精准扶贫工作，体现了我国金融部门和企业应该履行的社会责任，也是我国政府弥补“市场失灵”、促进经济发展均衡的重要举措。金融精准扶贫是脱贫攻坚的源头活水和新鲜血液。

民之所盼、民之所需、民之所急，是新时代金融改革发展的行动指向。我们的金融扶贫如何从依靠财政大量投入的特惠金融转变到普惠金融以及真正践行普惠金融的理念和要求，在我国，这至今仍是一个难点和痛点。国际经验表明，通过深化普惠金融服务可以惠及部分贫困群体，精准扶贫离不开健全、高效的普惠金融体系。因此，首先，要在思想上正确认识普惠金融与精准扶贫的关系，这是二者有效协调的基础；其次，完善普惠金融自身体系建设是提升普惠金融服务效果的重要前提。普惠金融制度创新非常重要，有效推进精准扶贫需要进一步优化普惠金融组织体系与市场体系，主要是发展符合市场发展规律的小型金融服务机构，建立层次多、覆盖广、持续性高的金融服务体系，促使金融服务体系由政府主导向市场主导转变。要加强普惠金融发展规划，将普惠金融与精准扶贫上升为一脉相承的思想纲领，作为指导普惠金融服务精准扶贫的总方针，加强宣传提升普惠金融在实现精准扶贫目标中的重要性。

供需有效匹配是普惠金融创新精准扶贫机制的基本导向。普惠金融扶贫开发供给不足、金融扶贫需求不明确、信息不对称会加大精准扶贫难度。授人以鱼，不如授人以渔。普惠金融扶贫不是政策性扶贫，也不是无偿扶贫，普惠金融采取有偿的资金投入方式，通过市场化的手段使金融机构在提高贫困户生活水平的同时也追求利润。扶贫对象将从金融机构获得的贷款资金和劳动力、土地等生产要素结合，投入生产过程，创造价值，金融扶贫以“造血”的形式改变了以往财政扶贫的“输血”形式，体现了“授之以渔”的理念，确保了扶贫的效用。完善普惠金融服务体系、增加贫困地区金融供给是金融精准扶贫工作的主要着力点。充足的资金存储及多元化的资金来源是普惠金融发挥其功效、实现精准扶贫助力的重要前提。普惠金融不能解决所有的贫困问题，也不能自动解决贫困问题，普惠金融与精准扶贫有效协调应该注重普惠金融供给与需求的有效协调。普惠金融主要是提高贫困人口的资金可获得性，但提高资金可获得性不一定能够实现贫困人口收入增长，关键在于能否实现金融机构资金供给能力与贫困人口资金需求能力的有效衔接。金融机构的资金供给能力决定金融机构能否为贫困人口提供高效、低成本和可持续的金融服务，贫困人口的资金需求能力决定贫困人口能否真正将这些资金用到能够实现收入增长的地方。因此，普惠金融与精准扶贫的有效协调需要保障资金供给与提高贫困人口资金需求能力同步提升。

政府、市场协同发力是普惠金融创新精准扶贫机制的主要方略。“千钧在一羽，轻重在平衡”，坚持协调发展，也是普惠金融广泛包容性要实现的目标。作为一种制度安排，普惠金融体系在地区、产业、城乡等层面存在差异，整体上不尽协调。因此，在政府和市场的关系上，要切实做到“市场主导、政府引导”。普惠金融发展是“途径”，服务精准扶贫是“目标”。但是，目前我国普惠金融大部分是靠市场化机制运作的，精准扶贫在很大程度上属于政府行为，因此，实现普惠金融与精准扶贫的有效协调必须处理好政府与市场之间的关系。如果两者的关系处理不好，有可能会出现政府隐性强制金融机构开展扶贫，金融机构为了完成政府任务而被动扶贫，打击金融机构扶贫的内在积极性，不利于金融机构实现自身可持续发展与扶贫的有效协调，损害普惠金融发展的基础。所以，需要政府、市场协同发力，共创普惠金融扶贫体系。坚持市场配置资源的决定性作用，运用好政府的财政杠杆功能，构建便捷、高效的金融服务网络；完善金融扶贫资金供给保障体系，强化财政扶贫政策，发挥地方政府组织的增信优势，实现普惠金融扶贫与财政扶贫的有效结合；构建金融扶贫精准模式，完善融资领域增信机制；健全金融市场体系，大力发展基于大数据的普惠金融模式，推动业务行为市场化、产品定价市场化，充分发挥规模效应，实现服务社会效益最大化。

普惠金融创新精准扶贫要更加重视风险管理。普惠金融的风险管理是一个专业性更强、难度更大的工作，需要金融部门付出更多的精力，也要在尽职免责等政策的落实上下功夫。要对金融精准扶贫中的金融风险进行全过程监控管理，及时调整和完善风险控制手段，实现金融创新和金融风险控制同步推进、良性循环，构建起以金融资源为核心、各类扶贫主体积极参与、各种资源要素充分发挥作用的金融精准扶贫新机制。要重视普惠金融创新精准扶贫中的风险防范，但绝不能“因噎废食”，要建立政府引导基金和风险补偿基金，提供增信担保服务，核销普惠金融服务精准扶贫过程中较高的风险损失，形成促进普惠金融机构服务精准扶贫的长效激励机制。

近年来，山东省人民政府一直把发展普惠金融作为财政金融政策服务经济社会发展的重要抓手，积极创新财政支持手段、方式，持续加大财政投入力度，完善“政、银、保、担、企”合作机制，引导金融机构增加农村、小微等金融资源供给，提高普惠金融服务覆盖率和可获得性。山东省在普惠金融机构供给体系、农村金融支持、小微企业金融支持以及完善资本市场等各个方面都取得了较好发展。为进一步贯彻落实国务院《推进普惠金融发展规划（2016～2020年）》，积极推进普惠金融发展，逐步建立与山东省社会经济发展相适应的普惠金融服务体系，提高金融服务的满意度、可得性和扩大金融服务的覆盖面，2018年10月，山东省人民政府在《山东省现代金融产业发展规划（2018～2022年）》（鲁政字〔2018〕215号）中提及：引领发展地方普惠金融，以现代金融产业促进地方经济转型升级，强化城市商业银行服务中小企业、社区及地方的市场定位，发挥地缘人缘优势，鼓励有条件的城市申报国家普惠金融改革发展试验区。2018年，山东省在普惠金融方面做了诸多探索，如积极探索和创新普惠金融的组织形式、健全地方金融监管机制、推动民间金融组织管理和运行的规范化、引导普惠金融服务从单一化到多元化的转变等，都取得一定成效。

山东省是经济大省，虽然不是典型的贫困省份，但东西部存在严重的贫富差距，更为重要的是山东省内存在着众多的贫困村。山东有着较为繁重的脱贫攻坚任务，也是普惠金融扶贫开发的重要战场，是全国的一个缩影。自中央提出脱贫攻坚战略以来，山东省各相关部门全力以赴，努力实现山东省的全省脱贫目标。党中央要求脱贫攻坚要向深度贫困地区和最艰难地方聚焦发力，山东各金融部门严格按照该战略谋划，将服务全省更好、更快脱贫作为最大的工作动力，近年来深入全省各重点贫困区域，探索具体的金融扶贫模式，加大扶贫信贷投放力度，全力满足脱贫攻坚的多元化融资需求，实现增强贫困人口“造血”功能的目标。为了精准对接脱贫攻坚的金融需求，山东省将助推脱贫攻坚任务与金融精准扶贫手段相结合，确保做到政策支持精准、信贷投放精准和金融服务精准。经过多年摸索和实践，普惠金融在支持山东易地搬迁扶贫、基础设施建设扶贫、产业扶贫、就业扶贫和助学贷款扶贫等方面取得了较好成效，也积累了一定经验。近年来，山东省委、省政府在扶贫工作中积极摸索，初步建立践行普惠金融、推进金融精准扶贫的几种模式：“信贷＋大众创业”“信贷＋互联网金融”“信贷＋新型城镇化”“信贷＋产品创新”。以上几种扶贫模式特点突出、优势互补，符合当代扶贫发展的需要。但是，在普惠金融应用到精准扶贫的过程中，依然存在一些政策落实困难以及相关制度仍需健全完善的问题，具体表现为：一是政策资源和政策落实“脱节”；二是金融基础设施建设滞后；三是金融供给、需求不均衡；四是融资、生产保险机制不健全。由于山东省各地市的普惠金融发展差异性极大，因此，要强化区域协调，引导金融资源广泛配置，结合区域普惠金融发展特点组织金融活动，加强项目实施，优化资源配置，构建支撑“一干多支”发展的普惠金融布局。济南的普惠金融指数较高，应充分发挥济南市金融发展的“扩散效应”，引导和支持济南市金融机构走出济南，在各地市设立分支机构或营业网点，将先进的金融理念和金融产品引入其他地市，形成金融科技的示范效应和外溢效应，带动其他地区普惠金融发展。当然，山东省在践行普惠金融的道路、将金融资源有效配置到精准扶贫工作中、提高扶贫成效等方面还有十分艰巨的任务。金融组合拳助力精准扶贫步入新天地是未来精准扶贫的发展方向。只有将山东自身的特色资源同金融领域进行有机结合，创新金融在普惠视角下的扶贫模式，解决“帮扶谁”和“怎么扶”的问题，才能切实保障工作的高质量和长效性。

2019年2月21日，《中共中央国务院关于坚持农业农村优先发展做好“三农”工作的若干意见》明确指出，“咬定既定脱贫目标，落实已有政策部署，到2020年确保现行标准下农村贫困人口实现脱贫，贫困县全部摘帽、解决区域性整体贫困”，这说明在当下时刻，脱贫工作已经进入了黎明前的最后冲刺阶段。借助普惠金融发展的契机，引导金融精准扶贫开发工作，形成具有救助范围广、灵活性强、可持续性突出的“金融+扶贫”模式，应当成为今后金融与扶贫融合发展的重要形式。2019 年中央经济工作会议指出，要继续打好防范化解重大风险和脱贫攻坚战，而实现金融与扶贫的结合，不失为一种创新有效的战术。总之，要从发展普惠金融初始目标的视阈出发，立足当前金融扶贫过程中面临的新问题、新趋势、新挑战，提升金融扶贫的社会影响力，共同营造打好脱贫攻坚战的良好氛围，确保金融能为扶贫开发保驾护航。

2019 年 7 月于济南

目　录

Ⅰ　总报告

Ⅱ　分报告

Ⅲ　专题报告

Ⅳ 附录

皮书数据库阅读**使用指南**

总 报 告

General Report

B.1

山东普惠金融发展概述

孙国茂　辛洪涛　徐永慧　何磊磊*

摘　要： 2018年，普惠金融发展已成为山东推动新旧动能转换的重要力量。本报告结合宏观发展环境，概述山东省普惠金融发展现状，分析和总结存在的问题，并提出发展建议。从全国的情况看，山东在发展普惠金融的进程中走在前列，具体表现为地方政府支持力度加大，地方金融改革和金融监管力度也不断加大，由银行业、保险业和多层次资本市场等构成的普惠金融供给体系不断完善，普惠金融服务乡村振兴和扶贫攻坚成效显著。与此同时，存在的问题不容忽视，尤其是数字

* 孙国茂，青岛大学经济学院特聘教授、博士生导师，研究领域为公司金融、资本市场、制度经济学。辛洪涛，中央财经大学金融学博士，山东外贸职业学院副教授，山东省跨境电商工程技术研发中心供应链金融研究所所长，研究领域为供应链金融。徐永慧，南开大学经济学博士，山东财经大学山东金融发展研究院讲师，研究领域为区域经济一体化、宏观经济增长。何磊磊，中央财经大学博士研究生，研究领域为宏观经济与金融市场。

化普惠金融发展不完善，存在一定的风险。针对现有问题，相关部门应重点打造数字化普惠金融平台，防控风险，优化普惠金融发展的生态环境。

关键词： 山东普惠金融　数字普惠金融　风险防范　普惠金融生态环境

党的十九大提出，中国已经进入全面建成小康社会的决胜阶段。加快转变经济增长方式，推进包容性发展，促进金融资源的合理配置，增强金融服务实体经济的能力，是金融改革的重要内容。打赢脱贫攻坚战，是全面建成小康社会的客观需要和标志性任务，也是实现“两个一百年”奋斗目标的战略性任务。2018 年是我国脱贫攻坚三年行动的开局之年，是打赢精准脱贫攻坚战的重要一年。习近平总书记在全国金融工作会议上明确指出：“建设普惠金融体系，加强对小微企业、‘三农’和偏远地区的金融服务，推进金融精准扶贫。”这为发展普惠金融、推动精准扶贫提供了遵循。大力发展普惠金融对于助力脱贫攻坚战、实现全面建成小康社会具有重要意义。在未来的更长时间，发展普惠金融将成为我国全面深化改革和创新发展在金融领域的关键任务之一。

2018 年，山东全省深入学习贯彻落实党的十九大精神和习近平总书记视察山东重要讲话、重要指示和批示精神，进一步统一思想、提高认识，以更高的政治站位、更大的工作力度，把习近平总书记对山东的殷切期望和党中央各项决策部署落到实处。面对错综复杂的国内外形势，山东省始终坚持稳中求进的工作总基调，坚持新发展理念，以供给侧结构性改革为主线，加快推进新旧动能转换重大工程，全年金融运行平稳，普惠金融工作取得显著成效。

一　山东金融业运行情况

2018 年，我国仍然延续强监管态势，监管层陆续出台一系列金融监管政策，促进我国金融行业逐渐由高速发展向高质量发展阶段过渡。中国银监会连续出台了《商业银行股权管理暂行办法》（银监发〔2018〕1号）、《进一步深化整治银行业市场乱象的意见》（银监发〔2018〕4号）、《关于进一步支持商业银行资本工具创新的意见》（银监发〔2018〕5号）、《银行业金融机构从业人员行为管理指引》（银监发〔2018〕9号）等一系列监管指导文件，深层次整治银行业乱象，强化银行业改革和防范金融风险的重任。以上监管文件的颁布实施为山东省金融业的发展提供了政策支持。

山东省人民政府积极把握国家重大战略机遇，2018年9月出台《山东省现代金融产业发展规划（2018～2022年）》（鲁政字〔2018〕215号），明确指出，要“紧紧围绕服务实体经济、防控金融风险、深化金融改革三大任务，以促进金融市场提质增效和优化融资结构为抓手，以做强做优法人金融机构和要素市场平台为突破口，以科学布局区域金融产业和完善国有金融资本管理体制为支撑，以维护金融稳定、优化金融生态环境为保障，努力把金融产业打造成为山东省战略性支柱产业”。预期到2022年，山东金融业增加值将超过6000亿元，占GDP的比重达到6%。2018年12月，中国银保监会①山东监管局正式挂牌，将紧紧围绕服务实体经济、防范金融风险、深化金融改革三大任务做好改革和监管各项工作。

2018年山东省金融运行平稳，金融业增加值达3927.85亿元，比2017年高出220.61亿元，同比增速为5.95%，货币信贷和社会融资规模平稳增长，实体经济融资渠道不断拓宽，资本市场稳健发展，保险服务保障功能日益增强，金融体系逐步完善，金融市场进一步创新发展，金融风险防范化解工作取得成效，为供给侧结构性改革和经济高质量发展营造了适宜的货币金融环境。

银行业服务实体经济能力提升。截至2018年末，金融机构本外币存款

① 2018年3月，根据第十三届全国人民代表大会第一次会议批准的国务院机构改革方案，将中国银行业监督管理委员会和中国保险监督管理委员会的职责整合，组建中国银保监会。

余额达96412.66亿元，在全国居第六位，比年初名义增加5394.03亿元，名义增速为5.93%。全年金融机构本外币贷款余额达77810.46亿元，比年初名义增加6817.58亿元，为山东省新旧动能转换提供了有力支撑。其中，涉农贷款余额26303.80亿元，增加1124.70亿元；县域贷款余额21868.00亿元，增加1160.30亿元；小微企业贷款余额15361.80亿元，增加84.50亿元。重点领域的风险得到有效防范和化解，全省处置金融机构不良贷款2201.00亿元，比2017年增加329.00亿元。

保险市场进一步发挥保障作用。2018年山东省保费收入达2958.85亿元，占全国保费收入的比重为7.78%，2018年山东保费收入比2017年增加8.07%，这一增长速度比2017年下降了10.85个百分点，但仍比全国保费收入的增速高出4.15个百分点。其中财产险保费收入748.40亿元，比2017年增加7.82%，占全国财产险保费收入的比重为6.95%；人身险保费收入2210.44亿元，比2017年增加8.16%，占全国人身险保费收入的比重为8.11%。山东全年保险赔付与支出共计929.67亿元，占全国保险赔付与支出的比重为7.56%，占山东省保费收入总额的比重为31.42%，略低于全国保险赔付与支出占保费收入的比重；2018年山东保险赔付与支出比2017年增长11.84%，这一增速比2017年提高了6.14个百分点。

资本市场资源配置功能加强。2018年山东省稳步推进多层次资本市场建设，致力于提高直接融资比例，降低企业融资成本，助推山东省新旧动能转换。截至2018年末，山东省共有证券分公司和营业部736家，比2017年增加97家。受资本市场景气度下滑影响，证券公司代理买卖证券交易金额9.60万亿元，比2017年下降18.30%。期货公司代理成交金额9.10万亿元，增长17.20%。私募基金管理机构532家，管理基金规模1910.00亿元。截至2018年末，山东省共有境内外上市公司296家，比2017年增加8家。其中境内上市公司196家，比2017年减少1家。新三板、齐鲁股权交易中心、蓝海股权交易中心挂牌企业分别为624家、3161家和1529家，资本市场规模稳步扩大，多层次资本市场基本建立。

二 山东普惠金融发展概况

近年来，普惠金融逐渐成为服务实体经济、实施供给侧结构性改革、落实新发展理念的重要推动力量。为推进普惠金融发展，我国已将普惠金融列入金融服务发展的重点内容，并通过政策引导、督导检查和指标考核等多种方式，综合运用财税政策、货币信贷政策以及差异化监管政策，引导各金融机构和部门围绕小微企业、服务“三农”、扶贫扶弱等普惠金融发展要点，逐步提升普惠金融服务质量。各地深入贯彻落实《国务院关于印发推进普惠金融发展规划（2016～2020 年）的通知》（国发〔2015〕74 号）要求，加强组织协调，完善配套机制措施，制定实施方案，建立各具特色的普惠金融信用评定与运用、信息共享、风险分担与补偿机制，并探索性地开展地方试点，形成了良好的示范效应。在全国普惠金融发展环境不断优化的背景下，山东普惠金融发展取得显著成效。本报告主要从银行业、小额贷款行业以及数字普惠金融等方面对山东省普惠金融的发展现状进行分析。

（一）山东普惠金融发展环境分析

2018 年，在中央和地方金融监管部门推动下，各类金融机构普惠金融业务持续推进，取得显著成效。截至 2018 年底，我国涉及普惠金融领域的人民币贷款余额为 13.39 万亿元，比 2017 年增加 1.62 万亿元，增幅为 13.76%，比 2017 年高出 5.30 个百分点。具体来看，普惠口径统计下的小微贷款余额达 8.00 万亿元，比 2017 年增长 1.22 万亿元，增幅为 17.99%，比 2017 年高出 8.20 个百分点。农户生产经营专项贷款余额为 5.06 万亿元，比 2017 年增长 3583.00 亿元，增幅为 7.62%，比 2017 年高出 1.10 个百分点。创业担保专项贷款余额为 1064.00 亿元，全年增加 195.00 亿元，增幅为 22.44%。助学贷款余额达 1051.00 亿元，全年增加 122.00 亿元，增幅为 13.13%。除此之外，2018 年末，我国有关建档立卡贫困人口的贷款余额为 3150.00 亿元，比 2017 年末减少 98.00 亿元，下降 3.02%。考虑脱贫不脱政策的情况，包括建档立卡贫困人口和已脱贫人口在内的贷款余额为7244.00亿元，比2017年末增加1236.00亿元，增长20.57%。

1. 银行业普惠金融业务稳定增长

国务院《推进普惠金融发展规划（2016～2020）年》提出，为向城镇居民、"三农"和小微企业提供更加便利和有针对性的金融服务，全国民营银行、城市商业银行和股份制商业银行应切实扎根基层，向群众和社区提供普惠金融服务。2018年2月，中国银监会发布《关于2018年推动银行业小微企业金融服务高质量发展的通知》（银监办发〔2018〕29号），要求引导银行业金融机构加强对普惠金融重点领域的支持，聚焦小微企业中的相对薄弱群体。从2018年开始，在银行业普惠金融重点领域贷款统计指标体系的基础上，银监会将以单户授信总额1000万元（含）以下的小微企业贷款[①]作为对银行金融机构的考核重点，努力实现"两增两控"[②]的目标。

中国银保监会数据显示，商业银行是银行业金融机构对小微企业提供贷款的主要渠道。截至2018年第四季度末，大型商业银行成为小微贷款主力，对小微企业贷款余额稳居第一位（见表1）。另外，村镇银行自身具有普惠属性，为推进普惠金融工作提供了巨大动力。本报告以大型商业银行及村镇银行为研究对象，阐述银行业普惠金融业务情况。

表1　银行业金融机构小微企业贷款情况（2018年）

单位：亿元

金融机构类别	第一季度	第二季度	第三季度	第四季度
大型商业银行	74590	73134	72339	71022
股份制商业银行	43657	44007	44817	45652
城市商业银行	55590	57240	60221	62622
农村商业银行	63130	65538	67452	69619

注：大型商业银行统计数据不含中国邮政储蓄银行。

资料来源：中国银保监会、齐鲁财富网。

① 小微企业贷款包括小型微型企业贷款、个体工商户贷款和小微企业主贷款，下同。

② "两增"即单户授信总额1000万元以下（含）小微企业贷款同比增速不低于各项贷款同比增速，有贷款余额的户数不低于上年同期水平；"两控"即合理控制小微企业贷款资产质量水平和贷款综合成本（包括与利率和贷款相关的银行服务收费）水平。

（1）大型商业银行普惠金融业务情况。为了实现大中型商业银行提高普惠金融服务能力的目标，2017 年 5 月，中国银监会等 11 个部门联合印发了《大中型商业银行普惠金融事业部实施方案》（银监发〔2017〕25 号，以下简称《实施方案》），对大中型商业银行提出重点要求，严格按照商业可持续性原则来建立专门的统计核算、资源配置、综合服务、风险管理以及考核评价等机制，推动大中型商业银行成立服务“三农”、创业创新群体、小微企业和脱贫攻坚等领域的普惠金融事业部。

在多部门高度重视下，大型商业银行普惠金融业务逐渐成为工作重点，各自形成特有的普惠金融事业部组建模式。目前大型商业银行的普惠金融事业部组建模式可以概括为三种模式：“三农 + 普惠” 金融事业部模式；“1 + 2” 普惠金融事业部模式；在小企业部门等原有部门的基础上建设普惠金融事业部模式（见表 2）。

表 2　普惠金融事业部组建模式

模式	建立时间	代表银行	具体介绍
“三农 + 普惠”金融事业部模式	2017 年 6 月 30 日	中国农业银行	“三农 + 普惠”金融事业部模式具体是指“三农金融事业部 + 普惠金融事业部”双轮驱动模式。“三农金融事业部”设置了“总部—省—市—县”四级垂直的专业团队架构。该模式能够继续在原有“三农金融事业部”的基础上开展普惠金融工作，其优势是能够在一定程度上节约人力、时间和资金等成本
“1 +2”普惠金融事业部模式	2017 年 6 月 20 日	中国银行	“1 +2”普惠金融事业部模式涵盖的主体既有商业银行法人机构，又包括专门从事普惠金融服务的中银富登村镇银行和中银消费金融公司。该模式能够有效解决主发起行的基层网点少、信贷审批流程长、金融服务效率低等问题，还能通过村镇银行将提供普惠金融服务的范围拓展到县域层面
在小企业部门等原有部门的基础上建设普惠金融事业部模式	2017 年 4 月 12 日	中国建设银行	在原有部门的基础上设立普惠金融事业部模式的主要途径包括建设银行在小企业部门等原有部门的基础上设立普惠金融事业部，类似的还有中国工商银行和光大银行；还包括小企业金融中心与普惠金融事业部合作办公方式，类似的还有浦发银行。上述两种在原有部门基础上设立的普惠金融事业部主要是为小微企业提供普惠金融服务

资料来源：齐鲁财富网。

自《实施方案》发布以来，不仅大中型商业银行在普惠金融事业部组建上取得显著成效，普惠金融贷款余额也大幅增长。截至2018年末，各大型商业银行普惠金融贷款余额[①]均实现增长，中国建设银行突破5000亿元，达到6310.17亿元，且增速最快，达到50.78%；中国农业银行普惠金融贷款余额达到4937.00亿元，增速为28.90%。

通过各大型商业银行普惠金融贷款余额和普惠金融贷款量在全部贷款中占比两项指标来看，中国建设银行普惠金融业务发展较好。2018年，中国建设银行制定了普惠金融三年规划，累计组建小企业中心288家。但相较于中国工商银行和中国银行，中国建设银行针对中小企业的贷款利率较高。2018年第四季度，中国建设银行新发放普惠型小微企业贷款利率为5.29%，中国工商银行2018年针对小微企业的贷款利率为4.95%，中国银行2018年中小企业全年投放贷款平均利率为5.27%。

（2）村镇银行是普惠金融重要实施形式。为了落实乡村振兴和精准扶贫的战略方针，进一步发展普惠金融，提升金融服务“三农”的能力，我国政府从2007年开始颁布一系列有关促进村镇银行建设和发展的政策措施。各大银行响应我国金融扶贫、发展普惠金融等政策的号召，积极设立以村镇银行为主体的新型农村金融机构。

为实现对村镇银行的发起行进行激励和约束，国家相继出台一系列制度措施来规范和引导村镇银行的发展，并对村镇银行的设立条件、贷款额度和经营范围等方面设限。2018年初，为鼓励商业银行在“老少边穷地区”和中西部地区开展业务，国家提出“多县一行”制村镇银行试点和投资管理型村镇银行，要求发起行应对所设立的村镇银行在经营管理方法、资金流动性管理和信息技术运用等方面进行指导和扶持，并全面管控其经营风险。

根据我国目前的农村经济信用环境和现行制度要求，村镇银行的设立应符合双重目标：一是要符合国家设立村镇银行的初衷，遵守村镇银行设立的

① 根据银保监会要求，普惠金融贷款指单户授信1000万元（含）以下的小微企业贷款。

相关制度和规定，使村镇银行具有服务“三农”、扶贫扶弱的道德目标；二是要同其他市场主体一样，能够实现利润，不断为股东创造价值，并规避经营风险，从而实现持续健康发展的经济目标。

村镇银行凭借其数量及区位优势成为普惠金融事业发展的重要力量。根据中国银保监会公布的中国银行业金融机构法人名单，截至2018年末，银行业金融机构法人共4588家，其中村镇银行数量占全国银行业金融机构总数的比例最高，达到35.22%（见表3）。

表3　我国银行业金融机构数量及占比（2018年）

序号	机构类型	数量（家）	占比（%）
1	村镇银行	1616	35.22
2	农村商业银行	1397	30.45
3	农村信用社	812	17.70
4	企业集团财务公司	253	5.51
5	城市商业银行	134	2.90
6	金融租赁公司	69	1.50
7	信托公司	68	1.48
8	农村资金互助社	45	0.98
9	外资法人银行	41	0.89
10	农村合作银行	30	0.65
11	汽车金融公司	25	0.54
12	消费金融公司	23	0.50
13	民营银行	17	0.37
14	其他金融机构	14	0.31
15	贷款公司	13	0.28
16	股份制商业银行	12	0.24
17	国有大型商业银行	6	0.13
18	货币经纪公司	5	0.11
19	金融资产管理公司	4	0.09
20	政策性银行	2	0.04
21	开发性金融机构	1	0.02
22	住房储蓄银行	1	0.02

资料来源：中国银保监会、齐鲁财富网。

我国村镇银行在数量和规模上呈现逐年上升的趋势，但增长速度有所放缓，其中2011年增长最为迅猛（见图1）。近几年，我国村镇银行的增长速度放慢，2018年的增速仍然保持在10%以内，从某种程度上反映了我国普惠金融工作进展顺利。

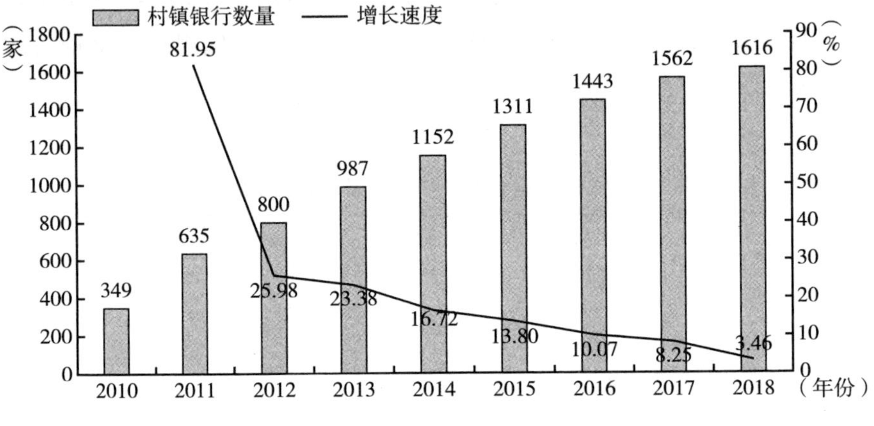

图1　我国村镇银行数量及增速（2010～2018年）

资料来源：中国银保监会、齐鲁财富网。

从普惠金融事业部模式来看，村镇银行是“1+2”普惠金融事业部模式的重要组成部分，其优势体现为以下三个方面：一是大部分村镇银行是由当地企业出资设立的，当地企业具有人缘和地缘的双重优势，企业与客户之间存在的信息不对称程度低，能够对客户的资金使用情况和风险识别等问题做出准确判断，这使得普惠金融对客户的金融服务更具有灵活性和针对性；二是村镇银行能够根据当地农村金融市场的发展现状和具体需求来设计金融产品和服务，使得普惠金融服务更加贴近客户需求，更具有实用性；三是村镇银行能够合理利用政府在发展县域金融服务方面所提供的优惠政策，如扶贫再贷款政策、存款准备金政策、信贷政策和财政政策，以便于更好地为小微企业和“三农”群体提供普惠金融产品和服务。例如，中银富登村镇银行凭借规模化和批量化的设立方式，主要集中在公司、零售和“三农”的业务范畴，在涉及全国12个省市的82个县域总共发起设立多达 82 家村镇银行，其中 78.00% 的村镇银行分布在中西部，国家贫困县占比为 33.00%，为进一步开展普惠金融业务提供基础设施保障。

综上所述，2018 年，我国各类银行围绕普惠金融业务积极行动，并取得一定成效。根据银行业公布的年报，不同规模的银行均加大普惠金融业务开展力度，普惠金融贷款增速提升。在开展业务的同时，传统金融机构也纷纷运用金融科技手段，来提升普惠金融的服务效率并进行风险防控。

2. 小额贷款行业处于质量调整阶段

小额贷款公司作为普惠金融的重要组成部分，在历经多年快速发展后，近年萎缩态势日趋明显。中国人民银行最新统计数据显示，截至 2018 年末，全国小额贷款公司数量、贷款余额以及从业人员数量都比上年下降，下降幅度为近 4 年之最。

（1）全国小额贷款公司发展情况。自 2008 年中国人民银行和中国银保监会出台《关于小额贷款公司试点的指导意见》后，我国小额贷款公司发展步伐逐渐加快。2008 年底，全国小额贷款公司还不到 500 家，到 2015 年末增加到 8910 家，达历史最高水平，增长速度飞快（见表 4）。由于 2008 年和 2009 年全国小额贷款公司数据不完整，本报告仅列示 2010 ~ 2018 年全国小额贷款公司机构数量、贷款余额以及从业人员等指标的数据。

表 4　我国小额贷款公司发展情况（2010 ~ 2018 年）

年份	数量(家)	贷款余额(亿元)	从业人员(人)
2010	2614	1975	27884
2011	4282	3915	47088
2012	6080	5921	70343
2013	7839	8191	95136
2014	8791	9420	109948
2015	8910	9412	117344

续表

年份	数量(家)	贷款余额(亿元)	从业人员(人)
2016	8673	9273	108881
2017	8551	9799	103988
2018	8133	9550	90839

资料来源：中国银保监会、齐鲁财富网。

从小额贷款公司机构数量看，2010～2018 年期间，全国小额贷款公司机构数量平均每年增加 689 家，2018 年末扩增到 8133 家，机构数量是 2010 年的 3.11 倍。从近几年小额贷款公司的发展趋势来看，其机构数量的增长速度放缓，甚至开始出现缩减。2015 年达到最高值后 2016 年首次出现负增长，2017 年继续呈现下降趋势，2018 年底小额贷款公司机构数相比 2015 年减少了 777 家，2018 年当年减少了 418 家（见图 2）。

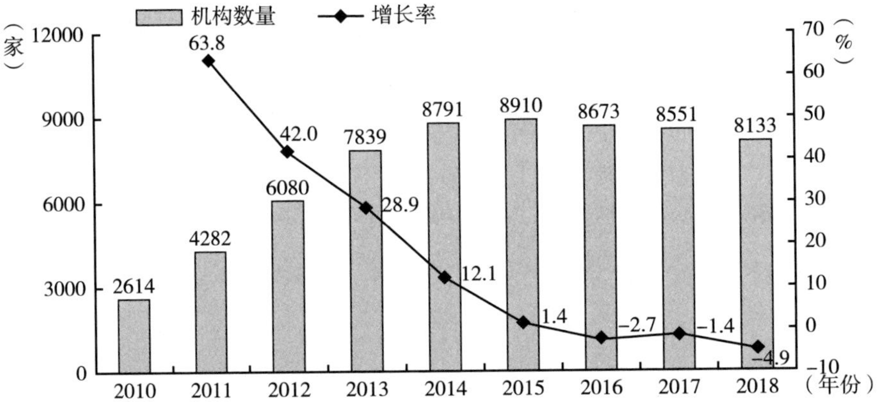

图 2　全国小额贷款公司数量变化（2010～2018 年）

资料来源：中国人民银行、齐鲁财富网。

从小额贷款公司的贷款余额看，其整体变化趋势与小额贷款公司机构数量的变化趋势大致相同。不同的是，小额贷款公司机构数量从 2016 年开始下降，而贷款余额是从 2015 年出现下降。2017 年，在小额贷款公司机构数量继续减少的情况下，贷款余额不降反升，出现小幅上升，但在

2018 年，贷款余额下降幅度增大，贷款余额下降的趋势越发明显（见图 3）。

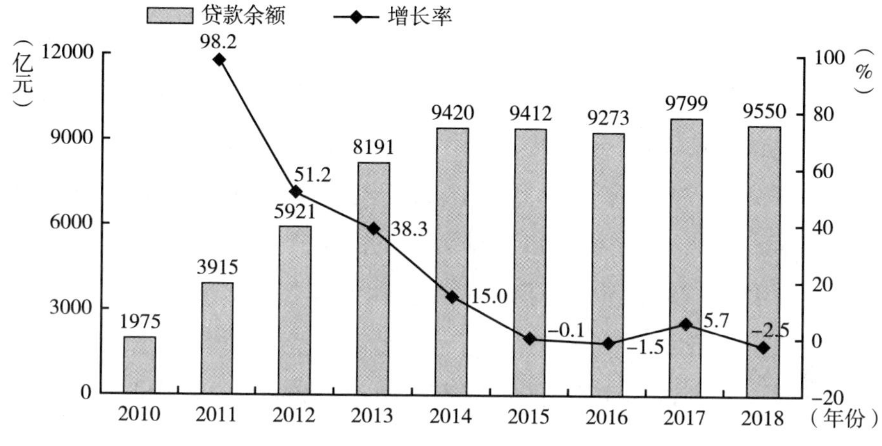

图 3　全国小额贷款公司贷款余额变化（2010～2018 年）

资料来源：中国人民银行、齐鲁财富网。

从小额贷款公司从业人员数量看，2015 年，小额贷款公司的从业人员数量达到最高值，从 2016 年开始，连续 3 年出现负增长，且 2018 年下降幅度达到 12.6%，下降幅度有扩大的趋势（见图 4）。

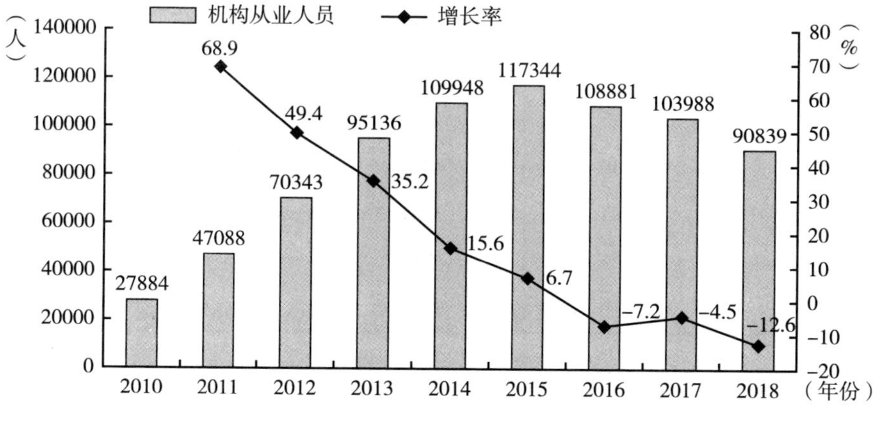

图 4　全国小额贷款公司从业人员变化（2010～2018 年）

资料来源：中国人民银行、齐鲁财富网。

（2）分地区小额贷款公司发展情况。从中国人民银行公布的小额贷款公司分地区统计情况[①]可以看出（见表5），我国各地区小额信贷发展情况存在较大差异。从机构数量来看，江苏、辽宁与吉林排名前三，分别为574家、499家与488家，这三个省份小额贷款公司数量合计1561家，占全国总数的19.19%；在从业人员数量方面，广东从业人员数量仍然最多，达8458人，江苏、河北分列第二、第三位，从业人员数量分别为5326人、5051人；从实收资本来看，重庆、江苏与广东分别为1024.24亿元、704.38亿元与695.03亿元，依次排名前三；从贷款余额来看，重庆2018年贷款余额1582.78亿元，是我国唯一贷款余额超千亿元的地区，平均每家小额贷款公司贷款余额达5.78亿元，远高于全国平均水平。江苏、广东紧随其后，分别以804.46亿元与773.41亿元的贷款余额排在第二、第三位。

与其他省份相比，山东机构数量、从业人员数量、实收资本和贷款余额分别排在全国的第八、第九、第六和第六位。整体来看，2018年山东小额贷款公司的发展与GDP大省的地位还有差距。

表5 小额贷款公司地区分布情况（2018年）

区域	数量(家)	从业人数(人)	实收资本(亿元)	贷款余额(亿元)
全国	8133	90839	8363.19	9550.41
北京	104	1258	143.24	152.42
天津	95	1510	118.21	128.52
河北	430	5051	244.19	244.35
山西	275	2826	177.25	163.72
内蒙古	339	2982	244.44	240.92
辽宁	499	3883	335.69	291.38

① 由于批准设立与正式营业并具备报数条件之间存在时滞，统计口径小额贷款公司数量与各地公布的小额贷款公司批准设立数量有差别。

续表

区域	数量(家)	从业人数(人)	实收资本(亿元)	贷款余额(亿元)
吉林	488	3934	140.63	104.32
黑龙江	243	1630	129.62	107.51
上海	125	1479	211.50	223.82
江苏	574	5326	704.38	804.46
浙江	320	3170	560.65	649.02
安徽	436	4655	371.37	470.82
福建	118	1295	262.62	299.43
江西	198	2408	235.83	233.73
山东	322	3672	437.22	480.51
河南	247	3180	203.68	221.51
湖北	278	3143	307.60	309.01
湖南	126	1310	102.25	103.21
广东	460	8458	695.03	773.41
广西	308	3641	272.07	467.62
海南	57	892	62.78	66.70
重庆	274	4951	1024.24	1582.78
四川	293	5042	488.87	557.17
贵州	220	1976	70.47	67.31
云南	242	2393	118.49	116.64
西藏	19	156	20.01	22.89
陕西	267	2814	244.75	244.59
甘肃	307	3263	160.46	133.03
青海	78	856	48.58	48.44
宁夏	116	1554	53.30	49.72
新疆	275	2131	173.77	191.45

资料来源：中国人民银行、齐鲁财富网。

从 2010～2018 年小额贷款公司的总体发展情况来看，2014 年以前小额贷款公司经历了迅猛发展期，但 2015 年之后其发展开始走下坡路，到 2016 年机构数量、贷款余额和从业人员均出现了负增长。虽然在 2017 年小额贷款公司的发展出现了回暖迹象，但从2018年情况来看，这种现象只是暂时调整。2018年，吉林、河南、四川、山西等多省开展小额贷款公司整治活动，造成全国小额贷款公司机构数量、贷款余额和从业人员数量都出现较大下降幅度。说明小额贷款公司仍处于质量提高阶段，提高风控能力和金融科技实力是小额贷款公司当务之急。在政策引导和行业规范下，小额贷款公司风控能力差、资金风险高、运营资本获取难、专业人才缺乏等问题会逐步得到解决，将能够更好地服务“三农”、小微客户和实体经济，践行普惠金融。

3. 数字普惠金融发展迅速

依托大数据、区块链、云计算、人工智能等新兴技术，金融机构实现对客户数据信息进行高效的存储和计算，降低交易成本，提高客户获得率。2018年中国银保监会首次发布普惠金融白皮书——《中国普惠金融发展报告（2018）》（中国金融出版社），白皮书提出：“积极引导各类机构借助互联网等现代信息技术手段，开发基于互联网技术的新产品和新服务，降低交易成本，延伸服务半径，扩展普惠金融的深度和广度。”随着新兴技术在金融领域应用不断深入，数字普惠金融的创新模式增加，对普惠金融的发展起到了巨大的推动作用。

（1）银行业金融机构业务产品创新。金融科技带动了银行业金融机构的数字化变革，其业务模式与产品服务不断创新升级。银行业金融机构利用数字金融技术降低交易成本，提高客户获得率。银行业金融机构凭借客户资源优势，结合大数据分析模型，优化线上平台和业务流程，实现金融服务供需的快速匹配，满足了小微企业的融资需求。数字技术的革新与应用为银行获客和风控提供了新的效率模式和途径，不仅解决了金融服务的结构性矛盾，也提高了金融资源的配置效率。

数字普惠金融业务借助先进金融科技在中小银行等机构业务中应用的优势取得快速发展，进一步提升了小微金融服务质量和效率，提高普惠金融服务的可持续性。为满足多种支付场景的需要，中国农业银行集合惠农e通平台、农行App等服务渠道，在互联网金融服务领域切实推进“三农”工作，普惠金融服务质量明显提高。截至2018年末，中国农业银行“惠农e贷”贷款余额达1018.40亿元，“惠农e付”覆盖716万名农户，“惠农e商”上线商户超过 267 万户。

借助银行数字化改革，直销银行应运而生。直销银行是银行业务在互联网渠道的延伸，服务模式虚拟化。2013 年民生银行在行业内首次设立直销银行，截至 2018 年 11 月底，直销银行达到 135 家。百信银行是首家获批的独立法人形式的直销银行，由中信银行与百度公司联合发起，推出了消费金融、小微金融和财富管理三大核心业务，满足客户个性化金融需求，打造差异化客户服务。银行业金融机构业务产品逐渐多元化，数字普惠金融加速发展。

（2）互联网银行模式应运而生。随着金融与科技的融合，银行新业态、新模式不断产生。互联网企业在技术上谋取先发优势，在小微金融领域提前布局，互联网银行就此产生。互联网银行以践行普惠金融为目的，接入业态丰富的应用场景，提供多种类型的金融服务。互联网银行通过云计算、大数据等方式开展在线存贷款、支付、结算等业务，是现代数字通信、互联网、移动通信及物联网技术在金融服务行业的集中体现。浙江网商银行和微众银行是互联网银行的典型代表。

浙江网商银行成立于 2015 年，是国家第一批试点民营银行。截至 2018 年末，该银行累计服务小微客户 1227 万户，户均余额 2.60 万元。浙江网商银行的业务从网上电商扩展到线下门店，在企业上下游拓展供应链金融，向企业提供存货融资、预付融资、自保理业务。网商银行依托大数据平台全面优化电商平台、订单贷款、网店存货质押贷款等授信框架，建立数据模型加强贷前、贷后管理，识别经营风险、信用风险、欺诈风险。

微众银行作为全国首家互联网银行，也是国内首个建成“去 IOE”科技架构的银行。微众银行服务于大众和小微企业，把发展普惠金融和服务实体经济放在首位，自主运用科技体系，提高金融服务的覆盖率、可得性、满意度。根据公开数据，2018 年微众银行扶持小微企业的力度加大，在银行业中服务小微企业的数量最多。其中，微业贷借助先进的金融科技，为广大小微企业提供线上信用贷款服务。而微粒贷业务面向传统金融机构未能覆盖的中低收入群体，服务范围覆盖全国 31 个省份。

（3）第三方支付业务涉域广泛。近年来，第三方支付作为数字普惠金融的重要组成部分实现加速发展，多企业在第三方支付方面的优势逐渐显现。蚂蚁金服、财付通、京东金融等金融科技企业全面发展，在消费、产业链等多环节提供产品和服务。其中，蚂蚁金融服务集团致力于构建“互联网+”开放的生态系统，目前已经发展成为助力金融机构、小微企业和个人消费者的普惠金融服务机构。消费者对安全、便捷、创新的支付服务需求强烈，支付服务的供给也不断增加。

消费金融公司、互联网金融平台推出的消费贷与银行不同，主要依托消费应用场景，针对不同的客户提供多元化的服务。前期主要通过第三方支付业务积累大量客户资源和资金。二维码支付服务从餐饮、零售领域逐步扩大到品牌服饰、大型商场、公共缴费、酒店、交通等领域。后期随着支付码的覆盖面越来越广，移动支付依托支付工具将业务升级，转化为消费场景支付，进一步增加了用户使用支付工具的次数，提高了用户黏性。

第三方支付通过外部强大的资金支持，集合网上购物、生活缴费、出行等应用场景，又开展了消费分期、理财、保险业务，成为综合性金融平台。人们通过平台既能与当地政府事业单位联合进行水、电、煤等生活缴费，又能联合本地商户进行线上支付消费。平台业务类型增多和服务扩展使得支付领域延伸、支付群体扩增。中国人民银行数据显示，2018 年获得第三方支付牌照的第三方机构有 238 家。淘宝、美团、微信、苏宁易购、京东、唯品会等网购平台均拥有支付牌照，为消费者、商户提供场景支付服务，对数字普惠金融发展起到了推动作用。

（4）P2P 网络借贷行业合规发展。P2P 网络借贷平台是金融科技在数字普惠时代的产物，随着大数据、云计算等技术在平台的应用，P2P 网络借贷平台的风险控制体系得到优化，运营风险有所降低。2018 年中国银保监会、中国互联网金融协会等多部门联合，继续在 P2P 网络借贷行业开展整顿工作。互联网金融风险专项整顿工作领导小组要求平台在规定期限内实现资金存管、信息披露、备案管理，将平台自有资金与出借资金及早分离，隔离平台运营风险。在 2018 年互联网金融行业监管政策的强力执行下，网络借贷平台经历整改、备案、出清、资产剥离，合规化发展更进一步。备案和信息披露进程加快，行业透明度大幅提高。行业进入门槛提高，平台以良性退出为主，这使得网络借贷平台的资本竞争更加激烈，平台之间的收益率差距缩小，成交量趋近稳定，P2P 网络借贷行业分布更加集中。

2018 年，P2P 网络借贷行业的监管全面加强，行业存量和运营平台数量进一步下降，全国 P2P 网络借贷行业平台数量、成交量、贷款余额均呈现下降趋势。具体来看，截至 2018 年末，全国整体行业正常运营平台数量下降至 1021 家，相比 2017 年底减少 1219 家，降幅 54.42%。

从 P2P 网络借贷行业贷款余额来看，截至 2018 年末，P2P 网络借贷行业总体贷款余额下降至 7889.65 亿元，比 2017 年下降 24.27%（见图 5）；P2P 网络借贷行业的成交量为 17948.01 亿元，比 2017 年下降 36.01%，全年成交量减少了 10100.48 亿元（见图 6）。

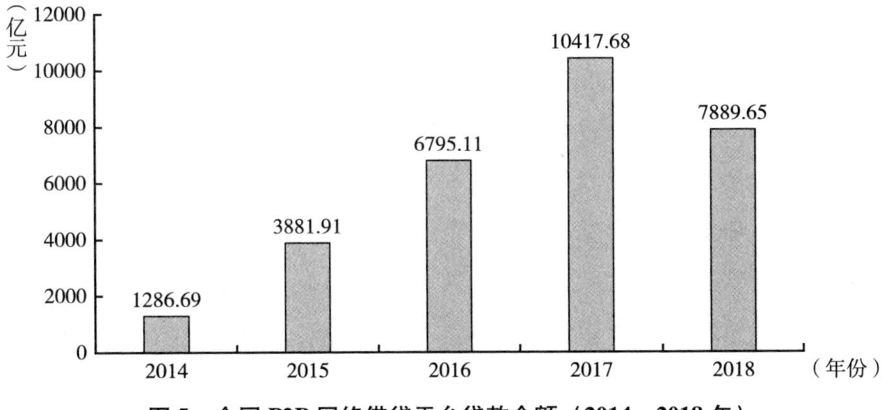

图 5　全国 P2P 网络借贷平台贷款余额（2014～2018 年）

资料来源：网贷之家、齐鲁财富网。

（二）山东普惠金融发展现状

山东省政府一直把发展普惠金融作为财政金融政策服务经济社会发展的

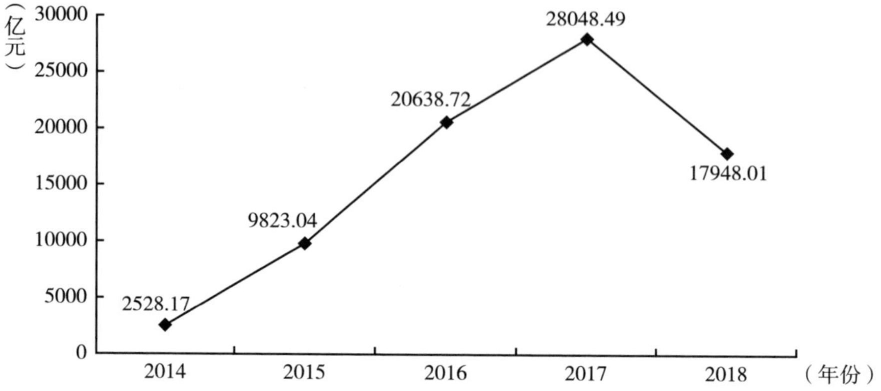

图 6　全国 P2P 网络借贷平台年交易量（2014～2018 年）

资料来源：网贷之家、齐鲁财富网。

重要抓手，积极创新财政支持手段、方式，持续加大财政投入力度，完善“政、银、保、担、企”合作机制，引导金融机构增加农村、小微等金融资源供给，提高普惠金融服务覆盖率和可获得性。山东省在普惠金融机构供给体系、农村金融支持、小微企业金融支持以及完善资本市场等各个方面都取得了较好发展。

为贯彻落实国务院《推进普惠金融发展规划（2016～2020 年）》，推进山东省普惠金融发展，建立与山东省社会经济发展相适应的普惠金融服务体系，提高金融服务的满意度、可得性和扩大覆盖面，2018 年 10 月，山东省人民政府出台《山东省现代金融产业发展规划（2018～2022 年）》（鲁政字〔2018〕215 号），提出“引领发展地方普惠金融，以现代金融产业促进地方经济转型升级，强化城市商业银行服务中小企业、社区及地方的市场定位，发挥地缘人缘优势，鼓励有条件的城市申报国家普惠金融改革发展试验区”。目前，全省已有多城市积极准备申请普惠金融改革试验区。

2018 年，山东省在普惠金融方面做出了诸多探索，如积极探索和创新普惠金融的组织形式、健全地方金融监管机制、推动民间金融组织管理和运行的规范化、引导普惠金融服务从单一化到多元化的转变等，都取得一定成效。

1. 普惠金融服务主体更加多元

截至2018年末，山东省银行业金融机构营业网点数量15320个；中小法人金融机构281家，其中股份制商业银行1家、城市商业银行14家、小型农村金融机构112家、财务公司18家、信托公司2家，新型农村金融机构128家，还包括民营银行、金融租赁公司、汽车金融公司、货币经纪公司和消费金融公司等共6家。截至2018年末，山东省金融机构本外币存款余额96412.66亿元，比2017年增加5394.03亿元；金融机构本外币贷款余额77810.46亿元，比2017年增加6817.58亿元。其中，涉农贷款余额26303.80亿元，增加1124.70亿元；县域贷款余额21868.00亿元，增加1160.30亿元；小微企业贷款余额15361.80亿元，增加84.50亿元。

此外，山东省主要国有银行和股份银行均设立了小微企业专营机构或金融服务部门，改善小额信贷服务并加速向县域乡镇和社区延伸。省内银行机构创新信贷服务模式，提供了仓单、订单、保单、知识产权、股权等抵、质押贷款业务。在推进传统金融转型与民间金融创新方面，一是促进地方中小金融机构改革发展，完成农村信用社银行化改革，全省农村商业银行达到110家，贷款规模突破1万亿元，70%以上的资金投向“三农”领域；二是推动城市商业银行县域全覆盖。全省126家村镇银行，居全国首位。金融租赁、汽车租赁、消费金融、资产管理公司等新型金融机构相继设立，普惠金融服务主体更加多元。

2. 政府加大力度支持普惠金融

山东省以财政资金积极奖补和引导金融机构服务实体经济。2018年8月，省财政厅出台了《山东省金融创新发展引导资金管理办法》（鲁财金〔2018〕55号），涵盖“齐鲁金融之星”补助政策、新设金融机构总部奖励政策、多层次资本市场补助政策、直接债务融资奖励政策、市场化债转股奖励政策、地方普惠金融发展奖励政策、优秀金融产品创新奖励政策以及其他根据省委、省政府决策部署设定的奖励政策。其中在地方普惠金融发展奖励政策方面，对纳入山东省地方金融企业绩效评价系统并取得银行、证券、保险业务许可证的地方法人机构及资产管理公司，评价达到一定等级的，对其上年度主营业务收入同比增长超过7%的部分，按照不超过2%的比例给予增量奖励，奖励资金上限为200万元。

2018年5月，山东省委、省政府印发《山东省乡村振兴战略规划（2018～2022年）》，聚焦于为全国乡村振兴提供可复制、可推广、可持续的“山东方案”，提出按照习近平总书记要求，打造乡村振兴齐鲁样板。特别强调要进一步深化农业供给侧结构性改革，各金融机构要围绕农业产业链提供综合金融服务。截至2018年底，山东省金融机构共走访1.94万家企业，其中有8605家企业获得贷款，贷款金额达455.20亿元。金融机构为小微企业提供金融服务呈现“两增一降”的特征。“两增”是指小微企业贷款额和获贷企业户数均显著增加。2018年山东省普惠金融口径小微企业贷款余额较上年末增加723.40亿元，同比增长24.80%，与全部贷款余额增速相比高出13.90个百分点；获得贷款的企业数量为35.60万户，与上年同期相比增加8.00万户。“一降”是指小微企业贷款①综合成本下降。据统计，2018年12月山东省新发放小型企业和微型企业贷款加权平均利率为5.63%，与同期相比下降了0.21个百分点。

3. 多层次资本市场体系进一步完善

山东坚持金融服务实体经济的政策导向，坚定不移地推进金融风险防范化解工作，有序推进经济去杠杆，分类施策化解企业风险。山东多层次资本市场发挥市场功能，积极引导对接企业，主板、创业板、新三板、区域性股权交易市场、潍坊五板资本市场均取得显著成绩，多层次资本市场体系进一步完善，为山东普惠金融发展奠定基础。

上市公司的盈利能力不断提升。截至2018年末，山东省进入资本市场的各类上市、场外交易的挂牌公司数量不断增加。境内外上市公司合计296家，比2017年增加8家。其中，境内上市公司196家，股票总市值1.46万

① 小微企业贷款包括单户授信500万元及以下小微企业贷款，小微企业主、个体工商户经营性贷款。

亿元，且境内上市公司中盈利超20亿元、10亿元的公司数量明显增加。从2018年年报数据来看，净利润超过20亿元的山东上市公司有12家，同比增加3家；净利润超过10亿元的有23家，同比增加2家。其中，鲁亿通（300423. SZ）以1530. 25%的增速夺冠。总体来看，共有108家公司实现了净利润同比增长。新三板挂牌企业家数为624家，比2017年减少12家。2018年全国新三板挂牌企业中有116家发布相关IPO申报公告，山东有6家企业在列，分别是齐鲁银行（832666. OC）、招金励福（835776. OC）、景津环保（832899. OC）、鲁华泓锦（833831. OC）、路斯股份（832419. OC）、广源精密（830783. OC）。在区域性股权交易中心方面，截至2018年末，齐鲁股权交易中心挂牌企业为3161家，蓝海股权交易中心挂牌企业为1529家。潍坊五板资本市场也在2018年10月正式运营。山东多层次资本市场基本建立，为普惠金融发展奠定基础。

4. 保险服务普惠性得到提升

2018年山东大力发展普惠保险，充分发挥了保险的经济补偿、资金融通和社会管理功能，对山东社会经济的稳定发展起到了重要作用。2018年山东省保险保费收入为2958. 85亿元，比2017年增长8. 07%。其中，财产险保费收入748. 40亿元，增长7. 82%；人身险保费收入2210. 44亿元，增长8. 16%。2018年山东省保险业赔款和给付支出金额共计达到929. 67亿元，与同期相比增长11. 84%。分保险业务来看，产险业务、寿险业务、健康险业务和意外险业务的赔付额分别为420. 52亿元、353. 73亿元、138. 96亿元和16. 45亿元，同期增长18. 80%、3. 27%、14. 68%和20. 85%。

山东省农业保险保费收入28. 20亿元，增长19. 60%，为1761. 40万户次农户提供772. 40亿元风险保障。农业保险共为1729. 23万户农户提供风险保障647. 26亿元，向574. 44万户受灾农户支付赔款20. 10亿元。另外，针对农业问题的创新型农业保险产品对农产品价格指数发挥了巨大的保险作用，仅金乡县2018年大蒜、蒜薹保险合计赔付总额就高达3. 70亿元。这类农业保险不仅平抑了农产品市场价格波动，而且保护了农业生产者的收入水平和市民利益。由此可见，更多的“三农”问题通过保险渠道得到解决，保险服务的普惠性在不断提升。

5. 银行业推动普惠金融事业发展

作为支持和服务地方实体经济发展的主力军，各大银行的山东省分行认真贯彻落实党中央、国务院及省委、省政府的工作部署，全力发挥金融服务小微企业的作用，开展普惠金融工作。2018 年，中国银行山东省分行成立普惠金融事业分部，并在 16 家分行成立普惠金融服务中心，进而形成了独具中行特色的普惠金融服务体系，致力于解决小微企业“融资难、融资贵”的问题，助推小微企业实现高质量发展。中国农业银行山东省分行认真贯彻落实省委、省政府的决策部署，聚焦普惠金融领域，积极运用互联网思维和金融科技，强化金融产品和服务模式创新，进一步疏通内部传导机制，完善考核激励措施，持续增加对小微企业的信贷投放，推动普惠金融业务不断发展。截至 2018 年 9 月末，中国农业银行山东省分行已为 2.50 万户小微企业发放贷款 47400 亿元，比年初增加 71.00 亿元。山东省农信联社认真贯彻落实省委、省政府的精准扶贫决策部署，指导全省农商银行全力做好“产业扶贫、公益扶贫、普惠扶贫”三篇文章，推动金融精准扶贫工作取得积极成效。

6. 金融扶贫攻坚成效显著

2018 年，中国人民银行济南分行推广“央行资金产业扶贫贷”新模式，开展金融精准扶贫现场交叉督查，加强贫困地区金融基础设施建设，为全省脱贫攻坚提供了强有力的金融支撑。山东省各级人民银行与扶贫办、发改委等部门加强协调，由扶贫办等部门推荐扶贫生产经营主体，中国人民银行组织金融机构现场走访对接，开展“金融支持产业扶贫进万家”活动，对符合信贷条件的扶贫生产经营主体的融资需求应贷尽贷，对暂不符合信贷条件的做好跟踪培育。2018 年前 11 个月，山东省金融机构累计发放各类精准扶贫贷款 252 亿元，惠及贫困人口 28.5 万人。

其中，中国人民银行济南分行制定了《金融服务乡村振兴攻坚行动实施规划（2018～2020）》和《2018 年金融服务乡村振兴工作方案》，将金融精准扶贫作为金融服务乡村振兴的重要内容，在加大深度贫困地区信贷投入、复制推广产业扶贫信贷产品模式、推动扶贫直接融资等方面提出切实可行的推进措施。多部门联合出台《金融助推精准脱贫攻坚战三年（2018～2020）行动实施方案》，从巩固金融扶贫政策引导支撑体系、加大深度贫困地区金融支持力度、巩固深化产融对接、优化扶贫信贷担保增信服务等7个方面对金融精准扶贫工作进行具体安排部署。

7. 地方金融改革助力普惠金融发展

省政府出台的《山东省现代金融产业发展规划（2018～2022年）》（鲁政字〔2018〕215号）提出，从2018年到2022年的5年规划期内，争取有15家金融机构与山东省政府签订战略合作协议，协议总金额超过4万亿元。到2022年，在山东省要基本形成整体实力雄厚、区域布局合理、组织体系健全、市场功能完善、产融结合紧密、行业发展协调、运行秩序稳定的金融产业发展格局。以发展普惠金融为核心，着力推动地方金融改革。山东省在推进传统金融转型与民间金融创新方面，着力促进地方中小金融机构改革发展，完成农村信用社银行化改革，全省农商行达到110家，贷款规模突破1万亿元，70%以上的资金投向“三农”领域。此外，全省126家村镇银行，居全国首位。金融租赁公司、汽车租赁公司、消费金融公司、资产管理公司等新型金融机构相继设立，在促进普惠金融服务主体更加多元的同时，推动城市商业银行县域全覆盖。

2018年，山东省推动实施了一系列有力度、有突破的改革措施，提高了金融服务的覆盖率、可得性和满意度。分报告将从山东商业银行的普惠金融、村镇银行、小微金融机构、新型农村合作金融等角度详细介绍山东省普惠金融组织的发展历程和现状，从而发现山东省普惠金融组织发展过程中存在的问题与不足，为更好地发展山东省普惠金融提出合理化建议。

三　山东普惠金融发展中存在的问题及建议

近年来，我国普惠金融快速发展，成为推动包容性经济社会的重要支撑。全国各地普惠金融发展指数逐年升高，2017～2018年增速虽然稍有回落，但普惠金融的发展仍然保持上升态势。山东普惠金融整体发展较好，无论是在金融服务的覆盖面、可得性上，还是在便利性上都有很大的发展。但是，山东省目前普惠金融发展尚处于不成熟的初级阶段，仍然存在不少困难和问题。

（一）山东普惠金融发展存在的问题

1. 地方配套政策实效性偏弱

虽然山东位于我国东部沿海，经济总量居全国第三位，但人均支出仅列全国第 29 位，且全省东西部地区发展极不均衡，个别市县财政困难。随着经济下行压力的加大，地方财政收支更加紧张，尤其是基层财政部门，在预算有限的前提下，由于配套资金落实困难，势必会在推行各项普惠金融政策时进行取舍。

目前，财政支持普惠金融发展主要通过贷款贴息、风险补偿、以奖代补等间接手段，资金既十分有限又较分散。从中央层面来看，财政金融互动政策仍然较少，规模效应难以发挥。山东为解决小微企业融资难问题出台的“政银保”政策虽然“含金量”高，但从开展情况看，银行机构和保险公司的协作力度还不够大，部分金融机构将业务审批权限上收至总公司，审核流程延长，也影响了政策的进一步推广，政策创新有待进一步加强。

2. 金融体系发展不均衡

2018 年末，山东金融业机构资产中银行、保险、证券行业占比分别为 93.99%、4.55% 和 1.46%。小额贷款公司、融资担保公司等地方性金融主体数量较多但实力不强，未能有效填补传统金融缺口。近些年 P2P 网络借贷、互联网保险等互联网金融业务，因其服务门槛低、形式多等特点发展迅速，虽然对传统金融起到了一定的补充作用，但也因缺少政策和行业规范，存在潜在风险。

在城乡二元金融结构背景下，山东农村金融发展较城市明显滞后。因此，普惠金融发展的着力点应当放在农村。现有的农村金融机构以农村商业银行和农村信用社等小型金融机构为主，网点设置不足。国有银行和全国性商业银行对村镇发展的参与度有待提高。原因既包括国有银行和商业银行对盈利及市场需求的考虑，也包括国有银行贷款审批流程具有层级较多、手续复杂、贷款办理周期较长等特点，使其与贷款额度小、次数频繁、需求急切的村镇企业资金需求不能有效匹配。村镇银行成立时间短，业务类型单一，资本规模小，负债业务发展缓慢，当地百姓和客户对其认可度不高，制约信贷业务的发展。小额贷款公司不能吸收存款，资金来源受到杠杆率太低的限制，资金缺乏的小额贷款公司占据一半以上，难以扩大信贷规模。

截至 2018 年底，全省共有 322 家小额贷款公司，但是这些小额贷款公司大多面临生存压力，业务规模较小，普遍存在经营风险。目前山东省 300 多家小额贷款公司中有超过 50% 处在停业或半停业状态，成为名副其实的“僵尸小贷”，有的小额贷款公司正在办理注销和清算。如果按每家小额贷款公司注册资金1.5 亿～2.0 亿元计算，仅此一项，全省就有 200 亿～300 亿元资金处于休眠状态。如果能有一家大型国有机构对几百家小额贷款公司整体注资并控股，不但能激活这些小贷机构数百亿元的资本金，还可以通过发行债券等方式，为中小微企业提供低成本资金。重要的是，如果能从整体上对小贷行业进行整合，不仅有利于创新普惠金融模式，而且有利于防范和控制小贷行业风险。如果把村镇银行也考虑在内，有可能为中小微企业增加超过 2000 亿元的融资规模——这对于山东省 200 多万家中小企业而言，不啻为莫大福音。

3. 普惠金融产品与服务质量欠佳

由于普惠金融申请者相对大型企业而言自身实力较弱，较难满足传统金融机构对抵押、担保制度的要求，故小微企业、村镇企业等小型轻资产企业仍存在融资难、融资贵等问题。2018 年，山东省金融机构不断推出各类金融产品，但产品的同质化比较严重，对青年创业群体、下岗失业群体、贫困人口和残障人士的定制类产品管理机制有待完善。

通过分析普惠金融产品服务质量不佳的原因得出，一方面是由于部分金融机构，尤其是村镇基层网点的服务意识不足，内部控制管理设计及运行不严格，一些村镇金融消费者维权意识不强，因此在金融服务办理过程中，仍存在办事难、手续多、误导选用产品，甚至是挪用客户资金、冒名贷款等违法违规行为，严重侵害金融消费者的合法权益；另一方面，也是因为部分金融消费者守法诚信意识淡薄，存在隐匿转移资产、违约逃债的情况。因此，完善个人征信系统是普惠金融产品服务有效开展的必要前提。

4. 数字普惠金融发展水平有待提高

传统模式下的普惠金融面临地域发展不均衡、服务覆盖面不足、商业可持续性难实现等诸多难题。数字普惠金融的发展是运用大数据等技术创新，探索降低金融服务的成本和信息不对称程度，提升金融可得性。在 2018 年 9 月 29 日举行的首届世界儒商大会上，山东省金融办与蚂蚁金服签署协议，就山东省域“数字化普惠金融”项目进行全面战略合作。目前已经率先在新泰、邹城、诸城、河口、栖霞、成武、五莲 7 个县区试点为农村用户提供普惠金融服务，力争 2019 年将这项普惠金融服务推广到山东全省。山东地方金融监管局相关负责人表示，与蚂蚁金服进行战略签约，是希望发挥蚂蚁金服在“互联网 + 金融科技”领域的核心优势，通过互联网和数字化技术应用，提升金融的普及率和覆盖率。

虽然山东省在数字普惠金融领域已经取得了一些成果，数字普惠基础设施在稳步推进，加快了产业的转型升级，但仍有不足。山东省域“数字化普惠金融”项目落地、后期跟踪等都存在困难，山东数字化普惠金融发展水平仍有待提高。另外，P2P 网络借贷行业作为互联网金融多层次体系的重要部分，服务于产业供应链上下游、企业、个人消费信用。P2P 网络借贷行业的发展与数字普惠金融有着不可分割的关系，其成长变化也从侧面展示了数字普惠金融的发展状况。2018 年，山东 P2P 网络借贷平台经过多年的发展逐渐回归理性，行业发展逐渐规范化。但目前仍存在综合收益率较高、借款期限较短等现象，这也从侧面反映出山东数字化普惠金融发展水平有待进一步提升。

5. 普惠金融发展风险依然较大

金融业本是高风险行业，普惠金融低门槛、广覆盖的践行理念，旨在提升原本“弱势”的金融消费者的金融服务可得性，而该类群体原本的风险并没有降低，由此加大了普惠金融组织的风险，尤其是加大了小型金融机构组织的风险。在当前经济下行压力下，非银行类地方性金融机构普遍面临较大的经营风险。目前，大数据技术普遍推广使用，催生了一些如金融消费者信息泄露等风险。次生风险包括流动性风险、操作风险、技术性风险、平台风险等，这些新型风险与金融服务的固有风险交叉、叠加，形成了普惠金融发展的壁垒。

6. 普惠金融生态环境有待改善

当前山东金融体系不断改革创新，但是相关金融制度的不完善以及监管不严密，使得侵占金融消费者权益的情形屡有发生。部分金融机构利用消费者专业认知不足、信息不对称等条件，推广“欺骗性”金融产品和服务，尤其是金融服务覆盖率低、专业知识匮乏、收入整体水平偏低的地区此类现象较多。

此外，金融生态环境问题也体现在信用体系的不健全上，完善的信用体系是金融的重要基础。目前，我国城市消费者的信用体系日趋完善，但农村地区的征信体系建设尚未健全，作为新型农村金融机构的主体，很多村镇银行并未接入中国人民银行的征信系统。

普惠金融生态环境问题主要有以下几个影响因素：首先，部分农户对金融产品及服务认识不足，误以为小额贴息贷款等形式就是政府的补助金，甚至有些人对应偿付的贷款，采取躲债的方式对待，认为时间长了就会无人追究；其次，农村或低收入金融消费群体的流动性较大，使得放贷后的追偿管理难度较大，金融机构对违信客户难以形成有效的制约；最后，少数金融服务人员的整体素质不高，也是普惠金融环境不佳的原因。

（二）山东普惠金融发展建议

1. 建立普惠金融政策协调机制

在山东普惠金融发展过程中，面临地方配套政策时效性偏弱的问题，而普惠金融政策协调机制的构建成为解决此问题的关键。山东普惠金融政策协调机制的建立可以从以下几个方面入手。首先，积极构建普惠金融管理机构之间的政策协调机制。中国人民银行、中国银保监会等机构在针对同一类普惠金融业务在不同金融领域、不同金融部门开展时，建立相协调的管理体系与监管标准，使部门之间做到政策协同。其次，确保普惠金融管理机构层面与实施层面之间的政策无缝衔接。畅通普惠金融监督与管理部门、金融机构主体之间的沟通协调渠道，实现无障碍沟通。再次，建立统一的普惠金融业务监管标准，当银行类金融机构、保险类金融机构或证券类金融机构开展同质、类似的普惠金融业务时，采取统一的监督管理标准。最后，采取差异化的普惠金融主体评价体系。普惠金融重点的服务对象是小微企业、农民、城镇低收入人群，其服务对象的特殊性决定了金融机构不能对普惠金融的服务对象与大型企业、高净值高收入人群采取同一套评价体系。建立差异化的信贷政策，在降低金融机构经营风险的前提下，制定与小微、小众、小农服务对象相适应的评价体系。

2. 构建全方位、多层次的普惠金融机构体系

构建全方位的普惠金融体系，需要从普惠金融政策的制定、普惠金融产品与服务的提供、普惠金融业务的拓展与宣传等各个方面展开。其中，普惠金融对中小微企业、“三农”等的服务覆盖率提升，能够有效推动山东经济的发展。山东也需要加强县域经济发展，提升中小微企业的金融服务可得性，使普惠金融真正做到普惠大众、服务大众。

普惠金融的服务群体呈现多样化的特点，而在能为其提供产品、服务的金融机构中，银行业金融机构具有资金规模大、放贷成本低的优势，但风险容忍度有限，获贷门槛偏高；小额贷款公司的主要服务对象是当地的小微企业群体，并且对其制定的融资约束较大；消费金融公司主要是满足小额消费信贷需求。除此之外，还有广大长尾群体的信贷融资需求得不到满足，存在结构性空白市场。因此，山东省需要构建全方位、多层次的普惠金融机构体系，需要逐步发展包括商业银行、非银行金融机构、政策性金融机构和金融科技企业等在内的普惠金融机构体系，有效针对其他具有领域分散、需求复

杂、互联网能力和金融素养参差不齐特点的群体，提出各种信贷解决方案，这样才能让普惠金融的生态层次更加完善。从普惠金融的实施主体来看，需要建立健全普惠金融货币市场、资本市场、保险市场等不同层次，扩大普惠金融在不同金融领域的覆盖面，从普惠金融监督管理层面来看，政府需要加大对普惠金融的支持力度。

3. 提升普惠金融产品与服务质量

普惠金融要注重金融产品和服务的全面性与多样性，要能提供综合化的金融服务，这不仅包括基本的信贷业务，还包括客户其他方面的金融需求。经济社会发展和生活水平日益提高，但目前的金融体系还未能提供全面、有效的产品和服务。具体来看，不同的金融微观主体对金融产品与服务有多样化的金融需求，单一的金融产品与服务已经不能满足所有普惠金融服务对象的需求。随着“三农”生产经营方式的转变与小微企业经营模式的变化，传统的金融产品与服务无法与之相匹配，这就促使金融机构创新普惠金融产品，提高普惠金融服务质量。在促进金融资源有效配置和激发基层市场主体活力的过程中，相关金融部门可针对山东农业及中小微企业的发展特点，创新普惠金融产品，提升普惠金融服务质量。山东普惠金融的加速发展需要配合乡村振兴战略，积极探索普惠金融新模式，从而助力打造乡村振兴齐鲁样板。

4. 打造数字普惠金融平台

“数字普惠金融引领”是普惠金融可持续发展的重要出路，以数字化手段破解普惠金融发展的难题一直备受关注。借助互联网科技的广泛应用，数字普惠金融能够切实解决传统普惠金融发展中遇到的瓶颈问题，因而得到各大商业银行的青睐。经过各家商业银行的不断创新探索，数字普惠金融在普惠金融发展实践中发挥重要作用，可能成为普惠金融未来发展主流。发展数字普惠金融能够提升金融服务的体验，实现可持续发展。数字普惠金融的发展，还需要依托“互联网+”、大数据、云计算等新型金融科技手段来降低运营成本，提高普惠金融的运营效率。同时利用数字化手段可以扩大普惠金融的服务范围和提升普及率，如利用互联网实现线上、线下普惠金融。同时运行，利用大数据、云计算等手段实现普惠金融业务的精准营销与服务。而通过打造数字普惠金融平台，则能够更好地实现数据的深度挖掘，同时也可以实现普惠金融信息平台共享。山东在打造数字普惠金融平台的过程中，需要通过数字技术解决传统金融服务中的效率问题。同时，要关注已签约项目的落地问题，全面推广与落实数字普惠金融。

5. 建立健全普惠金融风险防范与补偿机制

与传统金融相比，普惠金融消费者具有长尾特征，但普惠金融仍属于金融范畴，必须纳入监管。十九大把防范风险作为三大攻坚战之一，将普惠金融监管提到新的高度。普惠金融因其服务对象的特殊性，本身隐藏着较大风险，需要建立健全监管体系。由于普惠金融服务对象一般为小微企业、农户、低收入人群等，其自身经济状况决定了普惠金融的特有风险，所以应将普惠金融风险防范作为工作重点。

健全普惠金融风险监管和防范体系，首先要弥补普惠金融的制度短板和业务短板；其次要明确建立普惠金融的业务边界，完善和强化普惠金融监管；再次要落实普惠金融风险防范的主体责任；最后要着力遏制普惠金融领域的乱象，对打着发展普惠金融和互联网金融的旗号进行金融诈骗的违法行为坚决予以打击。还有就是由政府与金融机构共同建立普惠金融融资再担保机制，建立普惠金融融资再担保基金，当金融机构出现普惠金融融资风险时，由普惠金融融资再担保机构对其进行风险补偿。在合理把握监管容忍度的基础上，加大监管创新的力度，通过穿透式监管和底线监管，健全差异化监管评价体系。

6. 优化普惠金融生态环境

良好的普惠金融生态环境是惠普金融稳定发展的重要前提与保证，信用评级体系的建立是惠普金融开展授信、融资、支付、保险等不同金融业务的关键环节。因此，需要构建小微企业、“三农”、低收入人群等信用评级体系，建立普惠金融重点领域金融业务指标数据的采集体系，同时需要积极完善普惠金融信用体系，依托信用评级体系，建立普惠金融目标人群的信用档案，对于存在失信违约的客户，在信用平台里进行违约通报与公示，加大其违约成本。加强对投资者的普惠金融教育，积极宣传与普及普惠金融方面的知识，提高小微企业、低收入人群的信用意识与风险防范意识，使其充分意识到个人与企业信用的重要性。此外，普惠金融还需把金融消费权益保护放在更加突出的位置，加强金融消费者教育，提升金融消费者信心，防范和化解金融风险，维护金融稳定与安全，这有助于在金融领域形成公平正义的社会环境，有助于金融改革发展成果更多、更公平地惠及广大金融消费者。

分　报　告

Sub-reports

B.2
山东商业银行普惠金融发展报告

姚丽婷　郭文娟*

摘　要： 2018 年《政府工作报告》提出要支持金融机构扩展普惠金融业务，要求下大力气降低小微企业融资成本。为此，商业银行大力发挥普惠金融部门职能，重点扶持小微企业、“三农”、创业创新和脱贫攻坚领域。2018 年，山东省内商业银行按照中国银保监会部署，积极推进普惠金融实践，各大型商业银行山东省分行普惠金融工作成效显现；股份制银行中恒丰银行不断提升普惠金融服务质效；城商行积极对接资本市场；农商行不断增加对小微企业、“三农”的有效金融服务供给。但山东商业银行在开展普惠金融业务过程中仍存在

* 姚丽婷，西北民族大学硕士，齐鲁财富网研究中心主任、高级研究员，研究领域为普惠金融、中小企业。郭文娟，聊城大学经济学硕士，齐鲁财富网研究中心研究员，研究领域为普惠金融、证券投资。

服务成本高、服务体系薄弱、与科技的结合不充分以及服务实体经济意识相对淡薄等问题。为真正做到使发展成果更多惠及全体人民，实现金融服务支持实体经济的目的，商业银行需加大对普惠金融的资源投放，搭建小微金融服务组织体系，创新普惠金融服务方式，防范普惠金融风险。

关键词： 山东商业银行　普惠金融事业部　山东农商行

推进金融改革、金融创新和金融发展，最重要的目标就是推动金融服务更加普及，使中小微企业、“三农”和城市低收入群体都能获得更加便捷、更加实惠和更加安全的金融服务，提高金融服务实体经济效率。这是坚持以人民为中心的发展思想，贯彻“五大发展理念”，解决金融发展不充分、不平衡的问题，实现经济金融高质量发展，推进国家现代化的重要组成部分。

普惠金融聚焦小微企业、“三农”、创业创新、脱贫攻坚领域，成为金融改革的重点环节。商业银行作为我国金融体系的中流砥柱，需要主动承担责任和义务，在促进普惠金融发展中起到“头雁”作用。商业银行“做强”普惠金融，就是要“以发展普惠金融反馈全行”，即充分获取普惠金融发展红利，最大限度地提升普惠金融业务的综合贡献度，尤其是要在提升息差水平、改善客户结构、分散业务风险、促进板块联动上取得突破，最终实现普惠金融业务与其他银行业务齐头并进的良好格局。

2018 年《政府工作报告》指出：“推动大中型商业银行设立普惠金融事业部，深化政策性、开发性金融机构改革，强化金融监管协调机制。”4 月 25 日，李克强总理主持召开国务院常务会议，决定再推出 7 项减税措施，支持创业创新和小微企业发展；部署对银行普惠金融服务实施监管考核，确保实体经济融资成本下降。随着国家对普惠金融重视程度的不断提升，大中型商业银行普惠金融事业部以及相关普惠金融业务得到快速发展，银行普惠金融服务的相关监管及考核方法也取得突破，银行继续降低小微企业、创新企业的融资成本。银行业在普惠金融服务能力、金融服务覆盖率等方面不断提升，为实体经济的发展提供了重要支撑。截至2018年末，普惠金融领域贷款余额及普惠口径小微贷款余额均比2017年同期增加，且贷款增速提高，普惠口径信贷增长继续发力。

为贯彻国务院和中国银保监会部署，山东省商业银行积极推进普惠金融实践。《山东省现代金融产业发展规划（2018～2022年）》（鲁政字〔2018〕215号，以下简称《现代金融规划》）提出："普惠金融、科技金融、绿色金融、海洋金融、文化金融、质量金融等新型金融服务蓬勃发展，小微企业和农户贷款覆盖率、申贷获得率稳步提升，金融扶贫任务提前完成。"山东省商业银行在普惠金融领域的发展全面加速。根据目前情况看，大型商业银行和股份制银行山东辖内分支机构普惠金融率先发展，其他商业银行也在中小微企业、"三农"等领域积极实践。另外，山东省城市商业银行积极对接资本市场取得显著成效，其中，青岛银行在2018年11月30日收到《关于核准青岛银行股份有限公司首次公开发行股票的批复》，成为山东第一家银行类上市公司，也是全省第一家金融类上市公司，将为山东普惠金融发展提供动力。山东110家农村商业银行也积极发挥普惠功能，为各地普惠金融的稳步发展提供坚实基础。

一　商业银行普惠金融业务发展现状

近年来，党中央、国务院对普惠金融发展高度重视。2017年《政府工作报告》指出："鼓励大中型商业银行设立普惠金融事业部，国有大型银行要率先做到，实行差别化考核评价办法和支持政策，有效缓解中小微企业融资难、融资贵问题。"习近平总书记在第五次全国金融工作会议上强调，要建设普惠金融体系。2018年《政府工作报告》再次强调，要支持金融机构扩展普惠金融业务，并要求下大力气降低小微企业的融资成本。中国银保监会在2018年8月出台的《关于进一步做好信贷工作提升服务实体经济质效的通知》（银保监办发〔2018〕76 号）中提出，要大力发展普惠金融，强化对小微企业、“三农”、民营企业等的金融服务。

2018 年，商业银行普惠金融领域取得显著成效。首先，年初制定的小微企业贷款“两增两控”目标有效实现，小微企业贷款余额与普惠型小微企业贷款余额保持高速增长，普惠小微企业贷款利率降低。截至 2018 年末，全国全口径小微企业贷款余额 33.49 万亿元；普惠型小微企业贷款（单户授信总额 1000 万元及以下）余额 9.36 万亿元，比年初增长 21.79%；有贷款余额的户数 1723.23 万户，比年初增加 455.07 万户。从贷款利率指标来看，2018 年第四季度银行业新发放普惠型小微企业贷款平均利率为 7.02%，比第一季度下降 0.8 个百分点。其次，涉农贷款、扶贫开发项目贷款情况表现良好。全国银行业金融机构涉农贷款（不含票据融资）余额 32.68 万亿元，比 2017 年增长 5.58%。普惠型涉农贷款 5.63 万亿元，比 2017 年增长 10.52%；全国银行业金融机构发放扶贫小额信贷余额为 2488.90 亿元，扶贫开发项目贷款余额为 4429.13 亿元。

（一）全国商业银行普惠金融发展现状

商业银行作为主要金融机构，是小微企业、“三农”以及偏远地区获取融资服务的重要来源，是发展普惠金融的关键力量。2016 年中国银监会办公厅发布《关于 2016 年推进普惠金融发展工作的指导意见》（银监办发〔2016〕24 号），随后在甘肃省临洮县、和政县开展普惠金融试点。中国银监会发布的《大中型商业银行设立普惠金融事业部实施方案》（银监发〔2017〕25 号）明确了大中型商业银行设立普惠金融事业部的总体目标，通过建立适应普惠金融服务需要的事业部管理体制，构建科学的治理机制和组织架构，健全专业化服务体系，提高普惠金融服务能力，缓解小微企业、“三农”、创业创新、脱贫攻坚等领域的融资难、融资贵问题，体现普惠金融服务的普及性、便利性和优惠性，提高金融服务覆盖率和可得性，为实体经济提供有效支持，防止脱实向虚。

在《关于推进大型商业银行普惠金融事业部设立工作的通知》（银监办发〔2017〕62 号）等相关文件的指导下，2017 年有 5 家大型商业银行组建普惠金融事业部，兴业银行等股份制商业银行也在总行层面设立普惠金融事业部。商业银行组建普惠金融事业部，成为推动大众创业、万众创新和助推经济发展方式转型升级的有效途径。

2018 年，商业银行普惠金融业务的重点放在“两增两控”，即小微企业贷款金额增加，小微企业贷款户数增加，小微企业贷款成本和小微企业贷款风险有效控制。中国银监会办公厅发布《关于 2018 年推动银行业小微企业金融服务高质量发展的通知》（银监办发〔2018〕29 号），引导银行业小微企业金融服务由高速增长转向高质量发展。《关于做好 2018 年银行业三农和扶贫金融服务工作的通知》（银监办发〔2018〕46 号）聚焦提升服务乡村振兴能力、推进三农和扶贫金融服务专业化体制机制建设等方面，多项政策的实施将对普惠金融工作发展具有积极的作用。

在国家一系列宏观政策的引导和激励下，2018 年金融支持实体经济的效果显著。商业银行不断推进普惠金融工作，服务国家长远战略，把握服务实体经济的本质要求，以金融扶贫赋能产业扶贫，践行乡村振兴战略，推进产业结构转型升级。商业银行持续推进普惠金融业务，对其他金融机构产生了积极示范效应，金融机构小微信贷投放也持续发力，使普惠金融领域贷款增速提高。截至 2018 年末，普惠金融领域人民币贷款余额 13.4 万亿元，比 2017 年增长 13.8%，增速比 2017 年高 5.3 个百分点。普惠口径小微贷款余额 8.0 万亿元，比 2017 年增长 18.0%，增速比 2017 年高 8.2 个百分点。农户生产经营贷款余额 5.1 万亿元，比 2017 年增长 7.6%，增速比 2017 年高 1.1 个百分点。中国人民银行发布的 2018 年第四季度中国货币政策执行报告显示：6 家大型商业银行均至少达到普惠金融定向降准第一档标准，实际执行存款准备金率为 12% 和 13%；中小型商业银行实际执行存款准备金率为 10%、11% 和 11.5%；县域农村金融机构实际执行存款准备金率为 7% 和 8%；绝大部分金融机构都适用优惠的存款准备金率。

大型商业银行、股份制商业银行等深入推进普惠金融事业部建设，地方性银行业金融机构也在不断向县域、乡镇一级金融服务相对较弱地区延伸，扩大金融服务的范围，为普惠金融奠定基础。在大型商业银行全面建设普惠金融事业部的同时，股份制商业银行也开始积极布局普惠金融业务，兴业银行、民生银行等先后成立了普惠金融事业部或普惠金融中心，为小微企业融资提供有力保障。中国银保监会数据显示，我国商业银行对小微企业的贷款是银行业金融机构对小微企业贷款的主力。需要说明的是，中国银保监会的口径统计了大型商业银行、股份制商业银行、城市商业银行、农村商业银行及外资银行5类机构，而本报告研究的是我国商业银行普惠金融的发展，外资银行不在研究范围内，因此本部分分析商业银行小微企业贷款余额和保障性安居工程贷款余额时只分析大型商业银行、股份制商业银行、城市商业银行和农村商业银行4类机构。

尽管大型商业银行是小微贷款的主力，但农村商业银行凭借农村网点优势，小微企业贷款余额逐渐增长，进一步缩小与大型商业银行之间的差距，成为小微企业贷款领域的重要力量。截至2018年末，商业银行用于小微企业贷款余额为25.22万亿元，比2017年增长1.87万亿元。虽然大型商业银行对小微企业的贷款在商业银行中位居第一，但从2018年第2季度开始连续3个季度下降，而股份制商业银行、城市商业银行及农村商业银行小微企业贷款余额有所增长（见表1、图1）。

表1　各类商业银行小微企业贷款余额情况（2017～2018年）

单位：百亿元

指标	2017年第1季度	2017年第2季度	2017年第3季度	2017年第4季度	2018年第1季度	2018年第2季度	2018年第3季度	2018年第4季度
大型商业银行	689.97	701.93	726.10	742.25	745.90	731.34	723.39	710.22
股份制商业银行	394.07	398.67	414.07	428.64	436.57	440.07	448.17	456.52
城市商业银行	475.11	494.25	514.76	539.35	555.90	572.40	602.21	626.22
农村商业银行	536.03	555.91	575.14	599.71	631.30	655.38	674.52	696.19

注：大型商业银行统计数据不含中国邮政储蓄银行。

资料来源：中国银保监会、齐鲁财富网。

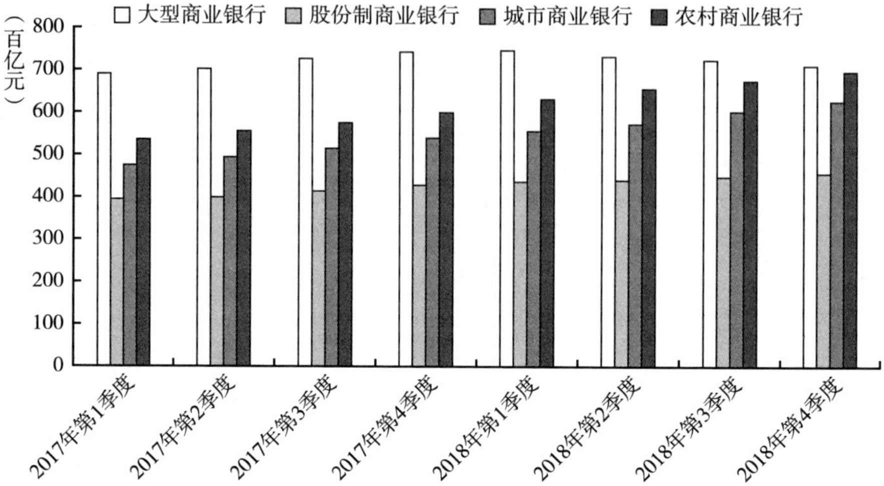

图1　各类商业银行小微企业贷款余额情况（2017～2018年）

注：大型商业银行统计数据不含中国邮政储蓄银行。

资料来源：中国银保监会、齐鲁财富网。

商业银行开展普惠金融业务不仅体现在小微企业贷款方面，保障性安居工程贷款也能从另一方面反映普惠金融业务开展情况。根据2017年和2018年各季度保障性安居工程贷款余额的变化，可以看出大型商业银行仍然是主要力量；股份制商业银行虽然也呈增长态势，但增速较低，与大型商业银行差距逐渐加大；城市商业银行和农村商业银行虽在余额上有所提高，但贡献仍相对较小（见表2、图2）。

表2　各类商业银行保障性安居工程贷款统计（2017～2018年）

单位：百亿元

指标	2017年第1季度	2017年第2季度	2017年第3季度	2017年第4季度	2018年第1季度	2018年第2季度	2018年第3季度	2018年第4季度
大型商业银行	33.04	37.54	40.85	43.87	51.96	60.78	69.93	77.04
股份制商业银行	22.97	24.32	26.90	28.41	34.02	38.22	40.44	42.68
城市商业银行	12.18	12.76	14.62	15.47	18.61	20.80	23.44	24.98
农村商业银行	4.54	4.51	4.43	4.49	5.12	5.65	5.93	6.45

注：大型商业银行统计数据不含中国邮政储蓄银行。

资料来源：中国银保监会、齐鲁财富网。

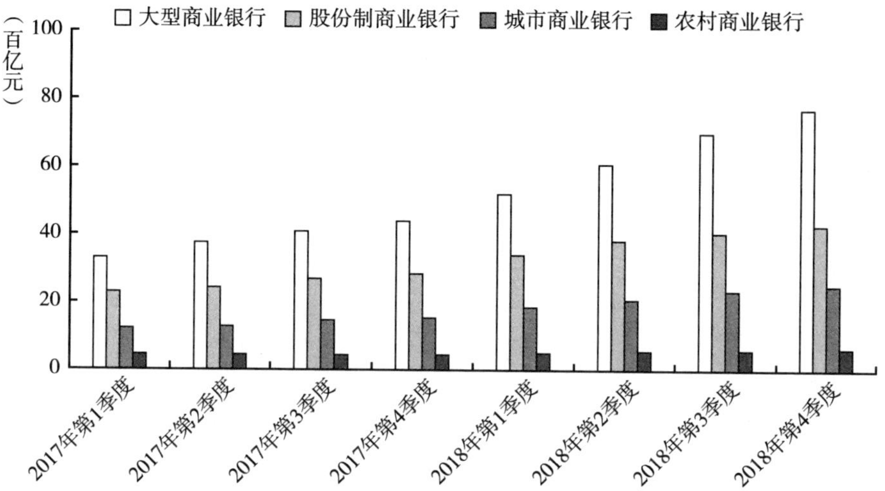

图 2　各类商业银行保障性安居工程贷款余额情况（2017～2018 年）

注：大型商业银行统计数据不含中国邮政储蓄银行。

资料来源：中国银保监会、齐鲁财富网。

1. 大型商业银行大力开展普惠金融业务

根据中国银保监会发布的《银行业金融机构法人名单》，截至 2018 年末，大型商业银行包括中国工商银行、中国农业银行、中国银行、中国建设银行、交通银行和中国邮政储蓄银行 6 家。从普惠金融发展情况来看，截至 2018 年末，其中 5 家银行在总行和全部一级分行均成立了普惠金融事业部，在总行层面设立的普惠金融事业部已开始挂牌运营，中国邮政储蓄银行在总行和各一级分行成立了小微领导小组。从大型商业银行普惠金融贷款余额数据来看，中国建设银行以 6310. 17 亿元“领跑”大型商业银行。

中国工商银行在原小微金融业务部的基础上组建成立普惠金融事业部，搭建普惠金融总行、分行、支行多层次垂直化的组织架构体系。在贴近小微企业的地级市和县域广泛设立小微金融业务中心，组建小微信贷专家队伍，推行集约化运营、专业化分工，极大地提高了审批服务效率，实现小微金融业务的“一站式”处理。中国工商银行持续关注普惠金融事业的覆盖面、客户数等。从小微企业和“三农”方面来看，截至 2018 年末，中国工商银行单户授信总额1000万元以下（含）的小微企业贷款3216.85亿元，比2017年增加492.03亿元。客户数30.80万户，比2017年增加9.10万户。普惠型农户经营性贷款和普惠型涉农小微企业贷款891.34亿元，比年初增加95.47亿元。客户数5.50万户，比年初增加2.10万户。

中国农业银行总行建立了“普惠金融事业部+八大后台中心”的事业部架构，37家一级分行（直属分行）和重点二级分行成立普惠金融事业部，形成具有中国农业银行特色的“三农+小微”双轮驱动的普惠金融服务体系。中国农业银行在2018年7月出台《2018年普惠金融信贷政策指引》，明确了普惠金融发展目标、普惠领域投放重点和配套政策措施，优化普惠金融信贷结构，推进全行普惠金融信贷政策、制度、机制、产品创新，支持普惠金融高质量发展。2018年，中国农业银行普惠金融业务实现中国银保监会“两增两控”和中国人民银行定向降准第二档双达标。截至2018年末，中国农业银行实现中国银保监会“两增两控”监管口径普惠金融贷款余额4937.00亿元，比2017年增加1107.00亿元；贷款户数244.50万户，比2017年增加28.40万户。中国农业银行全面积极创新小微企业融资渠道，运用金融科技不断加强小微金融业务和产品创新，截至2018年末，中国农业银行共推出小微特色信贷产品130余项。

2018年，中国银行普惠金融相关业务持续推进。截至2018年末，中国银行普惠金融小微企业贷款余额3042亿元，比2017年增长12.26%，高于全行各项贷款增速。中国银行普惠金融事业部整体规划各项普惠金融业务，将小微企业、“三农”、双创等作为落脚点，不断总结村镇银行的管理经验，形成新的经营模式，打造“中银信贷工厂”。据统计，“中银信贷工厂”已累计支持中小企业客户4778户，发放授信逾510亿元。

中国建设银行在大型商业银行中率先成立普惠金融发展委员会，组建普惠金融事业部，目前已经形成总行、分行、支行“三级”普惠金融垂直组织架构。在2018年召开的中国建设银行普惠金融战略启动大会上，普惠金融被提升到新的战略高度。中国建设银行普惠金融业务取得显著成效，截至2018年末，中国建设银行普惠金融贷款余额为6310.17

亿元，比 2017 年增加 2125. 15 亿元；普惠金融贷款客户数 119. 19 万户，其中新增 47. 74 万户。

交通银行在总行和省直分行层面均设立了普惠金融事业部，专门制定了加强普惠金融和小微企业服务的政策，从业务拓展、产品创新、渠道建设、资源配套等方面明确推进，降低小微企业融资成本，创新产品和服务模式。2018 年普惠金融“两增”口径贷款余额比 2017 年增加 262. 80 亿元，增幅 29. 63%。交通银行普惠金融业务突出专业化经营，不断推进“综合服务、统计核算、风险管理、资源配置、考核评价”机制建设，改进综合服务机制，形成以客户为中心，涵盖开户、结算、存款、理财、融资等业务全流程的普惠金融服务体系。

中国邮政储蓄银行从 2016 年开始进行“三农”金融事业部改革，2017 年完成“三农”金融事业部改革的全国推广，为乡村振兴奠定基础。充分利用金融科技，打造开放共享的互联网金融平台，积极拓展线上、线下一体化服务渠道，探索金融与科技深度融合发展的路径。中国邮政储蓄银行持续减费让利，减少中间业务环节，从源头上降低小微企业的融资费用。截至 2018 年末，中国邮政储蓄银行涉农贷款余额为 1. 16 万亿元，比 2017 年增长 0. 11 万亿元；在支持民营企业及小微企业发展上，普惠小微企业贷款户数达到 145. 77 万户，余额为 0. 54 万亿元，居同业前列。

2. 股份制商业银行普惠金融业务加速发展

目前我国有 12 家全国性的股份制商业银行：兴业银行、中国光大银行、浙商银行、渤海银行、招商银行、浦发银行、中信银行、中国民生银行、平安银行、恒丰银行、华夏银行、广发银行。据不完全统计，股份制商业银行中已有 10 家成立普惠金融事业部。2018 年恒丰银行将普惠金融体制机制建设作为普惠金融业务的基础工程，成立了普惠金融发展委员会、普惠金融工作领导小组和普惠金融推进办公室。

2017 年，有 4 家股份制商业银行成立普惠金融事业部。兴业银行发布《兴业银行设立普惠金融事业部实施方案》，成为首个宣布设立普惠金融事业部的股份制商业银行，其在总行层面设立普惠金融事业部。兴业银行表示，设立普惠金融事业部，为加大对小微企业、“三农”、贫困人口、创业创新群体、特殊人群、绿色金融等的金融支持带来了新的机遇。兴业银行普惠金融业务加速发展，截至2018年末，普惠型小微企业贷款客户3.60万户，比2017年新增1.02万户，贷款余额919.98亿元，比2017年新增349.91亿元。

《关于成立中国光大银行普惠金融部的通知》下发后，中国光大银行完善普惠金融体制建设，总行设立普惠金融事业部，境内39家分行全部设立普惠管理委员会和普惠金融部。截至2018年末，中国光大银行全面完成“两增两控”监管指标。单户授信总额1000万元以下（含）小微企业贷款余额1281.76亿元，比2017年增长30.74%；有贷款余额的客户30.89万户，比2017年增加5.16万户。

浙商银行分别在总行、分行、支行三个层面成立普惠金融事业部，推进全行普惠金融业务的管理和发展。总行成立的普惠金融事业部采取与小企业信贷中心合署办公的形式开展业务，在支行的小企业专营机构成立普惠金融业务部。浙商银行2018年普惠型小微企业贷款余额为1405.78亿元，占银行贷款余额比重为16.25%，比2017年增长296.54亿元。

为响应国家发展普惠金融的战略部署，2017年渤海银行在原有小微企业授信风险管理模式的基础上成立普惠金融事业部，开展以小微企业为重点的普惠金融业务。

2018年，股份制商业银行全面推进普惠金融事业，多家股份制商业银行积极推进普惠金融业务。招商银行普惠金融服务中心正式成立，在总行、分行两级分别组建普惠金融服务体系，打造总分垂直化管理的普惠金融服务模式。招商银行不断开发区域特色创新产品，借助金融科技重点创建三大普惠金融服务新模式，分别是从申请到放款不超过60秒的闪电贷平台、“一个中心批全国”信贷工厂集中审批模式、覆盖全国44家分行的普惠金融服务中心。截至2018年末，招商银行小微企业贷款余额为3489.93亿元。

中国民生银行在总行层面成立普惠金融事业部，实行矩阵式事业部体制，协调推进全行小微金融业务的管理和发展。截至 2018 年末，小微企业贷款余额达到 4000 多亿元。

平安银行成立普惠金融事业部，与平安集团内部专设的平安普惠金融子公司合作，助力普惠金融工作。截至 2018 年末，平安银行全口径小微贷款余额 3041.39 亿元，占全行各项贷款余额的比重为 15.24%；贷款服务小微客户 66.9 万户，综合金融服务小微客户近 180 万户。

浦发银行着力配备人员在一级分行设立普惠金融部，二级分行的普惠金融工作则由公司金融部带领。2018 年，浦发银行持续提升普惠金融服务能力，加强普惠型产品创新推广，拓展普惠金融客户服务范围与服务能力。

中信银行成立专业部门负责，着力进行普惠金融支行和专营支行建设，在总行设立普惠金融一级部，在重点分行开展业务试点。中信银行 2018 年制定了《关于加快普惠型小微企业法人业务发展的实施意见》，梳理普惠型小微企业法人业务发展理念，明确业务发展目标和方向。截至 2018 年末，普惠型小微企业贷款余额 1363.53 亿元，增幅 48.45%，高出各项贷款增速 35 个百分点；贷款客户 8.22 万户，增幅 37.23%；贷款利率 6.10%，比 2017 年下降 0.22 个百分点。

恒丰银行设立普惠金融推进办公室，成立了普惠金融发展委员会和普惠金融工作领导小组，负责全行普惠金融业务管理，不断完善普惠金融的组织架构体系。普惠型小微贷款、普惠型涉农贷款和精准扶贫贷款增长迅速。恒丰银行为普惠金融配备专项战略额度和风险资产，还为普惠金融建立绿色审批通道，提高审批效率。

3. 城市商业银行普惠金融能力逐渐提升

城市商业银行是发展普惠金融的重要力量，其成立之初的定位就是为中小微企业提供金融支持。经过多年的发展，随着银行网点的增加和服务内容的多样化，城市商业银行的普惠金融能力逐渐提升。上海银行、大连银行、南京银行等已经成立普惠金融事业部，其他城市的商业银行业也积极践行普惠金融，助力当地中小微企业发展。浙江泰隆商业银行、台州银行等地方性银行坚持服务小微企业的宗旨，将数字化信息和社会化信息相结合，创新小微金融。截至2018年末，全国有134家城市商业银行，年内并无新增。从小微企业贷款余额指标来看，截至2018年末，城市商业银行贷款余额达到6.26万亿元，比2017年增长0.87万亿元。

4. 农村商业银行践行普惠金融

农村商业银行属于服务当地农民、农业和农村经济发展的股份制地方性商业银行。农村商业银行能够最直接地为“三农”提供金融服务，也能够适应当地经济发展形势，根据农业发展现状提供精准的金融服务。北京农商行等成立普惠金融事业部，支持当地普惠金融事业发展。截至2018年末，全国农村商业银行达到1427家，比2017年增加165家；小微企业贷款余额达到6.96万亿元，比2017年增长0.96万亿元。

（二）山东商业银行普惠金融发展现状

山东省内商业银行坚持以发展普惠金融服务实体经济为使命，充分体现金融服务实体经济的本质要求。2017年，《山东省人民政府关于推进普惠金融发展的实施意见》要求，增加普惠金融服务和产品，改善针对中小微企业等特殊群体的金融服务，提升普惠金融服务的覆盖率、满意度以及可得性。2018年山东省《政府工作报告》明确提出要构建普惠金融体系。《山东省现代金融产业发展规划（2018～2022年）》提出：“强化城商行服务地方、服务中小企业、服务社区的市场定位，发挥地缘人缘优势，引领发展地方普惠金融，实现与地方经济转型升级的融合互动。”据近三年山东普惠金融数据分析，山东普惠金融发展成效显现，金融服务覆盖率逐年提升，金融服务质量得到改善。

1. 各大型商业银行山东分行大力推进普惠金融

近年来，大型国有商业银行在山东的分支机构积极推进普惠金融工作。其中，中国工商银行将普惠金融发展纳入支行行长绩效考核指标体系，试图建立可持续发展的普惠金融商业模式。中国工商银行青岛市分行在全部对公营业网点专设了普惠金融服务区，为小微企业开户提供绿色通道，充分运用创新产品体系，搭建高效的小微金融服务平台。对符合要求的普惠金融客户征收最低基准利率，以缓解小微企业融资成本高的问题。中国工商银行青岛市分行结合青岛区域产业特点，围绕业务场景，创新设计融资方案，开拓小微金融企业市场。中国工商银行枣庄分行推行小微金融业务中心模式，下放500万元及以下的小微贷款审批权。

2017年4月，中国农业银行普惠金融事业部组建，“三农金融事业部+普惠金融事业部”的普惠金融服务体系开始形成。截至2018年末，中国农业银行山东省分行精准扶贫贷款余额达到60.98亿元，比2017年增加10.3亿元，惠及贫困人口17万人。在服务民营和小微企业方面，中国农业银行山东省分行从发展战略、市场定位等方面，通过提升金融服务，助力民营经济、小微企业发展，改进、优化民营企业信贷流程，缩短审批链条。针对小微企业“短小频急”的金融需求，重点打造小微企业“金色通道”专属品牌体系，涵盖四大系列20余种小微企业专项信贷产品及结算类产品。中国农业银行山东省分行在山东省内率先推出光伏扶贫贷款产品，及时为建档立卡贫困户提供信贷支持，以政府风险补偿基金作为建档立卡贫困户的贷款担保。中国农业银行山东省分行不仅为小微企业创新开发政采贷、微易贷等产品，还通过线上平台服务于小微企业融资，已累计为309家小微企业发放贷款6.77亿元。中国农业银行青岛市分行创新性地提出组建“3+2+1”普惠金融全覆盖服务体系，中国农业银行日照分行借助大数据平台推出“数据网贷”。

中国银行山东省分行多举措推进普惠金融发展，累计投放中小企业授信余额和客户数保持全国前列。2018年，中国银行山东省分行着力研究涵盖涉农贷款、助农服务、精准扶贫方面的支持策略。截至2018年末，中国银行山东省分行涉农贷款余额共计1139.73亿元，在全行贷款中占27.7%，重点支持了金锣集团、龙大肉食等农业龙头企业。中国银行山东省分行严格按照山东省委、省政府战略部署，加大对济南的信贷资源支持和组织保障，推动济南经济转型升级。中国银行山东省分行在济南专门成立普惠金融服务中心，为降低中小企业融资成本制定普惠金融优惠贷款利率，减免、取消各类收费。中国银行青岛分行普惠金融事业部的成立进一步加大了对实体经济中薄弱环节的金融支持力度，并以“信贷工厂”形式向中小微企业、“三农”、县域经济等提供有效金融供给。中国银行青岛分行建设助农取款服务点近600家，改善针对县域农村客户的服务质量。

中国建设银行山东省分行营业部不断完善和创新小微企业金融服务，涉及产品设置、系统优化、制度完善等多方面，将普惠金融业务发展的流程、制度进行调整，惠及众多小微企业。截至2018年末，中国建设银行山东省分行民营企业贷款余额1087亿元，占对公贷款的41%；在同业中率先下调民营和小微企业贷款利率，2018年累计让利7000余万元。其中，中国建设银行枣庄分行还成立了小企业经营中心，共配置专业人员9名，开展小微企业大数据信贷产品知识培训，并现场进行业务帮扶。

截至2018年末，交通银行山东省分行民营企业贷款余额508亿元，在全部贷款中占比为42%；普惠贷款不仅全面完成“两增”口径要求，并且符合宏观审慎监管（MPA）指标。交通银行日照分行根据借款人资质和担保情况配套对应申贷模式，简化优质客户小额信贷审批流程，并将信贷产品审批权限下放，缩短决策链条。交通银行青岛分行积极落实信贷导向政策，大力优化融资结构与信贷结构，不断加大对“三农”领域的普惠金融服务力度。不仅从优质涉农企业入手，持续做好相关涉农贷款的投放，同时对涉农贷款数据进行及时、准确的核对清理，并进行定期跟踪、预测，以做到提前部署。在审慎研判授信风险的前提下，加大对县域各行业中具有显著优势企业的营销力度。

2018年，中国邮政储蓄银行山东省分行围绕乡村振兴战略的总体部署，充分发挥自身优势，普惠金融业务全面推进。截至2018年末，中国邮政储蓄银行山东省分行各项贷款余额为2242亿元，其中涉农贷款余额818亿元，占36.49%。小微贷款余额283亿元，年度净增67亿元。网点2678个，其中85%的网点分布在县域和乡镇。建设助农取款服务点3万个，打通城乡金融服务“最后一公里”。同时，中国邮政储蓄银行与青岛市工商局开展战略合作，积极创新信贷产品和服务方式，消除银企信息不对称难题。

2. 股份制商业银行提升普惠金融服务质效

恒丰银行作为唯一一家总部设立在山东的全国性股份制商业银行，在推进普惠金融服务上取得显著成效。2018 年，恒丰银行不仅设立普惠金融推进办公室，成立普惠金融发展委员会和普惠金融工作领导小组，还将普惠金融作为社会责任指标列入分行 KPI 考核，降低普惠金融贷款 FTP 内部转移价格。自 2018 年以来，恒丰银行莱阳支行重点发展年审贷、政采贷等小微融资产品，开发农机贷、光伏贷等涉农产品，逐步打造涵盖抵质押类、供应链类、增信类、核心企业担保类的普惠金融产品体系，实现普惠金融重点领域全覆盖。

浦发银行济南分行组建成立普惠金融部，由专门人员负责工商企业和小微企业的客户管理维护，切实推动普惠金融及精准扶贫等工作。浦发银行济南分行拥有丰富的获客渠道，分别通过供应链、场景、绿色产业、弱周期行业等批量获得优质小微企业客户。

兴业银行普惠金融服务的特色在于与金融科技高度融合，与中小金融机构合作提供综合性金融服务，将自身业务推广到三、四线城市和偏远地区。兴业银行新推出“小微三剑客”“循环贷”“e 系列”“兴业管家”等多元化产品，建立健全集结算、融资、增值服务为一体的小微专属产品体系，不断提高小微企业贷款可得性，降低融资成本。2018 年兴业银行与山东省农村信用社联合社在济南签署全面战略合作协议，在银银平台、资金营运、资产管理、投资银行、财富管理等方面开展全面合作，践行普惠金融，共同满足农村金融需求，推动山东实体经济健康发展。

3. 城市商业银行积极对接资本市场

截至 2018 年末，全国城商行数量为 134 家，山东有 14 家。山东 17 个地市中，除聊城、滨州、菏泽外，其他 14 个地市均各有一家城商行。山东城商行积极对接资本市场加速发展，将为山东省普惠金融的加速发展提供动力。其中，青岛银行于 2018 年 11 月 30 日收到《关于核准青岛银行股份有限公司首次公开发行股票的批复》，成为山东首家 A 股上市银行，自此开启了山东金融企业上市序幕。从普惠金融的发展角度来看，青岛银行构建各县域支行和惠农特色支行“双轮驱动”的乡村振兴金融服务体系。2018 年，青岛银行成功办理首笔科技金融投保贷业务，先后推出“科创贷”和“惠营贷”等多款创新产品，打造“创易融”个人经营贷品牌，普惠金融体系逐步完善。截至 2018 年末，青岛银行单户授信小于 1000 万元的普惠金融贷款余额合计 98.81 亿元，比 2017 年增长 24.54 亿元，占全行个人贷款（含信用卡）新增余额的 23.15%。

作为全国首家新三板挂牌城商行，齐鲁银行于 2018 年 11 月 2 日宣布转板 A 股上市。截至 2018 年末，齐鲁银行普惠领域贷款总量居山东省城商行首位，实现“两增两控”，达到中国人民银行定向降准最高档次。齐鲁银行以“小微金融”“县域金融”为重点，全面开启线上、线下的互动微贷业务模式。伴随着微贷技术的版本不断升级，网贷平台和银税平台在小微中心管理平台成功上线。齐鲁银行扩大网点覆盖面，在主要的业务区域内已建成 17 家分中心，在济南、聊城、青岛、天津所有县域设立了网点，投放银行卡受理终端和助农 POS 机，解决城乡金融资源配置失衡问题。其中，银行卡助农取款服务建设项目已设立 42 家助农服务点。齐鲁银行不仅推出“惠农消费贷”“惠农经营贷”“惠农农资按揭贷”等惠农系列贷款产品，还构建与政府、企业的多种协作方式，打造基于动物活体抵押的生态养殖贷等涉农信贷产品。其他各城商行也积极开展普惠金融业务，全面助力山东新旧动能转换重大工程。

2018 年临商银行开展“金融 + 乡村”服务，加大金融基础设施投入力度，向农村及城乡接合部推广“普惠金融便民服务站”，并在县域增设网点，提高在县域及乡镇的覆盖率。日照银行则通过创新产品服务来提高企业获得信贷的便捷性，不仅创新推出无还本续贷产品“接易贷”，降低企业倒贷成本，而且积极与政府部门合作，推出“财政增信优惠贷”“助农贷”“创小青贷”等。此外，日照银行枣庄分行成立小微团队，设立小微信贷中心。潍坊银行于 2018 年初新设立普惠信贷部，专门负责推动普惠信贷投放工作，并在年内新设高密密水支行、昌乐方山路支行、安丘青云山路支行三家服务县域民营小微企业的支行，向县域和乡镇等民营小微企业集中的地区延伸网点和业务。潍坊银行在小微金融领域推出“商户通”“即时贷”等十大系列近 50 种小微信贷业务产品。截至 2018 年末，潍坊银行各项贷款余额 550.41 亿元，其中民营企业贷款余额 343.45 亿元，占 62.4%；民营企业贷款余额比 2017 年增加 28.26 亿元，增长 8.97%。另外，潍坊银行积极推进网点零售转型，进行零售资产业务分离试点。

4. 山东农村商业银行数量居全国首位

农村商业银行是农村信用社改革的产物，由于其发展“三农”的定位和网点规模局限等因素，农村商业银行的设立情况与当地经济发展状态以及人口密度有很大关系。根据 2018 年银行业金融机构法人名单，截至 2018 年末，全国农村商业银行数量为 1427 家，山东农村商业银行数量达到 110 家，居全国首位，在省内 17 个地市均有分布。从山东农村商业银行的地域分布数量来看，临沂最多，达到 12 家，德州和济宁均以 11 家位居第二，莱芜和青岛均仅有 1 家（见图 3）。

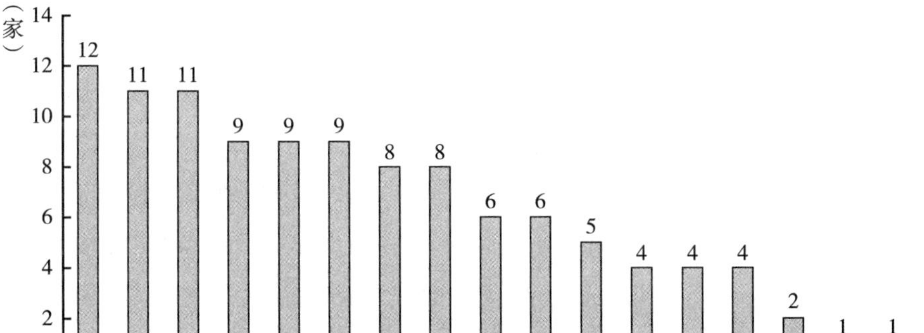

图 3 山东各地市农村商业银行数量分布（2018 年）

资料来源：中国银保监会、齐鲁财富网。

农村商业银行在审批信贷程序、产品创新方面有所改进，全面致力于普惠金融工作的落实。济南农村商业银行持续推动金融服务业供给侧改革，将信贷资源向“三农”、小微企业等倾斜。一方面，优化提升信贷系统，推进“无纸化”办贷，实行全流程限时办结，简化小微贷款审批流程；另一方面，对小微企业实行优惠贷款利率，根据企业发展特点与阶段量身订制专属融资产品和服务方案。诸城农村商业银行莒县支行创新推出以结算流水为贷款依据的“流量贷”。岚山农村商业银行实行灵活利率定价政策，根据不同的客户性质在同档次贷款利率的基础上进行不同程度的降低。

青岛农村商业银行则创新普惠金融服务方式，将普惠金融列入考核指标，持续推动普惠金融工作。青岛农村商业银行寻求与政府合作的新方式，与2个区（市）达成乡村振兴签约意向，选定14个乡村振兴样板村，为经济发展提供资金。总行及支行积极加强与市县部门的沟通，提供综合化金融服务，支持“三农”发展。青岛农村商业银行将“新增普惠金融领域贷款”指标列入考核范围，引导资源向普惠领域倾斜，与支农、支小的市场定位紧密结合，不断加大支持力度。截至2018年末，小微企业贷款余额为798.66亿元，比2017年增长135.25亿元。

二　山东商业银行普惠金融业务存在的问题

山东商业银行的普惠金融发展全面加速，为中小企业发展提供了资金保障，也为“三农”事业做出贡献，但商业银行开展普惠金融业务仍存在挑战。具体来看，山东商业银行普惠金融面临服务成本高、服务体系薄弱、缺乏金融与科技的充分融合等问题。

（一）普惠金融服务成本仍然偏高

山东部分地区和行业实际融资利率小幅上升，使得民营企业和中小企业对资金的需求紧张。一方面，现有的银行组织架构、金融服务模式与小微企业的发展模式、激励机制契合度不高，增加了商业银行服务小微企业、“三农”、贫困人口的金融成本；另一方面，金融基础设施的地区分散布局加大了商业银行在该地区开展业务的成本。以山东省临沂市为例，农村村落分布不集中，民众居住分散，农产品的交易规模小、地点流动性大，使得办公网点、ATM 机投放的选址非常困难，由此带来银行设立的网点规模效应小。同时，商业银行部门间协调度不够，导致不同部门掌握的客户数据不能被高效组织起来形成可调配的资源。加之小微企业、“三农”、贫困人群的信用风险大，不良资产率攀升。商业银行在发放小微企业贷款的过程中面临信息不对称、抵押物缺少等情况，以至于贷款到期无力偿还，这导致商业银行的普惠金融业务难以长久持续下去。而商业银行现行的普惠金融风控理念、授信政策及流程难以实现集约化管理，导致商业银行普惠金融承受的风险成本不断攀升。

（二）普惠金融服务体系薄弱

2018 年《政府工作报告》提出：“基本放开利率管制，建立存款保险制度，推动大中型商业银行设立普惠金融事业部，深化政策性、开发性金融机构改革，强化金融监管协调机制。”目前，普惠金融的服务主体成为经济发展的重要推动力量，而相关领域的立法、配套设施滞后，政策传导机制不流畅，服务体系薄弱。在普惠金融领域，商业银行在普惠金融政策落实、客户定位、业务具体规范等方面存在问题。各家银行对普惠金融的考评标准及其相关细则还有待完善，加之部分地方支行的基层信贷人员对普惠金融的主动性、积极性不高，政策传导的机制不健全导致资金较难流向“三农”和小微企业，而形成普惠金融服务中供给不均衡现象。国内大型商业银行构建普惠金融事业部的模式、服务对象及侧重点不同，实际基础金融服务覆盖面狭窄。同时，体制机制问题依旧是普惠金融发展的重要阻力。有关部门在适度定向降准、信贷、宏观审慎评估、税费减免等方面的政策覆盖面还有待扩大。普惠金融的发展还要与住房租赁、金融科技相结合，继续完善普惠性金融扶持体系。

（三）缺乏与金融科技的充分融合

诺贝尔经济学奖得主、美国麻省理工学院经济学教授本特·霍姆斯特罗姆（Bengt Holmstrom）在 2018 年上海金融论坛上说：“金融科技是否会对银行业带来威胁呢？其实这个说法已经有点老了，不是说金融科技威胁到银行业，而是说金融科技和银行业是否能够合作。因为银行仍然有着自己的许可证，仍然有着大量的资本。所以我认为未来金融科技和银行业会建立这种互补的关系，而不是一方威胁到另一方。”结合中国发展现状来看，新兴互联网平台的贷款模式、审批速度给予用户良好的贷款体验。互联网金融机构依托场景、体验和一站式服务的优势挤占了原本属于商业银行的市场份额。与新兴互联网金融平台相比，商业银行的普惠金融致力于区域性发展，而线上推广工作起步晚，线上平台发展技能尚不成熟，金融服务经验欠缺，线上覆盖率低。由于商业银行对大数据的应用程度不高，标准化、可复制的普惠金融商业模式暂未形成。总体来看，传统商业银行与金融科技深度融合已成为不可逆转的发展趋势，但山东商业银行与科技的融合程度仍有待提升。

（四）商业银行服务“三农”的意愿有待提高

普惠金融内生性不足，商业可持续性面临挑战，服务实体经济的意愿有待提高。银行为小微企业、“三农”等提供适当、有效的金融服务的困难依旧很大，农村客户的需求区域差异大，农业贷款需求的季节性强，而且贷款的有效抵押担保不足，因此银行在农村区域提供金融服务所承受的风险比在城市要大得多。再加上商业银行总行没有对普惠金融业务进行定期指导，分行开展涉农业务积极性不高。目前，商业银行开展的涉农金融业务不多，精准扶贫措施仍存在不足。由于银行与贫困对象之间存在信息不对称，银行方面在进行精准扶贫过程中要解决诸多困难。而山东作为农业大省，商业银行在践行普惠金融的过程中，对“三农”的支持也成为重点工作。

三　山东商业银行普惠金融业务发展建议

银行普惠金融事业部要按照“条线化”管理体制和“五专”经营机制，聚焦小微企业、“三农”、创业创新群体和脱贫攻坚等领域，加大对普惠金融的资源投放，完善商业银行的机制建设，探索创新灵活的服务方式，加速构建普惠金融服务体系。同时，商业银行大力发展普惠金融业务也是赢得政策红利、提升息差水平、改善客户结构、分散经营风险的重要方法。

（一）商业银行加大对普惠金融的资源投放

普惠金融具有分散风险的特性，商业银行在开展普惠金融业务过程中，要合理配置内部资源，加大对普惠金融的资源投放，并探索创新适合自身发展的普惠金融服务方式。普惠金融事业部要扮演好“牵头人”角色，主动与其他部门加强沟通，积极参与联动过程中的重要环节，切实做好相关工作。另外，无论是人力资源还是物质资源都需要向普惠金融业务有所倾斜，在大力发展普惠金融业务的期间，应该着重培养高素质人才队伍，提升从业人员专业素养，并积极打造专营信贷审批队伍，培养小微客户经理。此外，相关配套法律政策制度也在实践中补充与修订。从山东商业银行发展来看，则要重点解决小微企业、“三农”的融资问题，为其提供多样化的金融服务，加大投放力度，加大对专业人才的培养，调整商业银行各项资源的分布比重，加大对普惠金融的支持力度，助力企业高质量发展，并通过资源有效投放，让普惠金融助力山东新旧动能转换重大工程。

（二）搭建小微金融服务组织体系

在搭建小微金融服务组织体系过程中，首先要完善商业银行普惠金融的审批机制。银行业持续深化小微企业金融服务“六项机制”，推行“信贷工厂”模式，下放审批权限，提升小微企业金融服务效率。将小微金融业务划归在贷款计划总量额度内，设置独立的信贷计划，专门用于小微企业贷款投放。第一，普惠金融的相关信贷管理体系需要建立专项评审机制，并对相关准入政策及标准加以细化。针对新业态、新模式以及新主体的金融需求，调整对科技型小微企业信贷的准入政策。第二，简化业务流程，将审批权限下放，确定信贷规范标准。将普惠金融的审批权限合理下放，交给专业团队去经营，提升金融服务的效率和质量。为防范信用风险，完善小微客户信贷评级和授权体系，通过改进技术手段提高审批效率。第三，商业银行要加快修订专项授权政策和白名单授信标准，调整担保机构准入标准、异地授信管制政策、续贷标准。规范小额信贷产品的标准，实现零售化管理。总之，稳步提高普惠金融贷款在全部贷款中的比重，扩大商业银行普惠金融业务的市场覆盖面。

其次，加强普惠金融业务的专项绩效考核，必须明确普惠金融统计口径和核算机制。普惠金融业务专项绩效考核的实施能够激励金融机构将更多的信贷资源配置到小微企业和“三农”领域，服务实体经济发展。为保持商业银行的普惠金融统计口径一致，衡量指标具有对比性，商业银行要在相关定向降准和新增存款比例的考核基础上，综合企业经营管理等各项指标，设定用于商业银行普惠金融内部测评的普惠金融统计口径。一方面，明确小微普惠的统计标准；另一方面，建立普惠金融统计核算机制。商业银行通过设计开发专门的统计核算报表，结合小微企业发展的现状，运用管理会计、数据仓库等手段，汇总统计贷款、存款、中间业务领域的相关数据，形成普惠金融事业部统计核算报表，从而真实反映普惠金融事业部整体业务情况，并体现成本及收益等基本指标，同时也可及时反映风险状况。

通过完善商业银行普惠金融的审批机制以及专项绩效考核，实现商业银行普惠金融助力小微企业发展。从商业银行总行层面注重制度机制的建设、创新业务的审批以及风险的把控；从分行层面则更注重执行，通过内部测评的普惠金融统计口径，体现普惠金融落实情况，实现总行、分行的同步发展，进一步完善小微金融服务组织体系。

（三）创新普惠金融服务方式

目前，商业银行依托金融科技共建开放共享的互联网金融平台，将金融与服务场景深度融合，构建“广覆盖、全链条、新服务、高效率”的普惠金融体系，全面推动普惠金融服务可持续化经营。比如，枣庄市创新开展普惠金融工作，提出创建枣庄市普惠金融改革发展试验区的任务目标，全力支持山东省新旧动能转换建设。

普惠金融服务的主要实践主体是商业银行。商业银行设立普惠金融事业部的目的是发挥专业优势和风控优势，探索和创新比一般中小金融机构更加有效的普惠金融服务方式。普惠金融的客户群体来自小微企业、贫困人口等。为提高普惠金融业务覆盖率，促进普惠金融业务在不同地区间平衡发展，商业银行应创新金融产品和服务模式，提高金融服务质量。银行业金融机构大力发展普惠金融，必须坚持创新，充分运用金融科技手段，创新服务渠道，打破传统金融机构的模式。针对不同的客户群体，创新产品类型，形成具有差异性的金融服务，提供“量身定做”式的金融产品，结合互联网技术和金融科技，全面提升获得客户的能力。从山东商业银行创新角度来看，潍坊银行依托借记卡推出的“即时贷”授信业务产品成为重要的创新方式。借款人在两年授信期内可随借随还，用则计息，不用无息。针对小企业主的“个人经营性即时贷”产品授信额度最高可达 500 万元，客户可通过柜面、POS 机等多种方式使用，从而有效节约企业融资成本。针对山东小微企业及“三农”发展现状来看，不断创新与中小企业的合作方式、结合“三农”发展需求的金融服务方式才能够有效推动普惠金融。

（四）防范普惠金融的风险

《大中型商业银行设立普惠金融事业部实施方案》要求相关银行按照商业可持续原则，建立专门经营机制，实施专项信贷评审，下放审批权限，实行专业化经营管理。一是建立专门的综合服务机制，拓展普惠金融服务的广度和深度，开发多元化、全方位的金融服务。制定专门的信贷管理政策，建立专项信贷评审机制。二是建立专门的统计核算机制，真实反映普惠金融事业部的成本、收益和风险状况。三是建立专门的风险管理机制，足额计提减值准备金，覆盖资产减值风险。对普惠金融业务确定合理的风险容忍度，落实授信尽职免责制度。四是建立专门的资源配置机制，专门下达信贷、经济资本、费用、固定资产、用工等资源计划，为普惠金融服务提供强有力的资源保障。五是建立专门的考核评价机制，逐步建立符合普惠金融业务特点的专项绩效考核制度，完善差异化考核指标体系，构建有效的绩效薪酬管理和激励约束机制。

普惠金融是发挥政府调节作用的有效工具，应在完善风险补偿机制的情况下，加大对商业银行普惠金融的投入，使其更好地服务于小微企业。银行应逐步建立小微金融风险管理体系，应对各种类型的风险。在资产减值风险方面，首先要对小微信贷业务足额计提减值准备金，并且对小微信贷业务执行差异化的核销政策。其次要转变风控理念，加强对小微企业的风险防控。在服务人员方面，需要加强风险防范意识的培训，贷款后期配合现场检查。另外，利用大数据提高风控能力，对多部门数据进行整合，对普惠金融客户进行全方位、多层次的分析，从而实现差异化管理。与此同时，也需要增强抵御风险能力，从而实现商业银行普惠金融业务的可持续发展。

B.3
山东村镇银行发展报告

孙国茂　李宗超　闫小敏*

摘　要： 2018年“中央一号文”提出：“普惠金融重点要放在乡村。”《乡村振兴战略规划（2018～2022年）》也提出，要发展乡村普惠金融。乡村振兴战略的实施离不开普惠金融的支持，村镇银行正是普惠金融服务的重要供给者。经过10多年的发展，我国村镇银行已达1616家，覆盖全国1286个县，县域覆盖率达到70%，已成为普惠金融的生力军，为实现精准扶贫、全面建成小康社会贡献了力量。2018年山东省提出打造乡村振兴齐鲁样板，加强农村金融服务和产品创新，作为贴近“三农”的银行业金融机构，村镇银行的支持作用备受重视。截至2018年末，山东村镇银行数量达126家，居全国首位，中国银行成为发起（控股）数量最多的主发起行，农村商业银行成为发起村镇银行的主力军。此外，通过对青农商行旗下5家省内村镇银行经营绩效的分析发现，平均资产规模偏小，盈利能力不足，山东在促进省内村镇银行发展方面有待加强。

关键词： 村镇银行经营分析　山东村镇银行　农村金融

* 孙国茂，青岛大学经济学院特聘教授、博士生导师，研究领域为公司金融、资本市场、制度经济学。李宗超，齐鲁财富网研究中心高级研究员，研究领域为证券投资、商业银行。闫小敏，山东财经大学金融学硕士，齐鲁财富网副总经理、研究中心高级研究员，研究领域为证券市场、公司金融。

2018 年是我国改革开放 40 周年，是党的十九大提出乡村振兴战略的开局之年，也是村镇银行“新十年”发展之年。2018 年中共中央一号文件《中共中央国务院关于实施乡村振兴战略的意见》（以下简称“中央一号文”）明确提出：“坚持农村金融改革发展的正确方向，健全适合农业农村特点的农村金融体系，推动农村金融机构回归本源，把更多金融资源配置到农村经济社会发展的重点领域和薄弱环节，更好满足乡村振兴多样化金融需求。要强化金融服务方式创新，防止脱实向虚倾向，严格管控风险，提高金融服务乡村振兴能力和水平。抓紧出台金融服务乡村振兴的指导意见。”目前，全国各地把实施乡村振兴战略摆在优先位置，以实干促振兴，农业农村经济活力明显增强，农村基础设施建设正在提档升级，一、二、三产业融合发展体系正在构建，为乡村发展注入新动能。“中央一号文”还提出：“普惠金融重点要放在乡村。”中共中央、国务院出台的《乡村振兴战略规划（2018～2022 年）》也提出，要发展乡村普惠金融。深入推进银行业金融机构专业化体制机制建设，形成多样化农村金融服务主体，指导大型商业银行立足普惠金融事业部等专营机制建设，完善专业化的“三农”金融服务供给机制。推动农村信用社省联社改革，保持农村信用社县域法人地位和数量总体稳定，完善村镇银行准入条件。引导农民合作金融健康有序发展。鼓励证券、保险、担保、基金、期货、租赁、信托等金融资源聚焦服务乡村振兴。

乡村振兴首先是产业振兴。产业振兴离不开金融的大力支持，需要各种金融资源和工具的整体协同服务。需要找准发展普惠金融与实施乡村振兴战略的契合点，充分发挥金融资源配置的引领作用，切实促进农村金融服务的均等化，引导资源合理有序地流向农村。要发挥好系统的“乡村振兴金融主力军”作用，坚持普惠金融初心，持续健全适合“三农”特点的金融体系，把更多金融资源配置到农村经济社会发展的重点领域和薄弱环节，更好地满足乡村振兴的多样化金融需求，村镇银行是普惠金融服务的重要提供者。在乡村振兴战略的实施背景下，村镇银行积极融入乡村振兴之中，充分利用金融科技，主动适应经济新常态、农村新业态、监管新动向、科技新趋势，探索产业融合、城乡融合发展新模式，以金融工匠的心态来精心经营与管理。

国外把村镇银行称作乡村银行（Country Bank，Rural Bank），主要为村域或社区内中小企业或个人提供金融服务。2007 年中国银监会出台的《村镇银行管理暂行规定》载明，村镇银行是指经中国银行业监督管理委员会依据有关法律、法规批准，由境内外金融机构、境内非金融机构企业法人、境内自然人出资，在农村地区设立的主要为当地农民、农业和农村经济发展提供金融服务的银行业金融机构。经过 10 多年的发展，村镇银行在立足县域经济基础上，已成为服务“三农”的重要银行业金融机构，对支农、支小发挥了巨大作用。截至 2018 年末，我国村镇银行达 1616 家[①]，比 2017 年增加 54 家，覆盖全国 1286 个县，县域覆盖率达 70%；村镇银行整体资产规模约 1.51 万亿元，负债总额 1.33 万亿元，同比分别增加了 0.11 万亿元和 0.10 万亿元；净利润 99.25 亿元，存款余额 1.18 万亿元，贷款余额 0.94 万亿元。村镇银行已成为普惠金融的生力军，为实现精准扶贫、全面建成小康社会贡献力量。

山东是我国著名的农业大省。根据《山东省国民经济和社会发展统计公报》，截至 2018 年末，山东省常住人口为 10047.24 万人。常住人口城镇化率为 61.18%，农村常住人口接近 4000 万人。如此庞大的农业人口要进入小康社会和实现乡村振兴离不开金融的支持。根据党的十九大报告和 2018 年“中央一号文”要求，2018 年 5 月山东省出台了《山东省乡村振兴战略规划（2018～2022 年）》，提出全力打造乡村振兴齐鲁样板，加强农村金融服务和产品创新，推进农村金融服务网络建设，优化乡镇农村网点功能，用好山东省融资服务网络系统，将更多资源配置到农业“新六产”、新型农业经营主体发展、农村基础设施建设、美丽乡村建设等农业农村重点领域和薄弱环节。2018 年末，山东村镇银行数量已达 126 家，数量居全国首位，成为支持乡村振兴齐鲁样板的重要组成部分。村镇银行将在推进山东农业农村现代化建设、助力山东乡村发展方面发挥重要作用。

---

① 2019 年 2 月 11 日，中国银保监会发布银行业金融机构法人名单。名单显示，截至 2018 年末，我国银行业金融机构共计 4588 家，其中村镇银行共计 1616 家。

一　村镇银行发展背景

（一）村镇银行发展进入调整期

2006 年 12 月，中国银监会发布《关于调整放宽农村地区银行业金融机构准入政策，更好支持社会主义新农村建设的若干意见》（银监发〔2006〕90 号），该文件在当时农村地区银行业金融机构设置上有两项重要突破：一是对社会资本开放，允许民间资本、产业资本、境内外银行资本等在农村地区开展新设、投资、收购银行业务；二是允许国内金融机构在农村地区设立银行业务。至此，农村地区开立银行业金融机构的政策放宽，四川、青海、甘肃、吉林、湖北、内蒙古 6 个省（区）率先试点。在一系列政策推动下，我国村镇银行数量快速增长，2009 年数量突破百家，2014 年突破 1000 家，2017 年超过 1500 家，2018 年末数量达 1616 家（见图 1）。政策性银行、大型商业银行、股份制商业银行、城市商业银行、农村商业银行和农村合作银行对村镇银行的发展起到了主要推动作用，而民营资本、外资银行机构在村镇银行发展中扮演了重要角色。

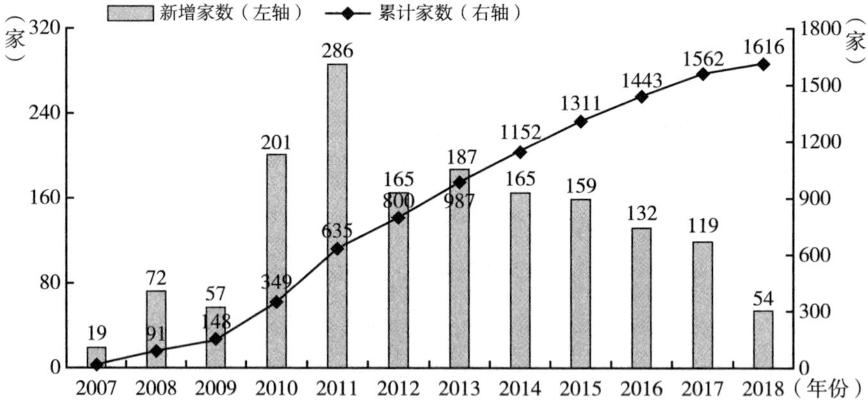

图 1　我国村镇银行数量及增长情况（2007～2018 年）

资料来源：中国银保监会、Wind、齐鲁财富网。

目前，我国城市商业银行、农村商业银行等区域性银行机构跨区设立分行仍受到一定程度上的限制，而跨区域设立村镇银行符合国家政策要求，因此，部分商业银行金融机构异地发起设立村镇银行成为其实现跨区经营的途径之一。经过12年的高速发展，2018年末我国村镇银行县市覆盖率达70%，尽管村镇银行整体规模不断扩大，但由于受国家政策、地域、股东、管理水平等影响，村镇银行之间的差距明显，部分村镇银行管理不善、业绩平平，甚至被监管处罚，从而引发多起主发起行打包转让村镇银行股权的事件，村镇银行之间的兼并、收购成为常态。

我国银行机构数量众多，存在同质化竞争激烈、客户范围狭窄、风险防控意识差、管理半径过长、优秀金融人才缺乏等问题。这些问题直接导致部分村镇银行的经营举步维艰。然而，部分村镇银行坚持支农、支小战略，做到“入乡随俗”，市场定位准确，不断创新思路，经营成绩和盈利能力突出，走出了一条适合自己的市场之路。在此背景之下，村镇银行股权变更事件开始出现，尤其是2017年以来，村镇银行股权打包转让事件不断增多。2018年8月，中国建设银行将其所持有的27家村镇银行股权打包转让给中国银行，中国建设银行2017年度经营业绩报告显示，其控股的27家村镇银行资产总额181.97亿元，净利润2.81亿元。不断涌现的村镇银行股权变更案例显示村镇银行的发展已进入调整期。

表1　村镇银行股权转让案例（2016～2018年）

年份	主发起行	村镇银行
2016	渣打银行	和林格尔渣打村镇银行
	重庆农村商业银行	云南大理渝农商村镇银行
2017	国家开发银行	旗下15家村镇银行
	澳洲联邦银行	旗下15家村镇银行
2018	中国建设银行	旗下27家村镇银行

资料来源：中国银保监会、北京金融资产交易所、齐鲁财富网。

（二）财政资金农业支出结构不合理制约村镇银行发展

农民是村镇银行提供金融服务的重要对象，农民增收效果不显著会导致贷款金额和次数减少，使得村镇银行存款规模和存贷利差偏小，制约村镇银行发展。相反，农民收入的增长会使得他们经济基础变强，能从银行获取更多的金融服务，从而增加村镇银行业务量。因此，村镇银行的发展和农民增收是相辅相成的关系。综上来看，财政农业支出结构在一定程度上影响了农民是否能增收，从而间接影响村镇银行的发展。

改革开放以来我国财政农业支出不断增长。国家统计局数据显示，2018年我国公共财政支出中农业支出为20786.00亿元，是2009年（6720.41亿元）的3.09倍，从2010年开始，农业支出占公共财政总支出的比例已连续9年超过9%（见图2）。尽管财政农业支出基数不断增加，但是财政农业支出结构不尽合理，用于建设性的财政支出比重较低。农业财政支出中有相当大的比重是用于政府农业行政事业单位的运转，支援农业生产的支出和农林水气部门的事业费是财政农业支出的主体，所占比重基本维持在70%。而农业新产品试制、中间试验、科学研究三项经费直接关系到农民增收，三项经费支出增加能够促进科技发展，提高农业产量，进而增加农民收入。从近5年情况来看，除2014年外，农村居民人均可支配收入增长率依然低于城镇居民，农民生活水平提高效果不够明显，城乡居民收入差距依然存在（见图3）。

（三）村镇银行在乡村振兴战略中大有可为

实施乡村振兴战略，是新时代“三农”工作的总抓手。2018年“中央一号文”指出，“完善村镇银行准入条件，地方法人金融机构要服务好乡村振兴”。中共中央、国务院印发的《乡村振兴战略规划（2018～2022年）》在发展乡村普惠金融方面提出，“推动农村信用社省联社改革，保持农村信用社县域法人地位和数量总体稳定，完善村镇银行准入条件”。可见，中央政府十分重视村镇银行在实施乡村振兴中的金融服务作用，村镇银行以支

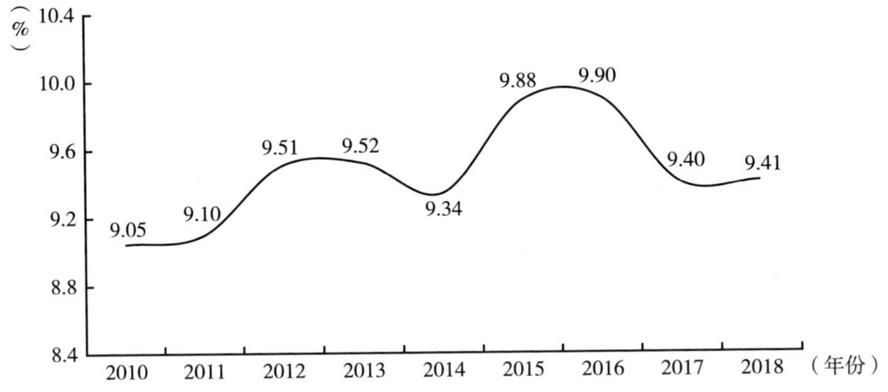

图2　农业支出占公共财政总支出比重（2010～2018年）

资料来源：国家统计局、Wind、齐鲁财富网。

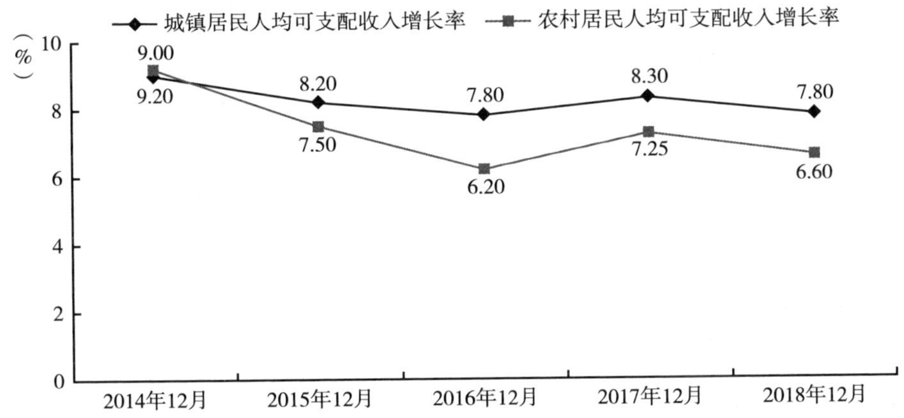

图3　城镇居民和农村居民人均可支配收入增长比较（2014～2018年）

资料来源：国家统计局、Wind、齐鲁财富网。

农、支小为战略定位，可更好地满足乡村振兴多样化金融需求。

中国社会科学院金融研究所副所长胡滨提出，要加强农村普惠金融体系建设，积极探索市场主导和商业可持续的普惠金融发展模式，积极推动乡村振兴战略。青岛大学博士生导师孙国茂教授在总结国际上乡村振兴成功的经验中发现，立法与资金投入是决定乡村振兴成败的关键因素，现阶段我国实施乡村振兴战略不可能完全依靠财政投入，必须建立能够确保社会资金进入农业农村的普惠金融体系，这是确保乡村振兴可持续性的根本保证。

二 村镇银行新型管理模式开展试点

为贯彻落实乡村振兴战略和精准扶贫、精准脱贫基本方略，推动普惠金融发展，提高村镇银行支农、支小的能力，加快建立多层次、广覆盖、可持续的农村金融服务体系，2018 年 1 月，中国银监会印发《关于开展投资管理型村镇银行和“多县一行”制村镇银行试点工作的通知》（银监发〔2018〕3 号，以下简称《通知》），《通知》完善了村镇银行监管制度，调整优化了村镇银行的投资管理模式和设立方式，进一步提升了普惠金融服务偏远地区和欠发达地区的水平。

（一）投资管理型村镇银行

1. 设立条件

（1）投资管理型村镇银行最低注册资本为 10 亿元人民币。

——商业银行（原主发起人）发起设立投资管理型村镇银行，或者选择 1 家村镇银行将其改造为投资管理型村镇银行首次变更注册资本时，可以用自有货币资金或者其所持有的村镇银行股权出资；该商业银行发起设立的村镇银行的股东，拟作为投资管理型村镇银行发起人（股东）的，可以用自有货币资金或者其所持有的村镇银行股权出资；其他发起人（股东）应以自有货币资金投资入股。发起人（股东）以村镇银行股权出资的，应依法办理财产权转移手续。

——投资管理型村镇银行设立或者首次变更注册资本后，通过配股或定向募股方式变更注册资本的，股东应以自有实缴货币资金出资。

（2）已设立的村镇银行作为投资管理型村镇银行应符合以下条件：主要审慎监管指标符合监管要求，经营管理水平较高，支农、支小特色明显；最近 2 年（成立不满 2 年的，自成立以来）无严重违法违规行为和因内部管理问题导致的重大案件；银监会规章规定的其他审慎性条件。

（3）投资管理型村镇银行的发起人（股东）应为符合《中国银监会农村中小金融机构行政许可事项实施办法》（以下简称《实施办法》）规定条件的境内非金融机构、境内自然人、境内商业银行、境内非银行金融机构、境外银行，以及银监会认可的其他投资者。股东持股比例应符合《实施办法》关于村镇银行相应类型股东的持股比例规定。

2. 业务范围

经批准，投资管理型村镇银行在经营村镇银行现有业务的基础上，还可以经营下列部分或全部业务：

（1）投资设立和收购村镇银行；

（2）为村镇银行提供代理支付清算、政策咨询、信息科技、产品研发、运营支持、培训等中后台服务；

（3）受村镇银行委托申请统一信用卡品牌；

（4）银行业监督管理机构批准的其他业务。

3. 投资设立和收购村镇银行的条件和要求

（1）投资管理型村镇银行投资设立和收购村镇银行应符合以下条件：

——主要审慎监管指标符合监管要求；

——具有良好的公司治理结构；

——具有清晰的发展战略和可行有效的商业模式；

——具有对外投资实力和持续补充资本能力；

——具有合格人才储备；

——具有良好的并表管理能力及信息科技系统建设和管理能力；

——最近2年（成立不满2年的，自成立以来）无严重违法违规行为和因内部管理问题导致的重大案件；

——入股资金为自有资金，不得以委托资金、债务资金等非自有资金入股；

——银监会规章规定的其他审慎性条件。

（2）投资管理型村镇银行对单家村镇银行的持股比例不得低于所投资村镇银行股本总额的15%。

（3）投资管理型村镇银行投资设立和收购村镇银行，应按照现行村镇银行组建政策和有关工作流程要求执行，并按照《实施办法》和《通知》有关规定申请行政许可。

（二）“多县一行”制村镇银行

1. 设立条件

（1）“多县一行”制村镇银行最低注册资本为1亿元人民币。

（2）主发起人设立“多县一行”制村镇银行，应符合投资设立村镇银行的相关资质条件，具有较完善的村镇银行管理组织架构、信息科技系统和其他中后台服务设施。

（3）“多县一行”制村镇银行申请在邻近没有设立村镇银行的县（市、旗）设立支行应符合以下条件：

——设立1年以上；

——注册资本1亿元以上；

——公司治理良好；

——主要审慎监管指标符合监管要求；

——经营发展稳健，处于当地同业较高水平。

2. 设立地点

“多县一行”制村镇银行覆盖的多个县（市、旗）应在中西部和老少边穷地区的同一地市或省内相邻地市范围内。覆盖县（市、旗）的数量和地域范围，依据所在地的经济金融总量、财政收入、人口密度和交通等情况综合确定，一般不超过5个。国定贫困县名单或连片特困地区分县名单中的市辖区，可以纳入“多县一行”制村镇银行的覆盖范围。“多县一行”制村镇银行支行覆盖的县（市、旗）应尚未设立村镇银行。

（三）新型管理模式的积极影响

1. 由粗放式管理向精细化管理转变

截至2018年末，1616家村镇银行基本实现了对我国主要县域的覆盖，农村金融服务体系不断完善，普惠金融服务质量不断提高。经过之前“跑马圈地”式的网点布局和机构拓展，目前，村镇银行增长速度明显放缓，并向精细化管理和质量发展转变。主发起行出于对自身定位和战略的考虑，对旗下的村镇银行开始做出抉择。对于设立村镇银行数量比较多、资本金雄厚且经营良好的发起行来说，它们可以通过投资管理行的模式，朝更专业、更专注、更集约、更高效的方向发展，甚至可以通过市场化的手段收购村镇银行，扩大市场规模整合行业资源，走出一条独到的支农、支小发展之路。也有部分发展不理想的主发起行通过调整经营策略，通过市场化手段退出村镇银行市场。因此，应基于主发起行自身的市场定位和市场战略，借助市场化手段实现有序退出、整合和并购，推动村镇银行向精细化、技术型发展，从而完善农村普惠金融体系和提高农村普惠金融质量。

2. 扩大普惠金融覆盖面

目前，对当地农村金融环境较为熟悉的农村信用社、农村商业银行等的跨地区经营受到限制，在一些偏远地区商业金融机构更难以企及。“多县一行”制村镇银行的试点，将有效扩大中西部和老少边穷地区的金融覆盖面。中西部和老少边穷地区由于地广人稀，通信和交通不发达，金融覆盖难度较大，《通知》规定，开业期限一年以上且积累了一定经营管理运行经验的村镇银行可在邻近县市设立支行，这种“多县一行”模式将有效弥补中西部贫困地区的金融服务空白。由于相邻县市的经济状况、人文环境较为相似，村镇银行能够“入乡随俗”快速适应市场，以其“做小、做散、支农”的特点扩大贫困地区的普惠金融服务面。

3. 增强村镇银行责任心

目前，主发起行对村镇银行的管理主要是通过指定部门、事业部、委托分支机构等方式进行管理，这些管理模式存在协调难度大、管理成本高、中后台支持不足等问题。而投资管理型村镇银行作为独立法人机构自负盈亏，这就会激发其责任心，创新经营理念，完善管理体系。首先，投资管理型村镇银行可以集中管理人才、技术人才、IT 等优势资源，弥补现行管理模式存在的中后台短板，使得经营更加专业化和高效化。其次，投资管理型村镇银行和“多县一行”可以根据所在经营地的客户、产品等因素特点，建立风险识别、风险监测、风险处置等专门制度，以“小法人、大平台”管理机制提高风险防控能力。最后，落实支农、支小发展战略，投资管理型村镇银行在其战略规划框架内，支持分支机构建立适应所在县域的特色商业模式和考核机制，将商业银行专业技术优势和村镇银行社区型银行的特点相结合，为所在县域提供多样化金融服务。

三　山东村镇银行发展现状及特点

（一）村镇银行数量稳居全国首位

2018 年我国村镇银行数量达到 1616 家，比 2017 年增加 54 家。根据村银网数据，2018 年村镇银行数量增加较多的省份是贵州和河北，分别增加 27 家和 24 家。《通知》提出：“在执行挂钩以及相关村镇银行组建政策中，老少边穷地区视同西部地区，河北、辽宁、海南三省视同中西部省份，新疆、青海所有县市和连片特困地区县视同国定贫困县。鼓励和优先支持在深度贫困地区设立村镇银行。对在欠发达地区集约化发起设立村镇银行的商业银行，在机构准入和业务创新等方面给予支持。”在国家大力扶持下，2018 年河北、贵州两省在提高村镇银行网点覆盖率方面走在全国前列。经过十余年的发展，村镇银行在健全农村金融体系，激活农村金融市场，强化支农、支小服务，尤其是在为广大中西部偏远地区提供金融服务等方面发挥了积极作用。2018 年，我国村镇银行主要分布在东部地区的山东、江苏、浙江、河北和中西部地区的贵州、山西、河南等省份（见图 4），而新疆、黑龙江、甘肃、海南、青海和西藏等省份数量较少，其中青海和西藏数量均未超过 10 家。

山东省重视普惠金融机构发展。早在 2013 年，山东省政府印发的《关于加快全省金融改革发展的若干意见》（鲁政发〔2013〕17 号）就

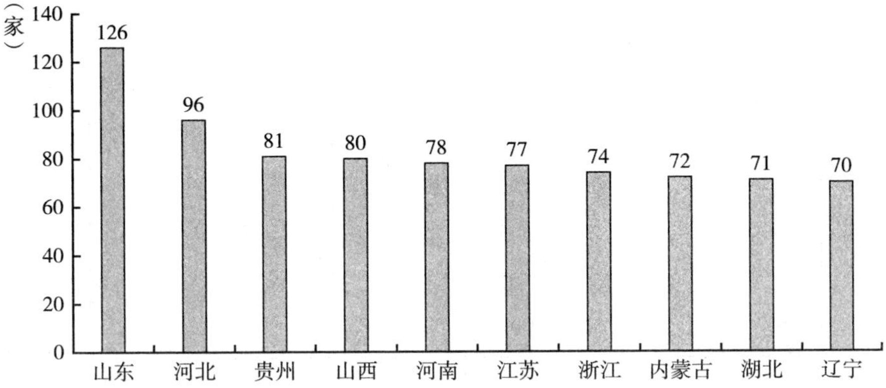

图 4 我国村镇银行数量排名 TOP10（2018 年）

资料来源：村银网、齐鲁财富网。

提出，“统筹发挥政策性金融、商业性金融和合作性金融的协同作用，鼓励金融机构在县域开展金融产品和服务创新”，“整合金融资源支持小微企业发展，发挥金融、财政和产业政策协同作用，扩大小微企业境内外融资来源。支持金融机构向小微企业提供融资、结算、理财等综合性服务，严格规范收费行为，切实降低企业融资成本”。村镇银行作为新型农村金融服务机构经历了从无到有、不断壮大的过程。2008 年 11 月，山东第一家村镇银行——青岛即墨京都村镇银行成立开业，同年 12 月，青岛胶南海汇村镇银行开业，村镇银行在山东省域的发展拉开序幕。截至 2018 年末，山东村镇银行数量共计 126 家，数量居全国第一位（见图 5）。目前，除烟台长岛县没有村镇银行外，山东省已实现县域全覆盖。

（二）农村商业银行成发起行主力军

我国农村商业银行的前身是农村信用社，可以说，农村商业银行和村镇银行有着天然联系。农村商业银行是农村金融体系改革的产物，自 2001 年开始，农村信用社改制为农村商业银行，随着农村商业银行的迅速发展，其在农村金融体系中的地位越来越重要。由于农村商业银行的前身主

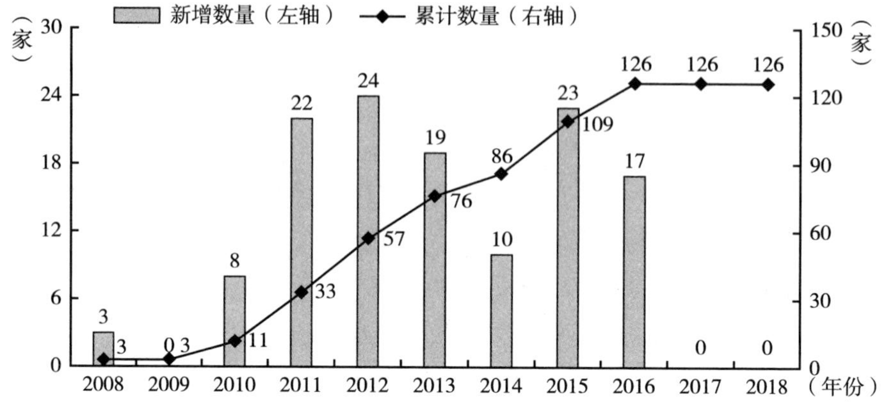

图5　山东村镇银行组建情况（2008～2018年）

资料来源：村银网、齐鲁财富网。

要面向广大农村地区提供金融服务，在服务“三农”及小微企业时积累了丰富的经验，作为其发起组建的一级法人单位的村镇银行可以借鉴成功经验，发挥在农村地区金融市场的竞争优势。目前，从全国范围来讲，设立村镇银行较多的主要有上海农村商业银行、广州农村商业银行、成都农村商业银行、杭州联合农村商业银行、尧都农村商业银行等农村商业银行，它们都已建成村镇银行平台，例如，上海农商银行设立了沪农商系村镇银行，广州农商银行设立了珠江系村镇银行，成都农商银行设立了中成系村镇银行等。

在山东省村镇银行发展过程中，农村商业银行发挥了重要作用。截至2018年末，山东省有27家农村商业银行①共设立了94家村镇银行，占据全省村镇银行总量的74.60%。上海农村商业银行、成都农村商业银行等13家省外农村商业银行共设立了36家村镇银行，莱州农村商业银行、青州农村商业银行、龙口农村商业银行等14家省内农村商业银行共设立了58家村镇银行。可见，农村商业银行在村镇银行的组建中起到了主力军的作用（见图6、图7）。

① 报告将临沂兰山农村合作银行归入农商银行。

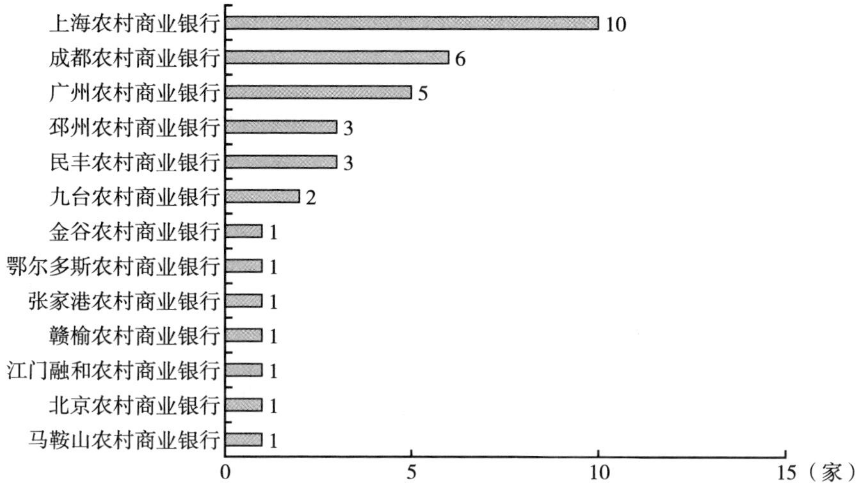

图 6　山东省外农村商业银行设立村镇银行情况（2018 年）

资料来源：村银网、齐鲁财富网。

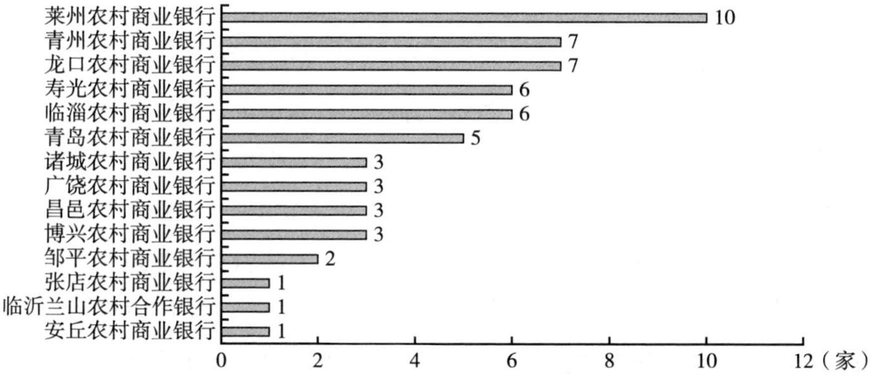

图 7　山东省内农村商业银行设立村镇银行情况（2018 年）

资料来源：村银网、齐鲁财富网。

从数量上看，上海农村商业银行和莱州农村商业银行各自在山东设立了 10 家村镇银行，共同成为设立村镇银行数量最多的农村商业银行，两者在山东设立的村镇银行数量仅次于中国银行；紧随其后的是青州农村商业银行和龙口农村商业银行，各自在山东发起设立了 7 家村镇银行，并且两家农村商业银行组建了各自的村镇银行平台，青州农村商业银行设立了青隆系村镇银行，龙口农村商业银行设立了胶东系村镇银行；排在第三位的是成都农村商业银行、寿光农村商业银行和临淄农村商业银行，各自在山东发起设立了6家村镇银行。从山东省内农村商业银行来看，烟台和潍坊地区的农村商业银行共设立了37家村镇银行，占据山东村镇银行总量的29.37%，但与全国性的上海农村商业银行、广州农村商业银行等相比存在较大差距，山东在培育省内农村商业银行方面仍待进一步加强。

（三）中国银行设立村镇银行数量居省内首位

自2011年起，中国银行与新加坡淡马锡公司下属的富登金控合作，陆续规模化、批量化发起设立中银富登系列村镇银行。淡马锡公司是一家由新加坡财政部负责监管的大型国有企业集团，拥有丰富的投资管理经验，旗下富登金控专注于为金融服务不足的地区和客户提供多样化的优质服务，并不断践行金融科技创新。在商业银行方面，富登金控以中小企业和个体工商户的金融创新著称；在消费金融方面，其聚焦针对小康和工薪阶层的金融服务。中银富登村镇银行通过借助中国银行的品牌和资源优势，结合富登金控的微型金融经验，积极探索微型金融发展之路，力求填补农村金融空缺，帮助村镇居民提高生活水平。截至2018年末，中银富登村镇银行已在全国22个省份设立了125家村镇银行和142家支行，成为国内机构数量最多、业务范围最广的村镇银行集团。2018年中国银行在山东省内通过股权收购和发起设立的村镇银行概况如表2和表3所示，山东村镇银行主发起行设立数量TOP10如图8所示。2017年之前，中银富登村镇银行在山东省共发起设立了12家村镇银行，2017年收购国家开发银行发起设立的15家村镇银行股权（山东1家），2018年收购中国建设银行发起设立的27家村镇银行股权（山东5家）。目前中银富登村镇银行在山东省共有18家分支机构，占据山东村镇银行总量的14.29%，是成都农村商业银行、寿光农村商业银行和临淄农村商业银行在山东设立村镇银行数量的总和。中银富登村镇银行在助力“三农”发展、帮助贫困地区脱贫方面做出重要贡献。

表 2　中国银行在山东省内通过股权收购设立的村镇银行（2018 年）

原发起行名称	原村镇银行名称	村镇银行名称	批准更名时间
中国建设银行	滕州建信村镇银行	滕州中银富登村镇银行	2019. 01. 11
	招远建信村镇银行	招远中银富登村镇银行	2019. 02. 20
	邹城建信村镇银行	邹城中银富登村镇银行	2019. 01. 16
	文登建信村镇银行		
	诸城建信村镇银行		
国家开发银行	龙口中银富登南山村镇银行	龙口中银富登南山村镇银行	2017. 12. 04

资料来源：中国银保监会山东监管局、齐鲁财富网。

表 3　中国银行在山东发起设立的村镇银行（2018 年）

主发起行	村镇银行名称	成立时间
中国银行	曹县中银富登村镇银行	2011. 03. 30
	沂水中银富登村镇银行	2011. 04. 19
	青州中银富登村镇银行	2011. 06. 09
	临邑中银富登村镇银行	2011. 06. 16
	嘉祥中银富登村镇银行	2012. 01. 04
	单县中银富登村镇银行	2012. 01. 10
	曲阜中银富登村镇银行	2013. 02. 20
	五莲中银富登村镇银行	2013. 02. 26
	栖霞中银富登村镇银行	2013. 08. 12
	巨野中银富登村镇银行	2013. 08. 16
	东明中银富登村镇银行	2013. 08. 16
	汶上中银富登村镇银行	2013. 11. 15

资料来源：中国银保监会山东监管局、齐鲁财富网。

（四）变更股权及注册资本家数增多

1. 股权集中变更占据半数

大型商业银行通过集团化、平台化的形式发展村镇银行，成为深入县域服务“三农”的有利抓手，它们通过市场化方式购入村镇银行股权，导致村镇银行股权集中变更。例如，2018 年 8 月，中国建设银行将其持有的 27 家村镇银行股权一次性转让给中国银行。通过此次股权收购，中国银行扩大

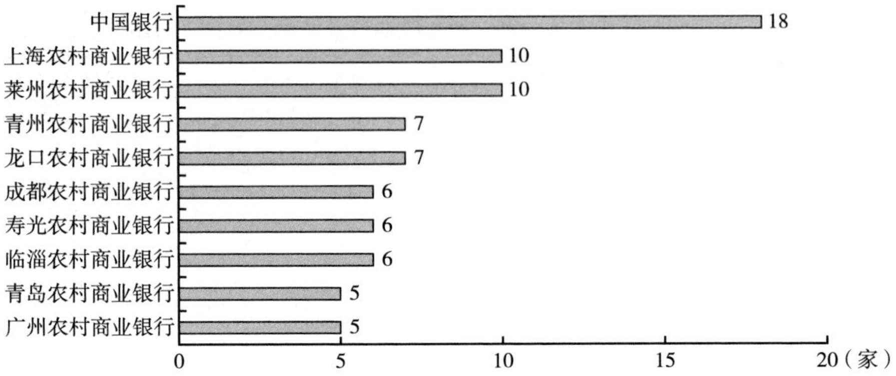

图 8　山东村镇银行主发起行设立数量 TOP10（2018 年）

资料来源：中国银保监会山东监管局、齐鲁财富网。

了控股村镇银行规模，巩固了在村镇银行领域的行业领先地位。

根据山东银保监局数据，2018 年全省共有 16 家村镇银行股权发生变更，比 2017 年多了 4 家。在发生股权变更的 16 家村镇银行中，中国建设银行将其在山东的 5 家村镇银行股权集中变更为中国银行和富登金融控股私人有限公司，上海农村商业银行通过增资扩股的方式提高其在泰安、日照、宁阳三地村镇银行的持股比例，以上两家银行的数量占据 2018 年山东村镇银行股权变更数量的一半。从股权变更方式来看，分为直接转让股权、增资扩股、定项募股、法院裁决等方式。其中，直接转让股权以 11 起的数量成为主要变更方式。从股权变更审批机构来看，中国银保监会山东银保监局筹备组[①]占据 9 起，中国银监会济宁银监分局占据 2 起，中国银监会烟台银监分局、淄博银监分局、临沂银监分局、日照银监分局、菏泽银监分局各占据 1 起。从参与村镇银行股权变更的社会资本来看，主要有郓城北海村镇银行、平原圆融村镇银行、蓬莱民生村镇银行等。另外，济宁高新村镇银行、临沂

① 2018 年 4 月 8 日，中国银保监会正式挂牌，由于地方分局处于筹备状态，故本报告此处将“山东银监局”和“山东银保监局筹备组”视为一体。2018 年 12 月 17 日，中国银保监会山东监管局正式挂牌，由于山东地市监管分局处于筹备状态，涉及地方审批机构时采用“＊＊银监分局”称呼，如烟台银监分局。

河东齐商村镇银行和临淄汇金村镇银行由于增资扩股发生了股权变更。上述股权变更具体情况见表4。

表4　山东村镇银行股权变更情况（2018年）

日期	村镇银行名称	变更方式	审批机构	审批事项
01.16	郓城北海村镇银行	变更股东	菏泽银监分局	原股东郓城宏远肠衣有限公司变更为弘润集团有限公司,变更后弘润集团有限公司持有股份400万股,持股比例为8%,郓城宏远肠衣有限公司不再持有股份
03.21	临淄汇金村镇银行	增资扩股	淄博银监分局	募集股份2000万股,发行价格为每股人民币1.00元
03.26	日照沪农商村镇银行	定向募股	日照银监分局	
03.30	泰安沪农商村镇银行	变更股权	山东银监局	上海农村商业银行通过增资扩股5084万股后,银行股份将达到10084万股。上海农村商业银行持有股份由2550万股增加至7634万股,持股比例由51%增至75.70%
03.30	日照沪农商村镇银行	变更股权	山东银监局	上海农村商业银行通过增资扩股2727万股后,银行股份将达到7727万股。上海农村商业银行持有股份由2550万股增加至5277万股,持股比例由51%增至68.29%
03.30	宁阳沪农商村镇银行	变更股权	山东银监局	上海农村商业银行通过增资扩股1549万股后,银行股份将达到6549万股。上海农村商业银行持有股份由2550万股增加至4099万股,持股比例由51%增至62.59%
04.23	蓬莱民生村镇银行	股权转让	烟台银监分局	北京百万庄园西式餐饮有限公司受让北京旗舰食品集团有限公司所持有银行股份600万股,持股比例为6%
07.12	临沂河东齐商村镇银行	增资扩股	临沂银监分局	募集股份8000万股,每股面值人民币1元,发行价格1.5元
11.06	平原圆融村镇银行	股权变更	山东银保监局筹备组	德州晟合电力交通工程有限公司持有的400万股股权转让给山东征宙机械股份有限公司,转让后,山东征宙机械股份有限公司持有银行400万股股份,持股比例10%

续表

日期	村镇银行名称	变更方式	审批机构	审批事项
12. 12	滕州建信村镇银行	股权变更	山东银保监局筹备组	中国建设银行持有的山东滕州建信村镇银行有限责任公司51%股权(5100万股)转让给中国银行股份有限公司和富登金融控股私人有限公司,转让后,中国银行股份有限公司持有45.9%股权(4590万股),富登金融控股私人有限公司持有5.1%股权(510万股)。股权变更后,中国银行股份有限公司将成为山东滕州建信村镇银行主发起行
12. 12	招远建信村镇银行	股权变更	山东银保监局筹备组	中国建设银行持有的山东招远建信村镇银行有限责任公司51%股权(5100万股)转让给中国银行股份有限公司和富登金融控股私人有限公司,转让后,中国银行股份有限公司持有45.9%股权(4590万股),富登金融控股私人有限公司持有5.1%股权(510万股)。股权变更后,中国银行股份有限公司将成为山东招远建信村镇银行主发起行
12. 12	邹城建信村镇银行	股权变更	山东银保监局筹备组	中国建设银行持有的山东邹城建信村镇银行有限责任公司51%股权(5100万股)转让给中国银行股份有限公司和富登金融控股私人有限公司,转让后,中国银行股份有限公司持有45.9%股权(4590万股),富登金融控股私人有限公司持有5.1%股权(510万股)。股权变更后,中国银行股份有限公司将成为山东邹城建信村镇银行主发起行
12. 12	文登建信村镇银行	股权变更	山东银保监局筹备组	中国建设银行持有的山东文登建信村镇银行有限责任公司51%股权(5100万股)转让给中国银行股份有限公司和富登金融控股私人有限公司,转让后,中国银行股份有限公司持有45.9%股权(4590万股),富登金融控股私人有限公司持有5.1%股权(510万股)。股权变更后,中国银行股份有限公司将成为山东文登建信村镇银行主发起行

续表

日期	村镇银行名称	变更方式	审批机构	审批事项
12.12	诸城建信村镇银行	股权变更	山东银保监局筹备组	中国建设银行持有的山东诸城建信村镇银行有限责任公司51%股权(5100万股)转让给中国银行股份有限公司和富登金融控股私人有限公司,转让后,中国银行股份有限公司持有45.9%股权(4590万股),富登金融控股私人有限公司持有5.1%股权(510万股)。股权变更后,中国银行股份有限公司将成为山东诸城建信村镇银行主发起行
12.13	济宁高新村镇银行	增资扩股	济宁银监分局	募集股份5000万股,每股面值人民币1元,发行价格2元
12.18	济宁高新村镇银行	股权变更	济宁监管分局	山东经达科技产业发展有限公司和山东海达开发建设股份有限公司通过本次定向募股的方式,各持有银行5%的股权

资料来源：中国银保监会山东监管局、齐鲁财富网。

2. 注册资本变更

前期我国适度宽松的货币政策，导致全社会信贷规模不断扩大，大多数商业银行为了保持资本充足而增加资本金。商业银行增加资本金，不但能够满足监管标准，还有利于抵御风险，扩大业务规模。2018 年山东 7 家村镇银行注册资本发生了变更，比 2017 年多出 5 家。在 7 家注册资本发生变更的村镇银行中，临沂河东齐商村镇银行的注册资本由 2.00 亿元提升至 2.20 亿元，成为注册资本最多的村镇银行；宁阳沪农商村镇银行的注册资本由 5000 万元提升至 6549 万元，是 7 家村镇银行中注册资本最低的村镇银行；泰安沪农商村镇银行的注册资本由 0.50 亿元提升至 1.01 亿元，大幅提高 1.02 倍，成为注册资本提升幅度最大的村镇银行（见表 5）。另外，临沂河东齐商村镇银行和临淄汇金村镇银行是通过增资扩股的方式来提高注册资本。

表 5　山东村镇银行注册资本变更情况（2018 年）

日期	村镇银行名称	审批机构	审批内容
6.13	临沂河东齐商村镇银行	临沂银监分局	同意你行注册资本由人民币 2 亿元变更为人民币 2.2 亿元
6.25	日照沪农商村镇银行	日照银监分局	同意你行注册资本由人民币 5000 万元变更为 7727 万元
6.28	泰安沪农商村镇银行	泰安银监分局	同意你行注册资本由人民币 0.50 亿元变更为人民币 1.01 亿元
6.28	宁阳沪农商村镇银行	泰安银监分局	同意你行注册资本由人民币 5000 万元变更为人民币 6549 万元
7.25	高密惠民村镇银行	潍坊银监分局	同意你行注册资本由人民币 0.97 亿元变更为人民币 1.02 亿元
8.08	济宁儒商村镇银行	济宁银监分局	同意你行注册资本由人民币 1.94 亿元通过利润分配转增股本变更为人民币 2.10 亿元
11.28	临淄汇金村镇银行	淄博银监分局	同意你行注册资本由人民币 1 亿元变更为人民币 1.06 亿元

资料来源：中国银保监会山东监管局、齐鲁财富网。

（五）新设分支机构，扩大经营规模

在银行的市场营销战略规划中，网点布局是重要环节之一，网点布局科学与否，直接关系到经营业绩。网点是银行和客户交流的平台，也是银行参与市场竞争的重要资源，因此，网点布局成为银行市场营销的重中之重。在经过科学选址后，通过提高银行网点服务能力和辐射能力，扩大客户规模并培养客户忠诚度，提升银行品牌形象和品牌价值，最终提高经营业绩。

2018 年山东省共有 30 家村镇银行新设 36 家分支机构，其中，冠县齐丰村镇银行、济宁儒商村镇银行、蒙阴齐丰村镇银行、微山北海村镇银行、沾化青云村镇银行、章丘齐鲁村镇银行 6 家银行分别新设 2 家分支机构，余下 24 家村镇银行各新设 1 家分支机构（见表 6）。从主发起行的角度来看，临淄农商行在山东省内共发起设立 6 家村镇银行，2018 年除发起设立泗水齐丰村镇银行外，旗下 5 家村镇银行新设 7 家分支机构，成为新设分支机构最多的主发起行；中国银行在山东省内发起设立了 12 家村镇银行，成为山东省内设立村镇银行数量最多的发起行，2018 年旗下 5 家村镇银行各新设一家分支机构，成为仅次于临淄农商行的发起行；余下江苏民丰农商行等在省内发起行设立的村镇银行新设分支机构均在 3 家（含）之下。从山东 17 个地市来看，2018 年济宁 3 家村镇银行新设了 5 家分支机构，成为村镇银行设立分支机构最多的市，济南、潍坊、聊城、临沂 4 个市的村镇银行 2018 年分别新设 4 家分支机构，余下烟台、东营、泰安、德州等地市的村镇银行新设分支机构均在 3 家（含）之下。

表 6　山东村镇银行新设分支机构情况（2018 年）

日期	村镇银行名称	审批机构	新设分支机构名称
01.04	新泰齐丰村镇银行	泰安银监分局	汶南支行
01.12	临沭民丰村镇银行	临沂银监分局	大兴支行
01.15	烟台莱山齐丰村镇银行	烟台银监分局	解甲庄支行
01.15	烟台芝罘齐丰村镇银行	烟台银监分局	世回尧支行
01.17	东营河口中成村镇银行	东营银监分局	河口支行
01.17	利津舜丰村镇银行	东营银监分局	利二路支行
02.06	微山北海村镇银行	济宁银监分局	留庄支行
02.09	东阿青隆村镇银行	聊城银监分局	牛角店支行
02.09	冠县齐丰村镇银行	聊城银监分局	红旗路支行
02.09	莘县青隆村镇银行	聊城银监分局	妹冢支行
04.01	沾化青云村镇银行	滨州银监分局	冯家支行
05.14	商河汇金村镇银行	山东银监局	白桥支行
08.07	平阴蓝海村镇银行	山东银监局	振兴支行
08.07	章丘齐鲁村镇银行	山东银监局	官庄支行
08.21	沾化青云村镇银行	滨州银监分局	下洼支行
08.28	梁山民丰村镇银行	济宁银监分局	杨营支行

续表

日期	村镇银行名称	审批机构	新设分支机构名称
09.02	莱芜珠江村镇银行	莱芜银监分局	杨庄小微支行(支行升格)
09.03	垦利乐安村镇银行	东营银监分局	黄河口支行
09.06	昌乐乐安村镇银行	潍坊银监分局	五图支行
09.18	巨野中银富登村镇银行	菏泽银监分局	大义支行
09.29	安丘北海村镇银行	潍坊银监分局	景芝支行
09.29	临朐聚丰村镇银行	潍坊银监分局	冶源支行
11.02	临邑中银富登村镇银行	德州银监分局	德平支行
11.05	章丘齐鲁村镇银行	山东银保监局筹备组	普集支行
11.13	济宁儒商村镇银行	济宁监管分局	东邵支行
11.13	微山北海村镇银行	济宁银监分局	昭阳支行
11.13	费县梁邹村镇银行	临沂银监分局	马庄支行
11.13	蒙阴齐丰村镇银行	临沂银监分局	蒙阴支行
11.13	蒙阴齐丰村镇银行	临沂银监分局	常路支行
11.22	肥城民丰村镇银行	泰安银监分局	石横支行
12.01	单县中银富登村镇银行	菏泽银监分局	蔡堂支行
12.01	五莲中银富登村镇银行	日照银监分局	许孟支行
12.02	海阳珠江村镇银行	烟台监管分局	小纪支行
12.06	济宁儒商村镇银行	济宁银监分局	观音阁支行
12.13	冠县齐丰村镇银行	聊城银监分局	贾镇支行
12.19	高密惠民村镇银行	潍坊银监分局	醴泉支行

资料来源：中国银保监会山东监管局、齐鲁财富网。

（六）营业场所变更及公司章程修改情况

2018 年，山东有 14 家村镇银行修改了公司章程，2 家村镇银行变更了营业场所，济阳北海村镇银行的营业场所由济阳县纬 2 路 117 号变更为济阳县银河路 23－5 号，肥城民丰村镇银行的营业场所由肥城市龙山路阳光玫瑰园 C 栋 Z 区迁至肥城市泰临路南、桃园西街西。具体情况见表 7。

表 7　山东村镇银行营业场所变更及公司章程修改情况（2018 年）

变更内容	村镇银行名称	审批机构	审批日期
变更营业场所	济阳北海村镇银行	山东银监局	01. 12
	肥城民丰村镇银行	泰安监管分局	12. 20
修改公司章程	威海富民村镇银行	威海银监分局	07. 20
	邹平青隆村镇银行	滨州银监分局	08. 29
	烟台福山珠江村镇银行	烟台银监分局	08. 30
	肥城民丰村镇银行	泰安银监分局	09. 10
	莱州珠江村镇银行	烟台银监分局	09. 11
	日照九银村镇银行	日照银监分局	09. 18
	蓬莱民生村镇银行	烟台银监分局	09. 19
	海阳珠江村镇银行	烟台银监分局	09. 19
	滨州河海村镇银行	滨州银监分局	09. 20
	沂水中银富登村镇银行	临沂银监分局	10. 08
	泰安沪农商村镇银行	泰安银监分局	11. 19
	莱芜中成村镇银行	莱芜银监分局	12. 12
	莱阳胶东村镇银行	烟台监管分局	12. 19
	牟平胶东村镇银行	烟台监管分局	12. 26

资料来源：中国银保监会山东监管局、齐鲁财富网。

四　村镇银行经营分析

（一）财务数据获取情况

2006 年 12 月，中国银监会第 54 次主席会议审议通过《商业银行信息披露办法》（以下简称《办法》），《办法》第二章“信息披露的内容”规定“商业银行财务会计报告由会计报表、会计报表附注和财务情况说明书组成”，“商业银行披露的会计报表应包括资产负债表、利润表（损益表）、现金流量表、所有者权益变动表及其他有关附表”，但时至今日在公开资料中仍难以获取村镇银行的财务数据。通过查询浦发银行（600000. SH）、民生银行（600016. SH）、交通银行（601328. SH）、中国银行（601881. SH）、青岛农商银行（002958. SZ）和九江银行（06190. HK）等上市主发起行 2018

年财务报表发现，除青岛农商银行外，其余 5 家主发起行对旗下村镇银行均使用合并报表，且数据基本限于总资产、净资产、贷款余额、存款余额、持股比例等范围。因此，在分析山东村镇银行经营数据时，我们采用了青岛农商银行在山东发起的 5 家村镇银行作为样本，并与其他 5 家上市公司旗下村镇银行进行对比。

（二）村镇银行经营分析

截至 2018 年末，在山东发起设立村镇银行的上市银行共有 6 家，分别为浦发银行、民生银行、交通银行、中国银行、青岛农商银行和九江银行。这 6 家发起行在全国范围内共设立（控股）212 家村镇银行，占全国总量的 13.12%，212 家村镇银行总资产合计 1547.49 亿元，占全国村镇银行总资产的 10.25%，平均每家村镇银行总资产为 7.30 亿元，低于全国 9.34 亿元的水平。其中，中国银行旗下村镇银行净利润达 6.74 亿元，远超其他几家银行旗下的村镇银行；其村镇银行净资产收益率（ROE）为 6.71%，比全国村镇银行高出 1.20 个百分点；总资产收益率（ROA）为 1.12%，高出全国 0.46 个百分点。可见，中国银行旗下中银富登村镇银行的盈利能力高于全国水平（见表 8）。

表 8　全国及上市主发起行旗下村镇银行资产及盈利情况（2018 年）

名称	银行名称	数量（家）	总资产（亿元）	净资产（亿元）	净利润（亿元）	ROE（%）	ROA（%）
上市主发起行	民生银行	29	334.69	31.33	—	—	—
	九江银行	18	117.5	—	0.88	—	0.75
	浦发银行	28	373.24	—	1.81	—	0.48
	交通银行	4	76.11	8.13	—	—	—
	中国银行	125	603.32	100.4	6.74	6.71	1.12
	青岛农商银行	8	42.63	11.89	0.45	3.75	1.05
全国	村镇银行	1616	15100	1800	99.25	5.51	0.66

资料来源：中国银保监会、各上市银行 2018 年年报、齐鲁财富网。

青岛农商银行在山东省内发起设立的5家村镇银行分别是日照蓝海村镇银行、济宁蓝海村镇银行、金乡蓝海村镇银行、沂南蓝海村镇银行和平阴蓝海村镇银行。截至2018年末，5家村镇银行总资产合计21.26亿元，占统计样本212家村镇银行总资产的1.37%，平均总资产为4.25亿元/家，低于212家村镇银行平均水平（7.30亿元/家），仅为全国村镇银行总资产平均水平的45.50%；净资产合计4.87亿元，平均净资产为0.97亿元/家，高于中银富登村镇银行0.80亿元/家的水平；ROE为4.31%，比全国村镇银行ROE低1.20个百分点，比中银富登村镇银行低2.40个百分点；ROA为0.99%，比全国村镇银行高出0.33个百分点，但低于中银富登村镇银行0.13个百分点，盈利能力有待进一步提高。

从青岛农商银行山东省内的5家村镇银行来看，金乡蓝海村镇银行各项指标都具有明显优势，尤其是营业利润和ROE两项指标：营业利润达1114.40万元，比沂南蓝海和平阴蓝海2家村镇银行营业利润之和还高出140.60万元，净资产收益率ROE为7.26%，列5家村镇银行首位。而济宁蓝海村镇银行在营业利润和净利润方面与其他4家村镇银行存在较大差距，营业利润不足10万元，净利润仅为54万元（见表9）。

表9　青岛农商银行省内村镇银行资产情况（2018年）

单位：万元，%

公司名称	总资产	净资产	营业利润	净利润	ROE	ROA
日照蓝海村镇银行	26654.00	8725.50	350.40	331.40	3.80	1.24
济宁蓝海村镇银行	48419.60	9356.20	9.30	54.00	0.58	0.11
金乡蓝海村镇银行	55020.90	10815.40	1114.40	785.40	7.26	1.43
沂南蓝海村镇银行	41692.60	9978.40	441.50	416.90	4.18	1.00
平阴蓝海村镇银行	40817.50	9794.90	532.30	511.90	5.23	1.25

资料来源：青岛农商银行2018年报、齐鲁财富网。

对比发现，青岛农商银行旗下的5家山东省内村镇银行在资产规模指标上低于全国平均水平，与村镇银行中的优秀代表中银富登村镇银行相比，在盈利指标上也存在差距。青岛农商银行可以实施乡村振兴战略、打造乡村振兴齐鲁样板为契机，通过支持发展省域内村镇银行，实现跨区域发展，深耕山东金融市场，为山东省内县域小微企业、个体商户、工薪阶层和农村客户提供现代金融服务，助推美丽乡村建设。同时，还要借鉴中银富登村镇银行优秀的管理经验，专注县域农村和社区金融市场，为客户量身定做产品与服务；聘请对当地农村和社区感情深厚的员工，利用员工对农村和社区需求的深入了解，结合青岛农商银行的产品设计、服务水平和风险管理能力，助力当地农村和社区经济发展，体现共同成长的核心价值。

五　村镇银行存在的问题

（一）政策支持不足

村镇银行虽为自主经营、自负盈亏的商业银行，但其负有“立足县域、服务社区、支农支小”的使命，这就使得其带有强烈的政策性银行意味。在实际设立中，村镇银行及其分支机构要在县市级及以下的乡镇行政区域设立布局，在业务开展时要向所在区域的小微企业、小手工业者和农户倾斜，而这些领域存在着较高的风险，给村镇银行的安全性、流动性和效益带来重大影响。村镇银行在一定程度上承担了政策性银行的职责，但国家给予的支持政策相对不足。

在财政补贴方面，财政部2014年3月印发的《农村金融机构定向费用补贴资金管理办法》（财金〔2014〕12号）规定：“东、中、西部地区农村金融机构可享受补贴政策的期限，分别为自该机构开业当年（含）起的3、4、5年内。”“三农”问题的解决是一个长期的过程，绝非3~5年能完成的，因此，在“三农”问题、中小微企业融资难问题得到解决之前，可以考虑延续对村镇银行的财政补贴。

在税收政策方面，国家对村镇银行的税收优惠政策较为零散，且存在一定限制。例如，《财政部、国家税务总局关于延长农村金融机构营业税政策执行期限的通知》（财税〔2011〕101 号）规定：“为支持农村金融发展，经国务院同意，决定将《财政部国家税务总局关于农村金融有关税收政策的通知》（财税〔2010〕4 号）第三条规定的‘对农村信用社、村镇银行、农村资金互助社、由银行业机构全资发起设立的贷款公司、法人机构所在地在县（含县级市、区、旗）及县以下地区的农村合作银行和农村商业银行的金融保险业收入减按3%的税率征收营业税’政策的执行期限延长至2015年12月31日。”但整体来看，村镇银行的税收优惠政策应该放宽限制范围和延长优惠期限，遵循“放水养鱼”的思路，使其在激烈的市场竞争中存活下去，从而更好地完成“支农支小”的战略任务。

（二）政策宣传力度不够

村镇银行是中国银保监会批准的正规金融机构，截至2018 年末数量达1616 家，已成为我国发展普惠金融的重要力量。但是，由于村镇银行受到地域限制、分支网点数量少、结算手段相对落后、金融产品匮乏，公众对村镇银行缺乏足够的了解，社会公信力不高。其原因主要分为两个方面。首先，对村镇银行的正面宣传力度不够。由于村镇银行注册资本金和经营规模较小，客户误认为村镇银行是私人银行，甚至将其与小额贷款公司、P2P 平台和“地下钱庄”归为一类，村镇银行的社会公信力远不如同为面向农村地区提供金融服务的邮政储蓄银行和农村信用社。作为监管部门的中国人民银行和中国银保监会也应该在合适的时机合理地宣传村镇银行的性质及设立的目的，消除公众对村镇银行的疑虑，同时应加强金融监管，维护金融市场的公平公正，促进村镇银行稳健经营和可持续发展，增强公众对村镇银行的认可和信心。其次，村镇银行命名不规范。目前，村镇银行名称中都带有“村镇”两字，并且名称内都包含区域名称，这样就使得村镇银行具有强烈的地方色彩，让公众产生不能跨县跨地区办理业务的看法。各县市、各地区的村镇银行属于独立的法人单位，在跨县跨地区办理有关业务时会涉及费用问题，这也在一定程度上影响公众对村镇银行的认可。

（三）信息披露不足

银行是国家金融体系的重要构成部分，与广大民众、企业、团体等有着广泛的联系。因此，银行能否及时有效地披露相关信息对社会影响甚大，并且由信息不对称或信息披露失真而引发的负面效应也远甚于普通企业。针对普惠金融监管问题，青岛大学教授、博士生导师孙国茂提出：对普惠金融机构应当强制信息披露，监管部门应当建立普惠金融机构监管信息发布系统，同时把信息披露分为“监管层面的信息披露”和“金融组织自身的信息披露”两部分。在资本市场上，及时有效的信息披露，有利于信息在市场参与者之间公平、自由地传播和交换，对优化市场配置、促进资本市场健康发展起到重要推动作用。事实上，在编写本报告过程中，通过网络、报刊等公开资料得到的信息量极其有限，由于缺乏村镇银行的经营数据，本报告对村镇银行的经营绩效分析样本较少。

企业拥有自己的网站可以极大地提升知名度和品牌效应，有效地保护品牌域名，方便高效地与客户进行沟通，企业官网已成为世界认识企业的窗口。经过统计发现，山东有 35 家村镇银行拥有自己的独立网站，比 2017 年多出 4 家，新设独立官网的村镇银行分别为垦利乐安村镇银行、定陶河海村镇银行、青岛胶南海汇村镇银行和青岛即墨惠民村镇银行；有 49 家村镇银行通过本系网站设置主页，如中银富登村镇银行（http：//www. bocfullertonbank. com/）、胶东村镇银行（http：//www. jdrb. cn/）、蓝海村镇银行（http：//www. bocbank. com. cn/）等；有 27 家村镇银行在主发起行官网进行展示，如莱州农商银行官网、成都农商银行官网等；有 14 家村镇银行只能通过“百度百科”呈现村镇银行资料，而郯城汉源村镇银行只能通过在互联网发布的招聘广告中呈现（见图 9）。

在对拥有独立官网的山东村镇银行进行统计时发现，网站内容多为投资理财、电子银行等，而有关经营数据、年度财务报告几乎没有在官网上披露。例如，济宁儒商村镇银行只能在其主发起行济宁银行官网得

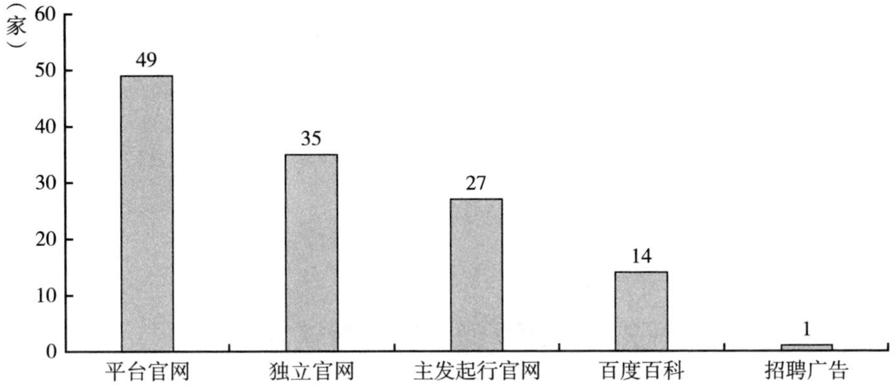

图9　山东村镇银行网络资料情况（2018年）

资料来源：网络公开资料、齐鲁财富网。

知“截至2018年底，我行各项存款57.5亿元，比2017年增加了18.8亿元，存款规模在全省118家①村镇银行中位列第三”。从全国范围来看，由于严格的监管要求，已在新三板市场挂牌的鹿城银行（832792.OC）、客家银行（839969.OC）和国民银行（870874.OC）3家村镇银行在信息披露方面较为规范，方便了公众对银行的监督。可见，监管部门应该制定相关标准，促使村镇银行提高信息披露程度，自动接受公众监督。

（四）业务范围单一

村镇银行主要是为农户、个体工商户和中小微企业提供金融服务，在优化县域金融市场、扩大农村地区金融覆盖面方面起到了重要作用。村镇银行在为农村地区提供金融服务时，业务类型主要是传统的存款和贷款，且业务不得跨出所在的注册县域，根据《村镇银行管理暂行规定》，村镇银行目前只能开展八大类业务：吸收公众存款；发放短期、中期和长期贷款；办理国内结算；办理票据承兑与贴现；从事同业拆借；从事银行卡

① 青岛地区村镇银行未统计在内。

业务；代理发行、代理兑付、承销政府债券；代理收付款项、代理保险业务以及经银行业监督管理机构批准的其他业务。在与其他商业银行比较时，业务范围不但集中单一且多为重合，并且涉农贷款还规定了单户贷款金额和户均金额，在激烈的金融市场竞争中，这无疑增加了村镇银行的压力。

六 发展村镇银行的建议

（一）“三农”服务与商业性业务的互动机制

实施乡村振兴战略，需要不断完善我国农村金融服务体系。在当前多层次农村金融体系中，广大面向农村地区服务的中小金融机构不宜搞业务多元化和跨区域经营。对于村镇银行来说，应该坚守“支农支小”的战略定位，探索差异化的客户定位和经营策略，这样才能获得持续稳定的发展空间。2018 年 2 月，中国银监会农村中小金融机构监管部副主任马晓光在接受《中国金融家》采访时指出：“银监会始终将‘立足县域、支农支小’作为村镇银行培育发展的根本目标和要求，持续引导村镇银行立足县域，坚守服务‘三农’和小微企业市场定位，深耕本地市场、坚持小额分散、开展错位竞争，创新金融产品和服务模式，增强信贷服务透明度和公信力，提高农村金融服务的可得性和满足度。”① 2018 年 9 月，青岛银监局在指导辖区村镇银行服务乡村振兴战略、助力普惠金融发展时指出：“在村镇银行组建之初即要求主要股东出具支持村镇银行支农支小的承诺，要求各村镇银行建立支农支小的正向激励和反向约束机制，提高农户和小额贷款业务在绩效考核中的考核权重；要求村镇银行严格确定并执行单笔贷款、户均贷款、500 万元以下贷款占比等上限标准，严禁贷款‘垒大户’，以‘小、精、

① 《支持乡村振兴生力军——访银监会农村中小金融机构监管部副主任马晓光》，中国金融新闻网，http：//www. financialnews. com. cn/zgiri/201802/t20180227 133747. html。

散’来转移和分散‘三农’和小微企业信贷风险。”① 村镇银行应该坚守战略定位，以乡村振兴战略为契机，发挥普惠金融生力军的作用，并为乡村振兴贡献力量。

村镇银行作为独立法人机构自负盈亏，因此，“商业性”是满足其“支农支小”政策性要求的前提，村镇银行只有持续盈利，做到可持续发展，才能为“三农”发展提供金融支持。由于农村金融机构缺失，村镇银行独有的“支农”特性为其开辟了一条有别于其他商业银行的发展之路，广阔的农村市场为其发展提供了无限空间。村镇银行应该充分利用自身贴近农村的优势，深耕农村中低端市场，创新个性化、本地化的金融产品和服务，将其主要盈利增长点与服务“三农”的政策性要求统一起来，在发展普惠金融的过程中实现盈利最大化。

（二）加大宣传力度，增强公信力

村镇银行在我国发展时间较短，市场认可度较低，要提高公众对村镇银行的认知度，增强公信力，应该做好以下几方面的工作。第一，给予村镇银行正规金融机构的身份。2018 年 2 月，中国银监会首次对外集中公布了中国银行业金融机构法人名单，截至 2017 年末，银行业金融机构法人共 4549 家，其中村镇银行 1562 家，这也是首次给予村镇银行正规金融机构的身份。根据中国银保监会公布的 2018 年银行业金融机构名单，村镇银行有 1616 家。第二，给予村镇银行平等的市场主体地位，将其列入财政专户准入名单。近年来在财政部规范账户清理的工作中，地方政府陆续将开立在村镇银行的财政专户撤销，原因在于村镇银行不在财政专户准入名单之中，反映出国家对村镇银行的重视程度不够。这也成为 2018 年 8 月“第 11 届中国村镇银行发展论坛”的议题之一。第三，监管部门和村镇银行应该在合适的机会加大宣传力度，可以通过电视、网络、报刊、社区活

① 《青岛银监局指导辖区村镇银行服务乡村振兴战略、助力普惠金融发展》，http//www.cbrc.gov.cn/qingdao/docPcigView/41B3920987364918943E5651D9C68C4C/602310.html。

动等形式合理宣传，提高村镇银行的知名度和美誉度，从而获得公众的认可，增强公信力，提高市场竞争能力。

（三）开发特色金融产品和服务

我国金融机构数量众多，市场竞争十分激烈，村镇银行要想取得竞争优势，必须适应当地环境，深入调查当地小微企业、农户的实际需求，开发本土化新型产品和服务，做到特色经营。第一，创新业务品种。积极推出有自身特色的金融产品，如村民住房贷款、小额农户贷款、农民工外出务工路费贷款、专业农户贷款等富有特色的农村金融产品。第二，创新吸储和担保方式。可成立以有威望、有责任心的村民为主要成员的推荐小组，来推选诚信度高的农民成立联保小组，在缴纳一定担保基金，经村镇银行审核后发放贷款；也可通过上门服务、电话服务等方式吸收当地闲散资金，通过现代化支付系统、电子银行等多渠道支付方式，方便农户和小微企业进行结算往来。第三，创新政策宣传和执行。要借助宣传普惠金融、金融知识进万家等活动，树立村镇银行在辖区内的品牌形象，进一步扩大村镇银行的社会影响力。同时，村镇银行还应持续完善贷前咨询和贷后服务流程，定期回访客户，提高服务水准，借此赢得广大客户的信赖，提升村镇银行的知名度和社会公信力。

（四）切实做好信息披露

信息披露是完善村镇银行公司治理的一项重要内容，也是银行业监管的重点之一。做好信息披露工作不仅有利于加强社会公众监督和促进行业健康发展，对提高村镇银行的社会公信力和服务水平也具有重要意义，同时对于增强村镇银行的经营透明度、提升其内部控制和风险管理水平、切实维护中小股东和存款人的利益也有很大的促进作用。

在披露内容方面，除法律法规规定的披露内容以外，村镇银行还应着重披露以下内容：一是村镇银行董事和监事的来源、结构和兼职情况，以及在村镇银行的实际工作天数等；二是所有关联交易情况，重点是与股东特别是与主发起行之间的关联交易情况，包括村镇银行上存主发起行资金，以及主发起行对村镇银行的资金支持情况等；三是村镇银行支农支小业务开展情况，包括农户和小微贷款合计占比、累计发放农户和小微企业客户数等信息披露；四是年度经营报告。内容应以基础数据为主、定性表述为辅。各级农村中小金融机构监管部门要督促指导辖内村镇银行严格按要求及时、完整、准确地向社会公众披露信息，保障社会公众的知情权和参与权。

B.4
山东小微金融机构发展报告

孙东东　刘　叶*

摘　要：　小微金融机构包括多种形式，本报告主要对民间融资及小额贷款公司展开研究，通过对小微金融机构现状及经营情况的分析，展现小微金融机构在山东普惠金融中的重要作用。通过对小微金融机构的分析发现，目前山东省小微金融机构仍存在普惠功能发挥不足、业务缺乏创新、违规经营、内部治理结构不健全、融资难等问题。小微金融机构应服务国家乡村振兴战略，支持民营经济高质量发展，主动融入新旧动能转换重大工程，并要从自身角度加强与金融科技的深度融合，创新融资途径，坚持规范发展。

关键词：　山东小微金融机构　山东民间融资机构　山东小额贷款公司

近年来，小微金融机构在普惠金融发展中的作用逐渐受到各级政府部门的重视，山东在支持小微金融发展方面一直走在全国前列。2016 年 3 月 30 日，山东省第十二届人民代表大会常务委员会第二十次会议通过了《山东省地方金融条例》。这是国内第一部地方性金融法规，标志着山东省在规范推进地方性小微金融机构发展。2018 年 9 月，山东省政府出台的《支持实

---

* 孙东东，齐鲁财富网研究中心高级研究员，研究领域为普惠金融、公司金融、中小企业。刘叶，济南大学应用经济学硕士，齐鲁财富网研究中心高级研究员，研究领域为金融科技、公司金融。

体经济高质量发展的若干政策》（鲁政发〔2018〕21号）提出："拓宽贷款抵（质）押物范围，对于符合法律法规和政策规定，权属明晰、取得产权证书或证明权证的各类不动产、动产、知识产权及其他财产权利，用于向银行、保险、融资担保、小额贷款、民间融资等机构进行抵（质）押担保或抵（质）押反担保时，各登记部门应给予办理抵押权、质押权登记。不能登记的，应出具书面不予登记凭证并说明原因。"2018年10月，山东省政府发布的《山东省现代金融产业发展规划（2018~2022年）》（简称《现代金融规划》）指出：做优做强金融业，对于保障、支撑、促进、引领新旧动能接续转换具有重要意义。《现代金融规划》特别强调："引导小额贷款公司拓宽融资渠道、补充资本实力，通过细分市场、特色经营、全程风控、开发运用大数据等措施，努力提升行业竞争力，到2022年年底，累计发放贷款数量超过8000亿元。"

2018年11月，习近平总书记在全国民营企业座谈会上强调"要扩大金融市场准入，拓宽民营企业融资途径，发挥民营银行、小额贷款公司、风险投资、股权和债券等融资渠道作用"。小微金融机构作为民营企业融资的重要渠道，在解决小微企业融资难、融资贵问题方面发挥重要作用。小微金融机构有多种形式，但受到数据可获得性等因素影响，本报告以民间融资机构和小额贷款公司为重点研究对象，通过对山东小微金融机构发展现状及经营情况的分析，总结小微金融机构存在的问题，并提出发展建议。

一　山东小微金融机构发展现状

（一）小额贷款行业发展现状

小额贷款公司是由自然人、企业法人与其他社会组织投资设立，不吸收公众存款、经营小额贷款业务的有限责任公司或股份有限公司。因具有贷款申请程序简单等优点，成立之后为成千上万小微企业、个体工商户、农户和个人提供急需的贷款服务。经过多年发展，小额贷款公司在规范民间融资以及促进金融市场多元化发展等方面也发挥着重要作用，逐渐成为我国传统金融供给的有效补充和普惠金融体系重要的组成部分。

中国人民银行统计数据显示，截至2018年末，全国共有8133家小额贷款公司，比2017年减少418家，下降幅度为4.89%，与2017年的下降幅度（1.41%）相比明显加大；从业人员为90839人，比2017年减少13149人，下降幅度为12.64%，比2017年降幅高8.15个百分点。从平均值来看，全国小额贷款公司平均实收资本达到1.03亿元/家，比2017年同期增长0.06亿元；平均贷款余额为1.17亿元/家，比2017年同期增长0.02亿元。小额贷款公司数量以及从业人员数量持续减少，机构整体实力逐步增强。从GDP全国排名前四的广东、江苏、山东、浙江四省来看，各省小额贷款公司在数量、实收资本等方面存在较大差别，江苏、广东两省小额贷款公司数量分别高达574家、460家，山东、浙江两省小额贷款公司数量相对较少，分别有322家、320家（见表1）。

表1　全国及四省小额贷款公司统计（2018年）

地区名称	机构数量(家)	从业人数(人)	贷款余额(亿元)	实收资本(亿元)
全国	8133	90839	9550.44	8363.20
广东	460	8458	773.41	695.03
江苏	574	5326	804.46	704.38
山东	322	3672	480.51	437.22
浙江	320	3170	649.02	560.65

注：由于批准设立与正式营业并具备报数条件之间存在时滞，统计口径小额贷款公司数量与各地公布的小额贷款公司批准设立数量有差别。

资料来源：中国人民银行、齐鲁财富网。

据中国人民银行公布的数据，截至2018年末，山东共有小额贷款公司322家①，比2017年同期减少12家，下降幅度为3.59%；从业人员3672

① Wind数据统计山东小额贷款公司家数为331家，由于统计口径不同，中国人民银行与Wind数据库所统计的小额贷款公司数据存在一定差别。本报告为体现山东小额贷款公司基本情况，综合考虑数据的可得性、权威性、连续性等因素，在对山东小额贷款公司成立时间、地域分布等特点进行分析时选用Wind数据，本报告数据差异皆因统计口径与标准不同，并不影响最终的分析结果。

人，与2017年同期相比减少610人，下降幅度为14.25%；贷款余额为480.51亿元，与2017年同期相比减少14.53亿元，下降幅度为2.94%；实收资本437.22亿元，与2017年同期相比减少11.40亿元，下降幅度为2.54%。山东小额贷款公司机构数量与从业人员数量连续3年减少，机构实收资本与贷款余额呈现下滑态势（见表2）。

表2 山东小额贷款公司发展情况（2010~2018年）

年份	机构数量(家)	从业人数(人)	贷款余额(亿元)	实收资本(亿元)
2010	97	1005	95.13	87.73
2011	184	1985	222.53	186.01
2012	257	2934	331.38	278.17
2013	294	3556	404.84	335.22
2014	327	4040	462.44	400.66
2015	339	4722	481.62	435.41
2016	335	4317	481.30	441.20
2017	334	4282	495.04	448.62
2018	322	3672	480.51	437.22

资料来源：中国人民银行、齐鲁财富网。

1. 机构数量持续减少

山东小额贷款公司的数量在2015年达到339家的阶段峰值后连续3年减少，每年减少机构数量呈现递增的趋势。试点之初，山东小额贷款公司的数量爆发式增长，2011年新增机构数量高达87家，增幅高达89.69%。山东小额贷款公司数量在2015年之前虽然不断增加，但增速逐步放缓，2016年山东小额贷款公司数量首次出现负增长（见图1）。

在经济下行压力犹存的大环境下，小额贷款公司的经营状况不容乐观，一些小额贷款公司的不良贷款率持续增加，部分小额贷款公司经营困难，甚至出现停业的情况。由于小额贷款行业面临一定的困难，民间资本新注册成立小额贷款公司的积极性明显减弱，在2016~2018年，山东没有新注册成立小额贷款公司（见图2）。

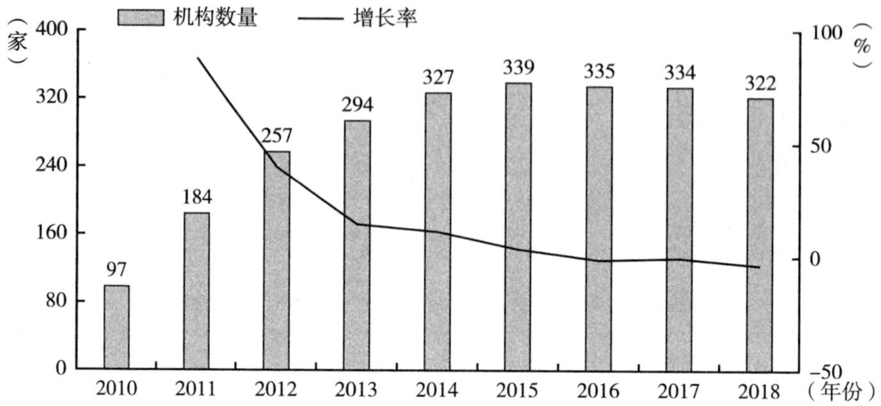

图 1　山东小额贷款公司数量变化（2010～2018 年）

资料来源：中国人民银行、齐鲁财富网。

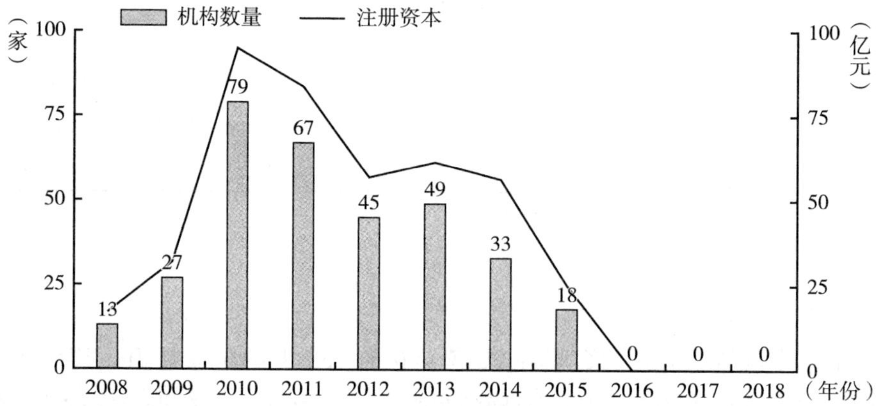

图 2　山东小额贷款公司成立情况（2008～2018 年）

资料来源：Wind、齐鲁财富网。

由于经济发展水平以及小额贷款公司的发展环境存在差异，四省在小额贷款公司数量上也存在明显差别。从 GDP 领先的四省小额贷款公司数量来看，截至 2018 年末，江苏小额贷款公司数量最多，有 574 家，比山东多 252 家，机构总数接近山东两倍。四省小额贷款公司合计为 1676 家，与 2017 年相比减少 75 家。具体来看，江苏小额贷款公司数量减少 56 家，山东减少 12 家，广东、浙江分别减少 1 家和 6 家。

2. 资金实力整体偏弱

山东小额贷款公司实收资本变化与机构数量和从业人员数量变化趋势基本一致。截至 2018 年末，山东小额贷款公司累计实收资本为 437.22 亿元，比 2017 年同期下降 2.54%，自山东开展小额贷款公司试点以来首次出现负增长（见图 3）。

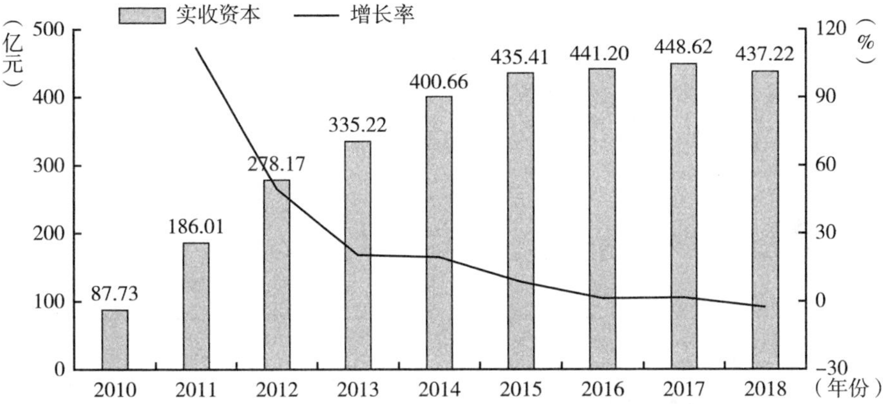

图 3　山东小额贷款公司实收资本变化（2010 ~ 2018 年）

资料来源：中国人民银行、齐鲁财富网。

经过多年发展，山东小额贷款公司平均资本实力不断增强，这也为山东小额贷款行业的发展提供了充足的资金保障。试点之初，山东小额贷款公司平均实收资本普遍偏低，2010 年平均实收资本不足 1 亿元/家。截至 2018 年末，山东小额贷款公司平均实收资本已增至 1.36 亿元/家，与 2010 年相比增幅高达 50.13%。山东小额贷款公司的平均资金实力虽然稳步增强，但行业内部存在较为明显的分化现象，部分小额贷款公司的资金实力仍相对较弱。Wind 统计数据显示，山东现有 237 家小额贷款公司的实收资本处于 1 亿 ~2 亿元，占比超过 70%，实收资本超过 5 亿元的仅有 4 家，合计注册资本 25 亿元。

与四省对比来看，截至 2018 年末，山东小额贷款公司累计实收资本为 437.22 亿元，不仅远低于广东和江苏两省，也远低于浙江，在四省排名中垫底。浙江小额贷款公司平均实收资本为1.75亿元/家，居四省首位，山东小额贷款公司平均实收资本为1.36亿元/家，略高于江苏，低于广东、浙江。山东小额贷款公司不仅在数量上与广东、江苏存在较大差距，在平均资金实力上与广东、浙江也存在较大差别（见图4）。

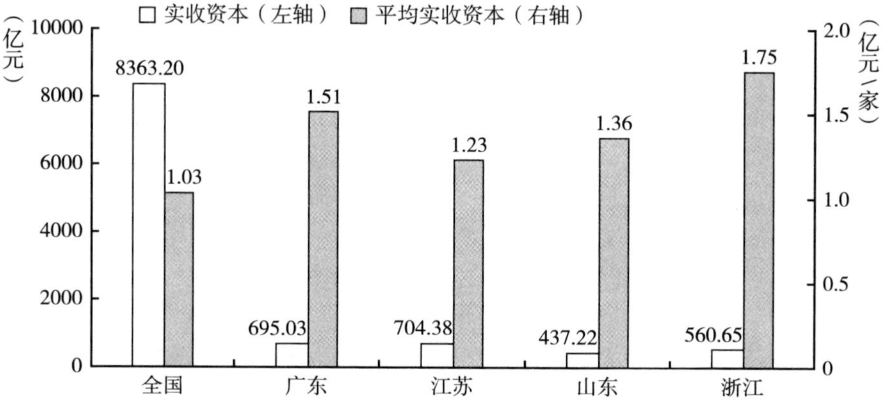

图4　四省小额贷款公司实收资本对比（2018年）

资料来源：中国人民银行、齐鲁财富网。

3. 从业人员规模持续下降

截至2018年末，山东小额贷款公司共有从业人员3672人，比2017年同期下降14.25%，比2015年减少22.24%。试点之初，由于机构数量以及业务规模快速增长，山东小额贷款公司从业人员数量急剧增长。随着行业竞争压力持续加大，山东小额贷款公司吸纳就业能力大幅减弱，从业人员数量2016年首次出现下滑（见图5）。2015年后，山东小额贷款公司从业人员数量连续3年减少，2018年从业人员减少数量高达610人。

在经济下行压力未有效缓解的大环境下，小额贷款公司面临较大经营压力，部分小额贷款公司经营困难，这些问题的存在导致很多从业人员离职。另据统计发现，山东小额贷款公司从业人员下降幅度（14.25%）明显高于机构数量下降幅度（3.59%）。这表明，小额贷款公司吸收就业的能力持续减弱，人员规模不断缩小，越来越多从业者离开小额贷款行业。

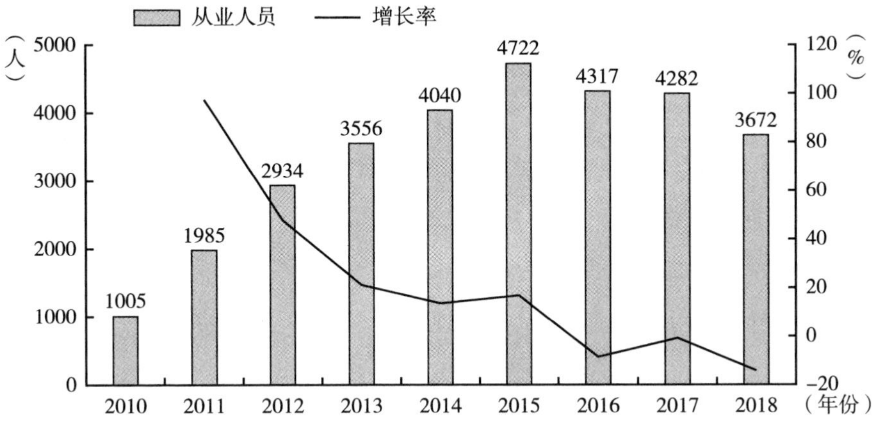

图5　山东小额贷款公司从业人员变化（2010～2018年）

资料来源：中国人民银行、齐鲁财富网。

从广东、江苏、山东、浙江四省小额贷款公司从业人员数量对比来看，2018年山东小额贷款公司从业人员数量占全国小额贷款公司从业人员数量的比重为4.04%，比2017年同期下降0.08个百分点。另外，山东小额贷款公司从业人员数量仅多于浙江，远少于广东、江苏（见图6）。

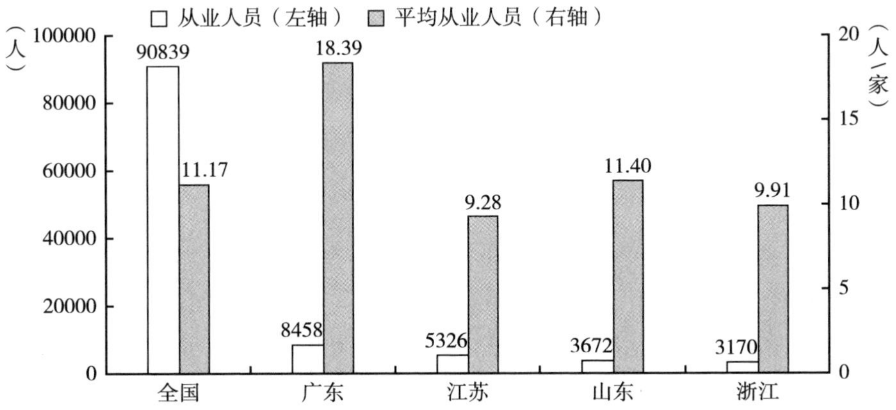

图6　全国及四省小额贷款公司从业人员数量对比（2018年）

资料来源：中国人民银行、齐鲁财富网。

从平均从业人员数量来看，山东小额贷款公司平均从业人员数量为11.40人/家，略高于全国平均水平（11.17人/家），但远低于广东平均水平。江苏、浙江平均从业人员数量不仅低于山东，也远低于全国平均水平，分别为9.28人/家、9.91人/家。江苏小额贷款公司数量虽然排在四省首位，但公司规模普遍偏小。

4. 小额贷款公司地域分布不均

山东小微企业、偏远地区、贫困地区金融服务不足的问题一直制约山东经济的发展，完善功能突出、层次分明、优势互补的金融业发展布局显得尤为重要。作为多层次普惠金融体系的重要组成部分，小额贷款公司在为小微企业、“三农”和偏远地区提供普惠金融服务的时候发挥着重要的作用。山东小额贷款公司在全省各市分布上并不均衡，青岛、烟台等胶东沿海经济发达区域聚集了较多的小额贷款公司，鲁西南等经济发展较为滞后的城市，小额贷款公司数量相对较少。具体来看，截至2018年末，潍坊小额贷款公司数量高达43家，居全省首位，青岛、济南分别有37家和31家，居全省第二、第三位，三市小额贷款公司总数高达111家，占山东小额贷款公司总数的比重为33.53%（见图7）。

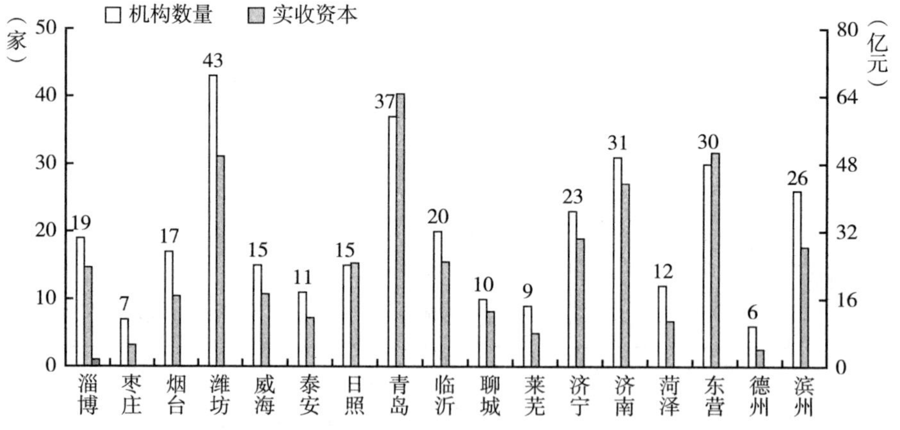

图7　山东小额贷款公司区域分布（2018年）

资料来源：Wind、齐鲁财富网。

5. 网络小额贷款业务发展滞后

网络小额贷款公司打破传统小额贷款公司的地域限制，具有在全国范围内发放贷款的优势，其资金主要是由股东缴纳的资本金和捐赠资金，以及不超过两个银行业金融机构融入资金等构成。部分地区适度拓宽了小额贷款公司的融资渠道，但仍受到较为严格的融资杠杆限制。2017 年 12 月，P2P 网络借贷风险专项整治工作领导小组办公室印发的《小额贷款公司网络小额贷款业务风险专项整治实施方案》要求，重新审查网络小额贷款公司的经营资质，严格规范网络小额贷款业务，对非法经营的网络小额贷款机构予以取缔，还要求各级小额贷款公司监管部门一律不得新批设网络小额贷款公司。

近年来，一些地区批设网络小额贷款公司或允许小额贷款公司开展网络小额贷款业务。网贷之家不完全统计数据显示，截至 2018 年末，全国一共批准设立了 261 家网络小额贷款公司（包含已经获地方金融监管部门批复但未开业的网络小额贷款公司），其中有 243 家已经完成了工商登记。261 家平台主要分布在广东、重庆等 21 个省市。其中，广东网络小额贷款公司数量高达 60 家；重庆网络小额贷款公司数量高达 43 家；江苏和江西两省分别排在第三和第四位，分别拥有 26 家和 24 家网络小额贷款公司；浙江共有 22 家网络小额贷款公司，排在全国第五位。排名前五的省市批设的网络小额贷款公司总数占全国批设总数的 67.05%。山东小额贷款公司数量虽然较多，但全省并未有小额贷款公司从事互联网放贷业务，在这方面山东小额贷款公司发展较为滞后。

（二）民间融资发展现状

为了有效减少民间融资中非法集资、扰乱金融秩序的情况发生，山东借鉴温州经验，采用疏堵结合的方式，引导民间融资从“地下”转入“地上”，合法化、规范化运营。2012 年 3 月 8 日，山东省人民政府办公厅印发《关于促进民间融资规范发展的意见》（鲁政办发〔2012〕18 号），这是山东第一部规范民间融资发展的意见。文件将东营市和临沂市作为试点城市，并将“引导民间融资健康发展”列为“山东金改22条”之一。自此，山东开展民间融资规范引导工作试点，正式开始探索民间融资的规范化发展之路。

2013年10月，山东省人民政府办公厅印发了《关于进一步规范发展民间融资机构的意见》（鲁政办发〔2013〕33号），确定在全省范围内推开民间融资规范引导工作。为更好地引导民间融资机构依法合规经营，提升金融监管工作的规范化水平，山东金融监管局①陆续出台了《山东省民间融资机构监督管理暂行办法》（鲁金办字〔2014〕306号）、《山东省民间融资机构监督管理办法》（鲁金监字〔2016〕6号）等一系列政策文件。《山东省地方金融条例》将民间融资机构界定为地方金融组织，并纳入调整范围。

山东按照政策引导、创新发展的路径，积极推动民间融资阳光化、规范化发展，全省民间融资机构发展总体稳健、持续向好。为了进一步规范山东民间融资机构规范化运营，2018年2月2日，山东省地方金融监管局印发了《山东省民间融资机构业务许可证年审办法》（鲁金监字〔2018〕4号）。该办法是自2016年山东提出民间融资机构实行业务许可和业务许可证后，为了保证民间融资机构业务许可证年审工作的顺利进行，加强对民间融资机构的管理监督，引导民间融资机构依法合规经营所制定。2018年2月7日，山东省地方金融监管局为规范发展民间资本管理公司线上私募股权融资业务，印发《关于规范发展民间资本管理公司线上私募股权融资服务业务的通知》（鲁金监字〔2018〕5号），明确规定了开展线上私募股权融资服务业务的市场准入标准和要求，同时明确分类评级Ⅲ级（含以下）等情况的民间资本管理公司不允许开展线上私募股权融资服务业务。2018年7月30日，山东省地方金融监管局印发的《关于进一步推动民间资本管理公司发展的通知》（鲁金监发〔2018〕1号）指出，为了进一步推动民间资本管理公司做大做强，更好地支持实体经济发展、参与新旧动能转换重大工程建

① 2018年10月，根据山东省委、省政府《关于山东省省级机构改革的实施意见》，将山东省金融工作办公室（省地方金融监管局）调整为省地方金融监管局（省金融工作办公室），仍作为省政府直属机构。本报告涉及原山东省金融工作办公室相关数据来源及文件均调整为山东省地方金融监管局。

设。另外，2018 年，山东省民间融资机构协会发布《山东省民间融资机构协会行业自律年度评价办法》，以加强民间融资机构的自律管理，促进民间融资机构规范发展。

从山东省地方金融监管局统计数据可知，截至 2018 年末，全省共 526 家民间融资机构获得业务许可，注册资金为 303.03 亿元。其中民间资本管理公司 442 家，注册资金 300.31 亿元；民间融资登记服务公司 84 家，注册资金 2.72 亿元。通过对比分析近两年的数据，山东民间融资机构已经进入稳定阶段，民间融资机构数量变动幅度较小，但注册资金增幅明显，民间融资机构质量有所提升，这与近两年山东省金融监管局提出的保量提质发展模式有关。

1. 机构总量保持稳定

截至 2018 年末，山东民间融资机构共 526 家，相对于 2017 年的 522 家，仅增加 4 家，机构数量变动幅度非常小。其中，民间资本管理公司 442 家，民间融资登记服务公司 84 家。从表 3 可以看出，山东民间融资机构自 2013 年以来，机构数量已经历迅速增加随后大幅减少，目前已进入平稳期。

表 3　山东省民间融资机构发展情况（2013～2018 年）

单位：家

年份	民间融资机构	民间资本管理公司	民间融资登记服务公司
2013	202	178	24
2014	680	601	79
2015	489	444	45
2016	512	458	54
2017	522	448	74
2018	526	442	84

资料来源：山东省地方金融监管局、齐鲁财富网。

从两种类型的机构数量来看，民间资本管理公司的数量近两年逐渐减少，而民间融资登记服务公司的数量呈现逐步增加的趋势。分析民间资本管理公司数量不断减少的原因，与民间资本管理公司的设立门槛高，而多数规模较小的民间资本管理公司的盈利情况不容乐观有关。2018 年 7 月 30 日，山东省地方金融监管局印发的《关于进一步推动民间资本管理公司发展的通知》中提出：境外企业或省外企业可以发起设立民间资本管理公司，但注册资本金应不低于 3 亿元人民币等额外币。该文件的颁布去掉了资金来源地仅限于当地的要求，放宽了民间资本管理公司的资金来源，但是对经营区域的限制依旧存在。总的来看，民间资本管理公司的设立门槛较高，设立之初就需要大量的资金投入，经营范围受限。而多数民间资本管理公司的经营情况一直不容乐观，因此许多资金实力不强、业务创新能力不足、无法覆盖经营成本的民间资本管理公司逐步退出行业，没有大量资本金的企业也不参与该行业，民间资本管理公司呈现缩量的状态。

对于民间融资登记服务机构而言，该机构仅是为当地民间借贷双方提供资金供需信息发布、中介、登记等综合性服务交易，设立条件无明确要求，仅对业务范围进行限制，要求在本县（市、区）开展业务活动，资金借入方和借出方均为当地法人或自然人。因此，综上可以看出民间资本管理公司总量减少而民间融资登记服务机构总量呈现增加的趋势也符合正常的发展方向。

如表 4 所示，从注册资金来看，两种类型机构的注册资金都呈现持续增加的趋势。2018 年底，民间资本管理公司的平均注册资金为 6794 万元，民间融资登记服务机构的平均注册资金约为 320 万元人民币，民间资本管理公司平均注册资金大幅增加，民间融资登记服务机构平均注册资金变动不大。从民间资本管理公司平均注册资金来看，远高出民间资本管理公司设立条件规定的注册资金不少于 3000 万元，主要原因包括两方面。一方面，是部分地区的注册要求，如德州市制定的《德州市民间资本管理公司管理暂行办法》明确规定德州市设立民间资本管理公司注册资金不低于 5000 万元。部分地市对注册资本金的最低限额是山东省民间资本管理公司整体注册金较高的原因之一。另一方面，2018 年发起设立的部分民间资本管理公司规模较大，注册资金较高，拉高整个行业水平。例如，2018 年 1 月注册成立的青岛汇泉民间资本管理有限公司的注册资金为 15 亿元，2018 年 5 月注册成立的济南城投民间资本管理有限公司的注册资金为 10 亿元。2018 年济南和青岛等地有 10 多家民间资本管理公司的注册资金都在1亿元以上，直接拉高了民间资本管理公司的平均注册资金水平。

表4　山东省民间融资机构数量和注册资金统计（2013～2018年）

单位：家，亿元

年份	民间资本管理公司			民间融资登记服务机构		
	数量	注册资金	平均注册资金	数量	注册资金	平均注册资金
2013	178	108.24	0.61	24	—	—
2014	601	335.25	0.56	79	2.31	0.03
2015	444	255.18	0.57	45	0.95	0.02
2016	458	264.05	0.58	54	1.56	0.03
2017	448	263.58	0.59	74	2.44	0.03
2018	442	300.31	0.68	84	2.72	0.03

资料来源：山东省地方金融监管局、齐鲁财富网。

2. 各地市发展不平衡

从山东省各地市民间资本管理机构发展情况看，临沂机构数量领先，青岛投资额最高。截至2018年末，民间融资机构自试点起已经在山东发展了7年时间，各地市发展情况并没有在相关部门进行统一的展示和解析。本报告通过搜寻各地市的新闻以及金融办的相关数据，整理出济南、青岛、潍坊、临沂、烟台、淄博以及泰安的发展情况如下。

截至2018年末，济南民间资本管理机构投资17.6亿元，民间融资登记服务机构对接资金3.2亿元。

截至2018年末，青岛取得业务许可的38家民间资本管理公司，投资余额84.2亿元，51.4%的资金投向了“三农”和小微企业。青岛市2018年注册成立的民间资本管理公司注册资金额度较大，注册资金在3亿元以上的公司数量在山东省居首位，进一步形成了大、中、小机构梯次发展的行业格局。民间融资登记服务机构仅有1家——青岛蓝海民间融资登记服务中心。

潍坊获得业务许可的民间融资机构有30家①，注册资金11亿元。其中

① 潍坊市人民政府网站公布新闻显示，数据时间节点为2018年11月30日。

民间资本管理机构25家，投资余额11.76亿元，融资余额0.62亿元，累计投资金额8.90亿元；民间融资登记服务机构5家，累计成功对接资金0.24亿元。

临沂2018年民间融资机构有173家，注册资金81.57亿元，2018年累计投资57.79亿元，成功对接民间资金业务3.77亿元。全市共批复新型农村合作金融试点社66家，自试点以来累计发放互助金1510.57万元。

根据烟台市地方金融监督管理局披露的数据，截至2018年7月，烟台共有32家民间融资机构获得业务许可证，其中民间资本管理公司24家，民间融资登记服务机构8家。

2018年泰安开展民间融资机构风险排查专项行动，规范机构经营行为，促进机构健康发展。截至9月末，全市取得业务许可证的民间融资机构有23家，注册资金合计25.2亿元，累计投资35.1亿元，其中24亿元投向小微企业和“三农”，占比68.4%。

截至2018年12月1日，淄博取得业务许可证的民间融资机构共22家，其中，民间资本管理公司16家，注册资金10.11亿元，2018年累计投放资金8.19亿元，投资余额8.93亿元；民间融资登记服务中心6家，注册资金1801万元，登记借贷资金共计23.97亿元，撮合成交320笔，融资业务成交9.47亿元。据不完全统计，80%以上的资金直接或间接支持了淄博市“三农”、中小微企业的资金需求和创新发展，在一定程度上缓解了部分中小微企业资金紧张的困难局面，为促进新旧动能转换、支持老工业城市转型升级、全面振兴起到了积极的作用。

从民间融资机构数量来看，临沂具有明显优势，民间融资机构数量相对于2017年的168家增加了5家，占山东省民间融资机构总量的32.89%，占比增高。从机构质量来看，青岛民间融资机构质量较好，结合前文注册资金来看，青岛民间融资机构注册资金较高，企业实力较强，2018年青岛38家民间资本管理公司的投资余额达84.20亿元，为各市投资额最高，其中51.4%的资金投向了“三农”和小微企业，为小微企业和“三农”提供了较多资金支持。

3. 建设民间融资机构投融资信息服务平台

为进一步促进民间融资机构发展，有利于民间资本更好地服务实体经济，解决中小微企业融资难、融资贵等问题，山东省民间融资协会开发建设了覆盖全省的民间融资机构投融资信息服务平台（以下简称“民间融资信息平台”），2018 年 7 月 30 日平台正式上线试运行。各地市民间融资机构和合作单位经省协会审核资格后，可将经过筛选、真实可靠的优质债权、股权和投融资项目推荐到平台。平台具备股权、债权投融资项目信息发布、信用信息查询等功能，在全省范围内实现民间投融资信息有效对接，从而帮助民间融资机构之间，以及民间融资机构与外部合作机构之间实现资源共享、合作共赢、共同发展。

民间融资信息平台采取民间融资机构推荐、线上发布、线下对接、两端风控、协会筛选的运行模式，平台所有项目信息均由民间融资登记服务公司、民间资本管理公司及合作单位推荐，推荐方须对所推荐项目进行尽职调查，确保项目真实可靠。山东省民间融资机构协会对推荐的融资项目进行筛选，主要采取形式要件审查方式，审查提交的材料是否齐全，是否符合本平台信息发布的形式要件要求，但民间融资机构的筛选行为不对项目的真实性和盈利能力进行保证。

根据已披露的数据，截至 2018 年 9 月，民间融资信息平台注册用户 144 家；平台资格认证用户 98 家，其中民间资本管理公司 67 家，民间融资登记服务公司 29 家，另有 1 家融资性担保公司、1 家市级协会。从地区来看，烟台、德州、菏泽、淄博等地注册数量占当地机构总数的比重较高，信息平台使用率较好；从机构类型来看，民间融资登记服务公司注册率较高，全省近 40% 的民间融资登记服务公司已与平台链接。

4. 新增区域股权交易中心挂牌企业

随着各地方不断加大对在新三板以及区域股权交易市场挂牌企业的支持力度，民间融资机构登陆资本市场的数量逐步增多。2018 年，临沂市兰山区诺亚民间资本管理有限公司完成挂牌，成为齐鲁股权交易中心新增挂牌民间资本管理公司（见表 5）。

表5　民间融资机构挂牌情况

挂牌企业	挂牌时间	挂牌交易机构
聊城开元民间资本管理有限公司	2015年	齐鲁股权交易中心
聊城鲁发民间资本管理有限公司	2017年	齐鲁股权交易中心
聊城昌华民间资本管理有限公司	2017年	齐鲁股权交易中心
临沂市兰山区诺亚民间资本管理有限公司	2018年	齐鲁股权交易中心
青岛益和汇普民间资本管理有限公司	2017年	青岛蓝海股权交易中心
青岛中策民间资本管理有限公司	2015年	青岛蓝海股权交易中心
青岛晟融民间资本管理有限公司	2015年	青岛蓝海股权交易中心

资料来源：齐鲁股权交易中心、青岛蓝海股权交易中心、齐鲁财富网。

二　小微金融机构经营情况分析

（一）山东小额贷款公司经营情况分析

受宏观经济增速放缓、金融去杠杆以及严监管等多方面因素影响，我国小额贷款行业面临着较为严峻的挑战。近年来，国家高度重视民营经济特别是中小企业发展，作为精准对接中小企业融资需求的小额贷款行业将迎来新的发展机遇。经历试点之初的繁荣发展后，小额贷款公司的经营和盈利面临较大压力。由于地方金融监管部门和小额贷款行业协会均不披露小额贷款公司的财务信息，我们只能从新三板挂牌的小额贷款公司财务信息中窥见小额贷款行业的经营状况。本节主要是从小额贷款公司贷款余额变化以及新三板挂牌小额贷款公司的经营情况来分析山东小额贷款公司的经营状况。

1. 行业贷款余额持续下降

中国人民银行统计数据显示，2018年山东小额贷款公司贷款余额为480.51亿元，比2017年同期下降2.94%。2011年后，山东小额贷款公司贷款余额增速逐步放缓，到2015年贷款余额增幅已不到10%，在2016年首次出现负增长。近三年，山东省小额贷款公司贷款余额整体维持稳中有降态势，2017年虽然增加13.74亿元，但2018年再度回落至480.51亿元，低于

2015年同期水平（见图8）。2018年，山东小额贷款公司贷款余额再度下滑，机构放款意愿持续减弱，贷款余额的回落在一定程度上体现小额贷款公司经营意愿持续减弱，行业发展并不乐观。

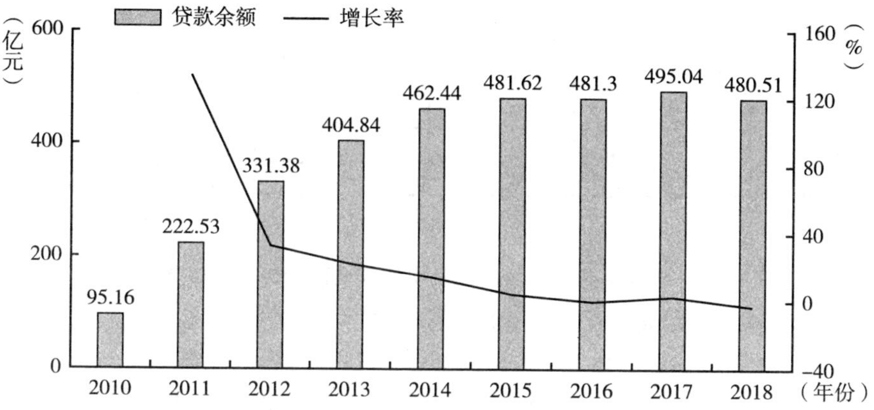

图8　山东小额贷款公司贷款余额变化（2010～2018年）

资料来源：中国人民银行、齐鲁财富网。

对比分析广东、江苏、山东、浙江四省小额贷款公司贷款余额，2018年山东小额贷款公司总贷款余额为480.51亿元，占全国的比重为5.03%，比2017年低了0.02个百分点。这表明，山东小额贷款公司放款速度低于全国平均水平，但贷款余额下降的速度高于全国平均水平。对比分析来看，四省小额贷款公司贷款余额均出现不同程度回落。其中，江苏小额贷款公司贷款余额比2017年同期减少128.26亿元，降幅为13.75%；山东小额贷款公司贷款余额减少14.53亿元，降幅为2.94%。

如图9所示，山东小额贷款公司平均贷款余额为1.49亿元/家，与机构数量最多的江苏基本持平，高于全国平均水平，但远低于浙江的2.03亿元/家，也低于广东（1.68亿元/家）。受注册资金以及市场环境等因素影响，山东小额贷款公司平均贷款余额相对偏低。对比注册资金来看，广东、江苏、山东、浙江四省小额贷款公司贷款余额占注册资金的比重分别为111.28%、114.21%、109.90%、115.76%，山东小额贷款公司放贷能力相对较弱。

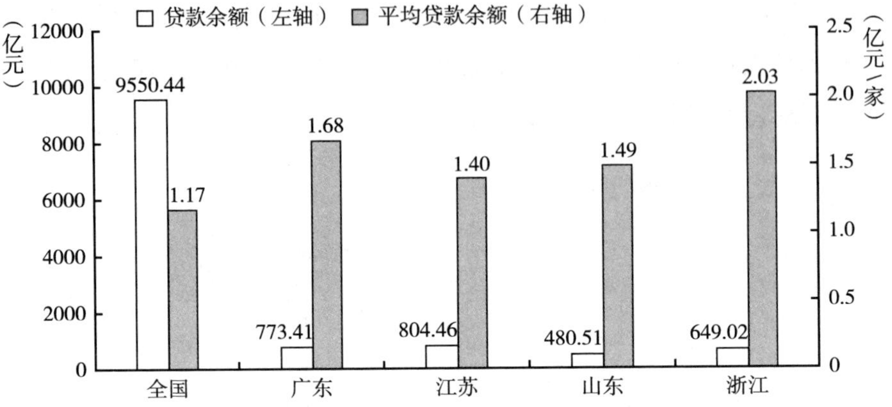

图9　全国及四省小额贷款公司贷款余额比较（2018 年）

资料来源：中国人民银行、齐鲁财富网。

结合从业人员来看，山东小额贷款公司从业人员人均贷款余额为 0.13 亿元，略高于全国平均水平（0.11 亿元）和广东平均水平（0.09 亿元），排在浙江（0.20 亿元）、江苏（0.16 亿元）之后。浙江小额贷款公司数量虽然较少，但从业人员人均贷款余额高达 0.20 亿元，排在四省首位。

2. 小额贷款公司盈利能力企稳回升

近年来，山东省政府先后出台了《关于金融支持实体经济发展的意见》等文件，明确小额贷款公司可扩大公司经营区域，增加股权投资、委托贷款、不良资产处置收购、金融产品代理销售等新业务品种，鼓励支持小额贷款公司进行多元化融资等经营模式的创新。经过多年发展，山东一些经营状况较为稳定的小额贷款公司逐渐脱颖而出。由于小额贷款行业信息披露不规范，大部分小额贷款公司的经营数据并未公开，为了解行业盈利情况，我们根据可获得的小额贷款公司的经营数据做简要且具有代表性的分析，并重点分析山东新三板挂牌的两家小额贷款公司和非挂牌公司天成小额贷款公司的经营情况，以此来反映山东小额贷款行业的经营状况。

山东新三板挂牌小额贷款公司为东方贷款（834339. OC）和天元小贷

(831668. OC)，两家公司合计营业收入与合计净利润均出现不同程度增长。截至 2018 年，这两家小额贷款公司合计营业收入为 5000. 50 万元，比 2017 年同期增长 9. 36%；合计净利润为 2854. 04 万元，比 2017 年同期增长 11. 65%。山东新三板挂牌小额贷款公司营业收入在连续 3 年下滑后重回正增长，营业收入增速接近 10%（见图 10）。

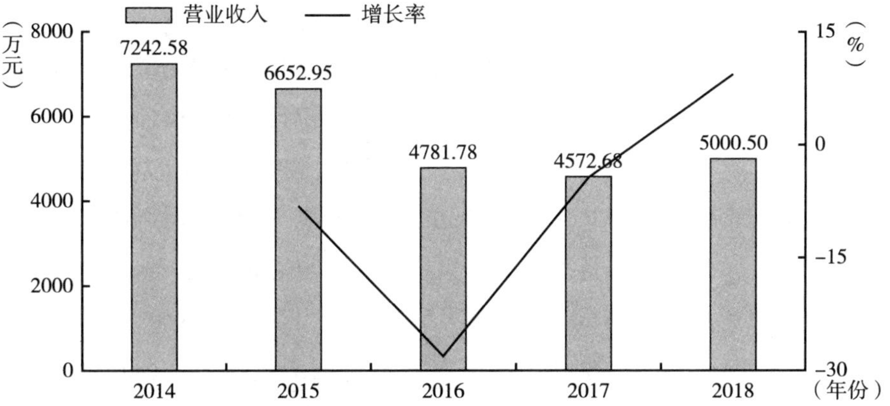

图 10　山东新三板挂牌小额贷款公司营业收入变化（2014～2018 年）

资料来源：Wind、齐鲁财富网。

2018 年东方贷款实现营业收入 1750. 57 万元，比 2017 年增长 50. 44%；天元小贷实现营业收入 3249. 93 万元，比 2017 年下降 4. 67%（见表 6）。两家新三板挂牌小额贷款公司营业收入存在明显的分化现象。具体来说，天元小贷营业收入连续 3 年负增长，2018 年上半年营业收入为 1688. 31 万元，同比 2017 年的 1784. 27 万元下降 5. 38%，下半年虽然下滑幅度有所放缓，但仍难改全年下滑的态势。东方贷款营业收入连续两年增长，且 2018 年营业收入增幅比 2017 年高 45. 51 个百分点。2018 年，通过调整贷款产品，加大业务品种宣传力度，东方贷款高质量贷款规模逐步扩大，为营业收入快速增长奠定了坚实的基础。山东两家新三板挂牌小额贷款公司营业收入虽然有所分化，但整体来看均呈现向好趋势。

表6　山东新三板挂牌小额贷款公司营业收入（2016～2018年）

单位：万元，%

股票代码	股票简称	2016年		2017年		2018年	
		营业收入	增长率	营业收入	增长率	营业收入	增长率
831668.OC	天元小贷	3672.88	-21.52	3409.07	-7.18	3249.93	-4.67
834339.OC	东方贷款	1108.90	-43.80	1163.62	4.93	1750.57	50.44

资料来源：Wind、齐鲁财富网。

小额贷款公司的主要收入来源为利息收入，贷款利率不超过银行同期基准利率的4倍。在国家政策的支持引导下，商业银行机构开始更多关注小微企业、“三农”发展，在一定程度上抢占了小额贷款公司的市场份额及客户资源，这些问题的存在对缺乏特色产品以及风控水平较差的小额贷款公司产生较为严重的负面影响。另外，融资渠道缺乏、自有资本金有限、融资杠杆率过低等严重影响了小额贷款公司的盈利能力。山东两家小额贷款公司合计净利润为2854.04万元，连续3年下滑后重现正增长，2018年净利润增幅达到11.65%（见图11）。

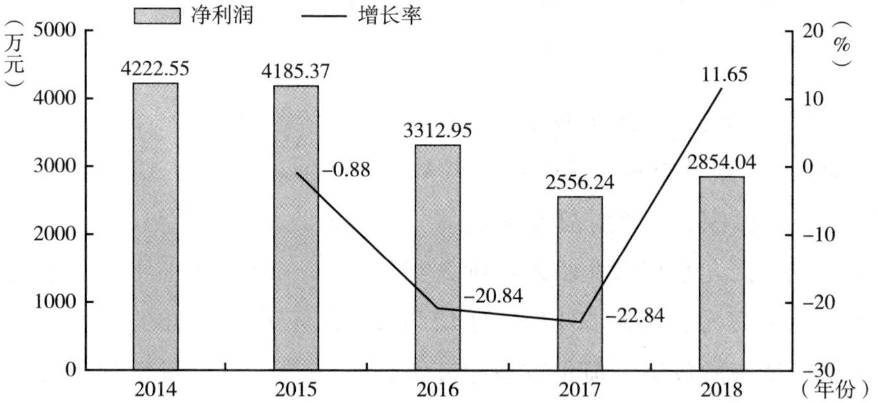

图11　山东新三板挂牌小额贷款公司净利润变化（2014～2018年）

资料来源：Wind、齐鲁财富网。

天元小贷净利润连续3年下滑，2018年共实现净利润1984.07万元，比2017年下降2.88%，净利润下滑幅度明显放缓；东方贷款2018年共实现净利润 869.97 万元，比 2017 年增长 69.49%，连续两年下滑后再度出现明显增长（见表 7）。山东两家新三板挂牌小额贷款公司净利润增幅虽然波动幅度较大，但近 3 年均有盈利，可见山东新三板挂牌小额贷款公司盈利状况有所好转。

表 7　山东新三板挂牌小额贷款公司净利润（2016～2018 年）

单位：万元，%

股票代码	股票简称	2016 年		2017 年		2018 年	
		净利润	增长率	净利润	增长率	净利润	增长率
831668. OC	天元小贷	2477. 21	－17. 08	2042. 96	－17. 53	1984. 07	－2. 88
834339. OC	东方贷款	835. 75	－30. 23	513. 29	－38. 58	869. 97	69. 49

资料来源：Wind、齐鲁财富网。

2018 年山东新三板挂牌小额贷款公司平均净资产收益率为 8.97%，比 2017 年增加 0.90 个百分点，比同期全国新三板挂牌小额贷款公司平均净资产收益率高 6.85 个百分点。在经过 2016 年、2017 年两年下滑后，山东新三板挂牌小额贷款公司平均净资产收益率再现向好趋势（见图 12）。

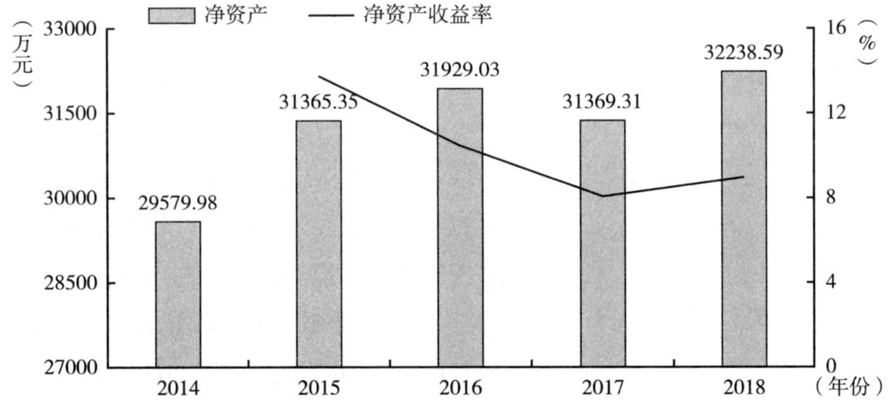

图 12　山东新三板挂牌小额贷款公司净资产和净资产收益率情况（2014～2018 年）

资料来源：Wind、齐鲁财富网。

2018 年，天元小贷净资产收益率为 9.97%，比 2017 年下滑 0.41 个百分点，比 2016 年下滑 2.67 个百分点。东方贷款 2018 年净资产收益率为 7.30%，不仅比 2017 年高 3.01 个百分点，也比 2016 年高 0.36 个百分点。东方贷款净资产收益率大幅提升，天元小贷净资产收益率虽然有所下滑，但下滑幅度比 2017 年明显缩小，山东两家新三板挂牌小额贷款公司盈利能力出现企稳回升的趋势（见表 8）。

表 8　山东新三板挂牌小额贷款公司净资产收益率（2016～2018 年）

单位：万元，%

股票代码	股票简称	2016 年		2017 年		2018 年	
		净资产	ROE	净资产	ROE	净资产	ROE
831668. OC	天元小贷	19717. 82	12. 64	19644. 81	10. 38	20144. 12	9. 97
834339. OC	东方贷款	12211. 21	6. 94	11724. 50	4. 29	12094. 47	7. 30

资料来源：Wind、齐鲁财富网。

山东新三板挂牌小额贷款公司是小额贷款行业的优秀企业，两家小额贷款公司营业收入和净利润等指标明显提升，表明山东小额贷款行业正在逐渐走出低谷，持续为小微企业、农村地区的个体工商户等提供小额、分散、短期贷款服务。

为了解山东非挂牌小额贷款公司经营情况，我们选取滨州市滨城区天成小额贷款股份有限公司（简称“天成小贷”）作为案例进行分析。天成小贷成立于 2010 年 7 月，由滨化集团股份有限公司作为主发起人联合其他法人股东及自然人股东共同出资成立，注册资金为 1.5 亿元，滨化集团股份有限公司作为天成小贷主发起人，持股比例高达 30.8%。经过多年发展，天成小贷综合实力不断增强，社会影响力逐步扩大，在同行业中享有较高的信誉度和知名度。2018 年，天成小贷共实现营业收入 3277.74 万元，与 2017 年相比增长 43.89%；实现净利润 2231.73 万元，与 2017 年相比增长 45.01%（见表 9）。截至 2018 年底，天成小贷贷款余额为 19699.50 万元，与 2017 年同期相比下降 2.26%；资产负债率为 1.09%，与 2017 年同期相比下降 4.44 个百分点；放款到期回收率为 87.47%，与 2017 年同期相比下降 11.04 个百分点。

表 9　天成小贷主要经营指标明细

指标(万元)	2017 年	2018 年	增长率(%)
营业收入	2277.95	3277.74	43.89
实现利润	2053.02	2976.48	44.98
净利润	1539.00	2231.73	45.01
实现税金	772.34	1114.57	44.31
本年累计发放贷款	50525.00	38893.00	-23.02
本年累计收回贷款	46025.00	39349.50	-14.5
贷款余额	20156.00	19699.50	-2.26

资料来源：天成小贷、齐鲁财富网。

经过多年发展，天成小贷累计放款近 40 亿元，累计收回贷款 38 亿元，共支持“中小微”企业及个体经营者等近 2000 户；累计实现收入 2.48 亿元，累计实现利税 1.8 亿元，上缴税金 8000 万元。自成立以来，天成小贷有力地促进了滨州市经济的发展，实现了公司与贷款客户双方共赢的发展战略。

（二）民间融资机构经营情况分析

山东民间融资机构主要发展民间资本管理公司和民间融资登记服务机构两种类型。民间资本管理公司可使用注册资金以及通过向股东借款、定向私募等方式融得的资金，开展短期财务性投资、股权投资等业务。民间融资登记服务机构主要是为当地民间借贷双方提供资金供需的信息发布、中介、登记等服务。因此，考察民间资本管理公司可以从投资额、投资方向以及利润等方面考察。对于民间融资登记服务机构，则从成功对接资金情况等方面分析其经营情况。

1. 民间资本管理公司投资额大幅增加

2018 年山东省民间资本管理公司累计投资金额为 453.34 亿元，比 2017 年增长 59.16%，扭转了自 2016 年以来连续两年下降的趋势（见表 10）。2018 年山东省民间资本管理公司的平均投资额显著提高，相对于 2017 年的 6400 万元提升至 8600 万元，上涨 34.38%，2018 年成为自民间资本管理公司试点以来，平均投资金额最高的一年。一方面，2018 年成立了多家注册资金较高的民间资本管理公司；另一方面，2018 年民间资本管理公司累计募集资金 163.46 亿元，相对于 2017 年增长 285.34%，募集资金大幅增加，是民间资本投资额不断增多的基础。

表 10　山东省民间资本管理公司投资情况（2013～2018 年）

单位：亿元，%

年份	累计投资金额	同比增加	平均每家投资金额
2013	94.63	—	0.53
2014	342.5	261.94	0.57
2015	346.5	1.17	0.78
2016	315.43	-8.97	0.69
2017	284.83	-9.70	0.64
2018	453.34	59.16	0.86

资料来源：山东省地方金融监管局、齐鲁财富网。

2018 年，山东省民间资本管理公司累计投资额中涉农、涉小微企业投资合计 242.13 亿元，占累计投资金额的 53.41%，虽然投资额相对于 2017 年（207.91 亿元）有所提升，但是占全部投资额的比例却对于 2017 年的 73% 大幅下降。

2. 民间资本管理公司以债权投资、短期财务投资为主

对于民间资本管理公司的经营情况，由于监管部门未公布民间资本管理公司的具体数据，因此以可获得的聊城市民间资本管理公司的经营数据为例进行分析。

从表 11 来看，2017 年聊城市民间资本管理公司的数量有所下降，但是注册资金提升，主要原因是部分经营较好的民间资本管理公司进行增资扩股，壮大了资金实力。从投资情况来看，从 2014 年一直到 2017 年股权投资占总投资金额的比例都非常低，根据 2017 年的数据进行测算，股权投资额为 3731 万元，总投资额为 455240 万元，股权投资占总投资额的 0.82%，可见占比非常小。而债权投资占总投资额的 45.69%，短期财务性投资占总投资额的 53.49%。综上分析，聊城市民间资本管理公司依旧主要是以自有资金或通过定向借款等方式获得的资金进行债权投资和短期财务性投资，股权投资的方式运用非常少，可见创新业务明显发展不足。

表 11　聊城市民间资本管理公司经营数据（2014～2017 年）

单位：家，万元

年份	数量	注册资金	股权投资	债权投资	短期财务性投资	营业收入
2014	17	68750	7800	107741	143666	7112
2015	25	110160	3340	137389	253769	17976
2016	26	103160	591	300343	225948	26932
2017	22	105160	3731	208001	243508	26734
合计	—	—	15462	753474	866891	78754

资料来源：张立国《关于聊城市民间资本管理公司规范发展的思考》，《中国管理信息化》2019 年第 6 期。

3. 民间融资机构最低投资额度门槛低

从民间融资信息平台上披露的具体项目来分析，截至 2018 年末，平台上发布的债券投融资信息较多，融资信息有 8 条，资金出借信息有 7 条。股权投融资信息较少，仅有 1 条。虽然目前平台发布的信息相对较少，但发布的信息都是经过民间融资登记服务机构或民间资本管理公司的推荐，并由省民间融资协会筛选后在信息平台上发布，因此发布的信息具有可靠性和代表性，能反映出当前民间融资机构的投融资情况。

从平台上发布的债权融资信息来看，融资利率大多处于 10%～14% 区间，仅有一个项目融资利率为 20%。从融资期限来看，全部在一年以下，最短的借款期限为一个月。从借款用途来看，都是用于补充流动资金，用于短期周转。从借款担保方式来看，4 个项目采用房产抵押的方式，2 个项目采用担保公司担保的方式，2 个项目未填写担保方式。从借款项目信息披露情况来看，有一个融资项目披露商业计划书，一个项目披露了用于担保的房产证明，其他项目只是介绍资金用途和企业的基本情况，并没有披露企业当前经营情况或项目的进展情况。从项目的最小投资金额来看，单个项目的最小投资金额较低，其中有 2 个项目要求的最小投资金额仅为 2 万元，可以看出民间融资机构发布的项目投资门槛较低，能吸引大众的广泛参与，同时可以为平台上的资金需求方提供直接投资，减少中间环节，提升金融服务的可获得性，有助于普惠金融的推广和实现。

从登记的资金出借信息来看，主要为短期财务性投资和债券投资，出借期限都在 12 个月以下。从出借额度来分析，不同的民间融资机构可出借资金额度不同，最高可达 9999 万元，出借资金较多。从利率来分析，资金出借月利率为 1.5%～2.0%，年利率相当于 18.0%～24.0%，可以看到出借利率相对于融资利率来讲较高，利率差导致借贷资金不匹配。从担保方式来看，民间融资机构出借资金需要借款方提供抵押、质押、担保等方式。

从股权融资项目来看，平台上仅发布一条股权融资信息，为德州市亿鑫民间融资登记服务有限公司推荐，融资金额为 1500 万元，最小投资金额为 200 万元。项目介绍内容较少，融资方信息没有在平台上披露，仅告知为新三板挂牌公司融资项目，资金用途为补充流动资金，风控措施为银行托管、股份质押、回购担保以及实际控制人夫妻双方以个人资产承担无限连带保证责任。项目退出方式为两种：一种是 IPO 或主板上市公司并购退出，另一种是实际控制人以溢价年化 11.5% 回购股份。分析结果显示，股权融资项目信息披露内容相对较少，没有项目的基本信息和运营情况，对投资人的吸引力相对较小。

通过分析民间融资信息平台上发布的项目信息后发现，债券投融资是民间融资机构的主要业务模式，股权投融资业务相对较少。值得肯定的是，民间融资机构债券融资项目要求的最低投资额度较低，有利于大众参与项目借贷，更容易实现融资目标，降低了客户准入门槛，使金融服务的可获得性大大提高，满足了通常难以享受金融服务的中小微企业和低收入人群的需求，体现了普惠金融的意义。

4. 民间融资登记服务机构对接资金不断增多

民间融资登记服务机构主要进行资金登记和对接。随着民间融资登记服务机构的数量不断增多，2018 年民间融资登记服务机构的对接资金相对于 2017 年持续增多。2018 年民间融资登记服务公司累计登记资金需求 44.24 亿元，比 2017 年减少 2.08%；累计登记资金出借 32.79 亿元，比 2017 年增长 21.13%。累计成功对接资金金额 30.15 亿元，比 2017 年的 23.57 亿元增长 27.92%。这与前文分析一致，成功对接资金的金额取决于累计登记出借资金金额，从2018年的数据可以看出，登记资金需求减少，成功对接资金金额反而增加，主要是由于登记出借资金增多（见表12）。

表12 山东民间融资登记机构融资统计（2014～2018年）

单位：亿元

年份	累计登记资金需求	累计登记资金出借	成功对接资金
2014	21.27	12.47	9.48
2015	31.14	16.12	14.01
2016	37.89	23.46	20.2
2017	45.18	27.07	23.57
2018	44.24	32.79	30.15

资料来源：山东省地方金融监管局、齐鲁财富网。

三 小微金融机构存在的问题

（一）小微金融机构普惠功能发挥不足

小微金融机构专门向小型和微型企业及中低收入群体提供小额可持续的金融产品和服务，但从目前小微金融机构服务现状来看，小微金融机构并没有完全发挥出普惠功能。山东新三板挂牌企业东方贷款公布的年报数据显示，截至2018年末，东方贷款贷款余额为13669.94万元，主要投向批发零售业、服务业等中小微企业和个体工商户。其中，3～6个月（含）贷款144笔，共计12012.92万元，平均每笔83.42万元，短期贷款占比相对较高。较大比例的短期贷款在一定程度上增加了小额贷款公司的风控成本，同时增加了贷款企业的融资成本，限制了小额贷款公司普惠功能的发挥。小额贷款公司主体利率大多维持在15%～20%，在综合考虑到抵押物以及贷款可得性的情况下，小额贷款公司的贷款利率与中国银保监会发布的银行业2018年第四季度新发放普惠型小微企业贷款平均利率（7.02%）相比也明显偏高。小额贷款公司作为小微金融的重要代表，虽然为中小企业提供了急需的资金支持，但过高的资金成本也加重了中小企业的经营负担。另外，当前民间资本管理公司依旧以债权投资、短期财务性投资为主，民间基本管理公司股权投资等支持实体经济的业务被空心化，民间资本管理公司与小额贷款公司基本无差异，无法充分发挥资金支持实体经济的作用。由此反映出部分小微金融机构难以发挥规范民间融资的作用，更难以发挥普惠的作用。

（二）业务发展不平衡、创新度不够

小微金融机构由于自身条件受限往往面临创新不足、业务不均衡等问题。从民间资本管理公司来看，其可以开展股权投资、债权投资、资本投资咨询、短期财务性投资及受托资产管理等业务。公司在注册资金使用后，可通过向股东借款、引进优先股东和定向私募进行融资。可以看到，民间资本管理公司的业务与私募股权投资基金类似，可向特定对象募集资金进行股权投资。2016 年 12 月，山东省地方金融监管局印发《山东省民间资本管理公司创新业务试点暂行办法》（鲁金监字〔2016〕26 号），推动有能力的民间资本管理公司进行业务创新。但由于对开展创新业务设立的门槛较高，报批的流程相对复杂且风险大，很多民间资本管理公司选择回避这块业务。因而，实际中通过审批开展创新业务的民间资本管理公司非常少，创新业务并没有广泛开展。

另外，《山东省民间资本管理公司创新业务试点暂行办法》虽然是为了推动民间资本管理公司进行业务创新，但是对创新业务试点的种类进行了明确界定，主要包括 5 类创新业务试点类型：债券投资、受托资产管理、私募基金管理、不良资产收购处置和资产证券化。2018 年 2 月 7 日，山东省地方金融监管局为规范发展民间资本管理公司线上私募股权融资业务，印发了《关于规范发展民间资本管理公司线上私募股权融资服务业务的通知》（鲁金监字〔2018〕5 号），鼓励和支持民间资本管理公司利用互联网平台，对投融资渠道、信息资源进行全面整合，解决信息不对称问题，为投融资客户提供一站式服务。因此，总的来看，民间资本管理公司所能开展的业务类型相对有限。此外，当前大数据、区块链、人工智能等技术迅速发展，在金融领域的应用不断创新，民间资本管理公司应该充分利用新型金融科技手段进行业务流程再造和产品创新，而不应该局限于文件规定的几种业务模式。

（三）存在违规经营情况

随着全省小微金融机构的快速发展，近两年违规经营的问题逐步暴露。2018 年多市地方金融监管局发布通报，当地多家民间融资机构未取得业务许可证，不具备开展民间融资业务的资质，提醒人民群众识别金融风险。2018 年 8 月，临沂市地方金融监管局下发《关于全市未取得业务许可民间融资机构名单的通报》（临金监字〔2018〕43 号），公布了 31 家未取得业务许可的民间融资机构名单，其中包括 25 家民间资本管理公司、6 家民间融资登记服务有限公司。根据《山东省地方金融条例》，从 2017 年开始山东省民间融资机构的设立程序由之前的设立审批变为业务许可，所以目前民间融资机构采取先照后证的管理办法，申请人可直接到工商部门申请注册成立带有“民间融资”字样的公司营业执照，再到地方金融监管局获得业务许可。许多不符合开展业务规定的，或是经营较差的民间融资机构就不申请或无法获得业务许可，无法开展民间融资机构相关业务。因此，许多带有“民间融资”字样的公司并不具有开展业务的资质，属于违规经营。

另外，小额贷款行业乱象频出，违规小额贷款公司屡禁不止。违规小额贷款公司不仅不能帮助“三农”以及小微企业解决资金问题，反而会极大加重企业负担，扰乱小额贷款行业市场秩序。小额贷款公司的贷款业务具有高风险、高成本等特点，很多小额贷款公司希望通过提高利率来覆盖风险，高于法律规定利率在一定程度上增加了金融市场风险。另外，一些小额贷款公司通过额外收费或者账外经营方式违规发放高利贷，在收贷的时候甚至存在暴力催收的现象，这些问题的出现严重扰乱了小额贷款行业秩序。

（四）内部治理结构不健全

小微金融机构在发展的过程中往往面临内部治理结构不健全的问题。一些小额贷款公司为获取收益存在超比例大额放贷、账外放贷等现象，甚至有的小额贷款公司存在非法集资放贷的情况。山东省人民政府在2016年发布的《山东省小额贷款公司（试点）管理办法》（鲁金监字〔2016〕9号）中规定："小额贷款公司应当始终坚持'支农、支小、支微'的市场定位，按照'小额、分散'的原则发放贷款，为实体经济提供差异化金融服务……小额贷款公司贷款余额中，单户贷款余额不超过200万元的占比不得低于60%，单户贷款余额最高不得超过注册资本金的5%。"限定贷款余额主要是为了促使小额贷款公司努力扩大客户数量和服务覆盖面，为更多中小微企业提供金融服务，同时也有利于降低金融风险。

（五）融资困难问题未解决

融资问题始终是小微金融机构亟待解决的问题。目前规范民间投融资的相关法律法规缺失或不完善，无法为民间资本在金融领域健康发展提供保障。民间融资机构的法律形式是有限公司，而不是金融机构，所以不能吸收公众存款，民间融资登记服务机构作为资金对接中介机构，不受融资问题影响，但是民间资本管理公司是利用资金进行投资的有限责任公司，融资困难问题直接影响公司的发展。如《关于进一步规范发展民间融资机构的意见》（鲁政办发〔2013〕33号）中明确民间资本管理公司的融资方式是，在注册资金充分使用后，经批准可采取向股东借款、引进优先股东和定向私募的方式，拓宽融资渠道。经批准开展私募融资的民间资本管理公司，合格投资者不超过35人，私募融资应针对项目进行，募集资金不得与公司注册资金和其他形式融入资金混用。如此，民间资本管理公司"只贷不存"，受此影响，民间资本管理公司运作一段时间后，普遍面临融资难题。

四　小微金融机构发展建议

2018年《政府工作报告》提出："改革完善金融服务体系，支持金融机构扩展普惠金融业务，规范发展地方性中小金融机构，着力解决小微企业融资难、融资贵问题。”近年来，我国金融业保持快速发展，金融产品日益丰富，金融服务普惠性明显增强，多层次金融体系不断完善，但我国绝大部分中小企业仍存在“融资难、融资贵”等一系列问题。作为普惠金融的重要组织形式，小微金融机构为山东普惠金融发展做出了巨大贡献，帮助大量农业经济组织和小微企业获得急需的资金支持，并在服务小微企业、支持“三农”建设和满足弱势群体金融服务等方面发挥可持续促进作用。

（一）服务国家乡村振兴战略

党的十九大报告指出，要坚持农业农村优先发展，按照产业兴旺、生态宜居、乡风文明、治理有效、生活富裕的总要求，建立健全城乡融合发展体制机制和政策体系，加快推进农业农村现代化。乡村振兴是党的十九大提出的重大战略部署，是关系到社会主义现代化建设的全局性和历史性任务，是新时代中国特色社会主义消除发展不平衡、不充分的客观要求，也是全面建成小康社会赋予我国农业农村发展的新内涵。乡村振兴战略是一个艰巨而复杂的系统工程，不可能一蹴而就，需要分阶段实施，而且需要投入大量资金，预计我国未来5年乡村振兴总投入将达到10万亿元。中共中央、国务院《关于实施乡村振兴战略的意见》（中发〔2018〕1号）明确提出，实施乡村振兴战略，必须解决钱从哪里来的问题。现阶段我国实施乡村振兴不可能完全依靠财政投入，必须建立能够确保社会资金进入农业农村的普惠金融体系。因此，作为普惠金融体系重要组成部分的小微金融机构应该发挥更加重要的作用，这也为小微金融机构提供重要发展机会。

（二）支持民营经济高质量发展

当前，中国正处在转变发展方式、优化经济结构、转换增长动力的攻关期，经济扩张速度放缓，消费结构全面升级，需求结构快速调整，给企业带来转型升级的压力，全国范围内的一些民营企业遇到不少的困难和问题。2018年11月，习近平总书记在民营企业座谈会讲话中指出：“要优先解决民营企业特别是中小企业融资难甚至融不到资问题，同时逐步降低融资成本……要扩大金融市场准入，拓宽民营企业融资途径，发挥民营银行、小额贷款公司、风险投资、股权和债券等融资渠道作用。”小微金融机构应把握机会，坚持“支农、支小、支微”的市场定位，按照“小额、分散”的原则发放贷款，为实体经济特别是民营中小企业提供差异化的金融服务，支持经济高质量发展。

（三）主动融入新旧动能转换重大工程

2018 年 9 月 27 日，山东省政府发布的《山东省现代金融产业发展规划（2018～2022 年）》指出，做优做强金融业对保障、支撑、促进、引领新旧动能接续转换具有重要意义。根据山东省地方金融监管局公告，目前已有多家民间资本管理公司积极助力山东省新旧动能转换重大工程。泰安汇智民间资本管理公司累计向山东众志电子有限公司投资 1.26 亿元助其发展；肥城石横特钢民间资本管理公司累计为瑞福锂业投资 14.85 亿元，并通过减息等方式为其节约支出 6000 多万元，2018 年 5 月瑞福锂业被认定为山东省首批瞪羚示范企业。通过以上案例可见，山东民间融资机构在参与新旧动能转换重大工程中可充分发挥资金支持作用。当然，其关键在于投资项目的筛选，因此需要民间融资机构在加大股权投资的基础上，对新技术、新产业等相关项目进行大力支持，提供更多更好的新型金融产品、金融服务和金融技术。

《山东省新旧动能转换重大工程实施规划》（鲁政发〔2018〕7 号，简称《实施规划》）指出：“把握全球科技革命和产业变革趋势，加快推动新技术异军突起、新产业培育壮大、新业态层出叠现、新模式蓬勃涌现，积极培育新的经济增长点，形成引领支撑经济发展的强大动能。”同时《实施规划》还提出：“加快完善金融市场、金融组织、金融产品和服务模式，更好满足实体经济和人民群众多样化的金融需求……支持小额贷款公司、典当、融资租赁、商业保理等金融组织创新、可持续发展。”新旧动能转换工程的实施离不开资金的支持，这对小微金融机构而言也是重大机遇。小微金融机构应该致力于服务实体经济，将更多的金融资源合理高效地配置到经济发展的重点领域和薄弱环节，推动金融服务普惠化、绿色化发展，从而进一步服务经济高质量发展，助力新旧动能转换。

（四）与金融科技深度融合

实践证明，金融科技作为降本增效、提质改革的重要工具，在服务并缓解小微且融资问题等方面具有独特优势，能够在信用信息缺失、信息不对称的情况下，借助技术手段，为风险防控等提供有效支撑。另外，对人工智能等技术的应用可以大大降低运营成本。下一步，小微金融机构应当持续跟进金融科技发展趋势，利用新兴金融科技手段进行业务流程再造、产品创新和风险控制。通过金融科技技术的嵌入，帮助中小微企业顺利获得资金，提升金融服务的可获得性和创新性。同时对整个业务流程深层次赋能，帮助中小微企业进行能力建设，提升数字化水平。

发力金融科技，为广大中小微企业和“三农”群体提供更加优质的金融服务。《实施规划》提出：“在确保依法依规、风险可控的前提下，积极运用互联网、物联网、人工智能、大数据、区块链等现代金融科技手段，努力提高金融服务效率和水平。”利用大数据、人工智能、互联网和区块链等金融科技可以帮助小微金融机构有效降低交易成本，同时也能进一步提高金融服务的可获得性和覆盖率，助力新旧动能转换，为实体经济提供更加便捷的资金支持。当前，很多农村地区金融覆盖率仍相对偏低，农民获取金融服务的便利性仍有待提升。小微金融机构运用大数据和移动互联网等金融科技可以解决农户“风险识别难”“作业成本高”两大突出问题，为广大急需资金支持的中小微企业和“三农”提供更加便捷、精准、安全的金融服务。

（五）创新融资途径

由于小额贷款行业竞争压力持续加大，很多小额贷款公司进行转型或业务创新，其中为银行等大型金融机构提供协助放款业务的“助贷模式”逐渐成为小额贷款公司的转型方向之一。助贷业务是平台化发展模式业务中的一种，这种经营模式不会占用小额贷款公司的资本金，目前已有不少小额贷款公司开展助贷业务。

经过多年发展，小额贷款公司逐渐形成以信用贷款、保证贷款为主，抵押贷款、质押贷款为辅的经营模式。单纯靠提高利率来覆盖成本对小额贷款公司的可持续经营会产生较为严重的不利影响，通过对金融服务产品的设计可以更好地控制风险和管理成本。另外，小额贷款公司可以通过信贷资产转让、信贷资产证券化等渠道缓解小额贷款公司的资金压力。

（六）坚持规范发展保量提质

《山东省现代金融产业发展规划（2018～2022年）》指出，要按照国家统一部署，逐步健全与中央配套的地方金融监管体系，改进完善金融监管协调机制，明确各方监管责任，依法逐步将各类金融业态纳入监管范围，制定完善配套监管细则。另外，为进一步加强地方金融组织管理，推进地方金融组织诚信体系建设，2018年11月，山东省地方金融监管局印发了《山东省地方金融组织红黑名单管理办法（试行）》（鲁金监字〔2018〕48号），对山东省内由地方金融监管局依法审批或实施监管的地方金融组织，包括小额贷款公司、融资担保公司、民间融资机构、开展信用互助的农民专业合作社和国务院及其有关部门授权省人民政府监督管理的从事金融活动的其他机构或者组织等进行监督管理。

小微金融机构是金融风险的多发地带，其中，民间融资机构数量目前虽基本保持稳定，但不规范、不合规等问题逐渐暴露，此阶段相对更易发生金融风险。因此，在这一阶段，监管部门要把控好“宽紧”的度，实施分类管理。对于初设民间融资机构，申请业务许可一定要条件成熟一家发展一家，确保高质量进入。对于已经获得业务许可的民间融资机构，要加大监督管理力度。一方面，加大非现场检查力度，利用审批材料、月度报表等监控民间融资机构的运营情况，查处违法违规行为；另一方面，加大现场检查力度，借助年度检查、风险排查、年审、“双随机、一公开”和分类评级等手段，对民间融资机构进行检查，确保民间融资机构健康发展。对于查处到涉嫌违法违规行为的，一定要发现一家注销一家，控制民间融资机构总量，形成优胜劣汰的高质量地方金融组织。

另外，监管部门多次重申小额贷款公司必须坚持“小额、分散”的放贷原则，严禁非法吸收或变相非法吸收公众资金，严禁抽逃或变相抽逃注册资金，严禁发放高息贷款，严禁账外经营等。监管趋严可以加速一些违规小额贷款公司退出市场，为更多规范经营的小额贷款公司提供健康的运营环境。随着试点工作持续推进，国家出台小额贷款公司相关法律法规的环境日趋成熟，小额贷款公司在不久将会真正做到有法可依、有规可循。

（七）解决小微企业征信问题

省政府出台的《关于支持民营经济高质量发展的若干意见》指出，要推进实施民营企业信用融资计划，依托山东省企业融资服务网络系统，整合企业融资需求、金融供给、征信服务、进出口、税收和社保等信息，搭建全省统一的企业融资综合服务平台。鼓励发展市场化的征信服务机构，运用大数据等手段分析民营企业的运行和诚信状况，为金融机构扩大民营企业信用贷款规模提供支持。接入征信系统不仅可以降低小额贷款公司的贷款审核成本，同时也能有效降低机构的经营风险。推动小额贷款公司全面接入征信系统，实现互联网金融、互联网电商等领域的信用信息覆盖，快速识别和有效化解潜在风险。中小微企业销售收入、所得税额、现金流等数据在信贷审批中具有重要的作用，结合企业现场调查可以在一定程度上解决中小微企业信贷审批过程中的信息获取不对称等难题。

B.5

山东新型农村合作金融发展报告

孙国茂　孙东东　闫小敏*

摘　要： 农村合作金融是普惠金融的重要实现形式，也是国家乡村振兴战略的重要内容。《山东省现代金融产业发展规划（2018～2022年）》提出："稳步扩大新型农村合作金融试点规模，鼓励基层在风险可控的前提下，探索创新信用互助模式，争取到2022年年底，信用互助业务累计发生额突破5亿元。"作为全国首个新型农村合作金融试点省份，山东省已经在新型农村合作金融实践中积累了宝贵经验，因此无论是在政策方面还是区位条件，山东都拥有明显的先发优势。截至2018年末，全省共有118个县（市、区）的460家农民专业合作社开展信用互助业务试点，比年初增加63家，县（市、区）覆盖率高达86.13%。

关键词： 新型农村合作金融　乡村振兴　农业农村改革

2018年初，党中央、国务院出台《关于实施乡村振兴战略的意见》指出："坚持农村金融改革发展的正确方向，健全适合农业农村特点的农村金融体系，推动农村金融机构回归本源，把更多金融资源配置到农村经济社会发展的重点领域和薄弱环节，更好满足乡村振兴多样化金融需求。"中共中

---

* 孙国茂，青岛大学经济学院特聘教授、博士生导师，研究领域为公司金融、资本市场、制度经济学。孙东东，齐鲁财富网研究中心高级研究员，研究领域为普惠金融、公司金融、中小企业。闫小敏，山东财经大学金融学硕士，齐鲁财富网副总经理、研究中心高级研究员，研究领域为证券市场、公司金融。

央、国务院印发的《乡村振兴战略规划（2018～2022年）》也提出，要引导农民合作金融健康有序发展。可以说，国家乡村振兴战略的实施为发展农村普惠金融和新型农村合作金融组织提供了前所未有的机遇。

新型农村合作金融组织是面向农村低收入弱势群体和未解决自身信贷难题的群体，同时以入社成员的股金为资本，实行民主统一管理，从而为入社社员提供稳定资金互助服务，并自愿联合组建的一种合作经济组织。早在2014年初，党中央、国务院印发《关于全面深化农村改革加快推进农业现代化的若干意见》（2014年中央一号文件）提出："发展新型农村合作金融组织。在管理民主、运行规范、带动力强的农民合作社和供销合作社基础上，培育发展农村合作金融，不断丰富农村地区金融机构类型。坚持社员制、封闭性原则，在不对外吸储放贷、不支付固定回报的前提下，推动社区性农村资金互助组织发展。完善地方农村金融管理体制，明确地方政府对新型农村合作金融监管职责，鼓励地方建立风险补偿基金，有效防范金融风险。适时制定农村合作金融发展管理办法。"中央出台的一系列政策和措施，为山东省探索和发展新型农村合作金融指明了方向。

2015年初，山东省人民政府正式颁布《山东省农民专业合作社信用互助业务试点方案》（简称《试点方案》）和《山东省农民专业合作社信用互助业务试点管理暂行办法》（鲁政办发〔2015〕8号，简称《暂行管理办法》），在探索完善新型农村合作金融体系的道路上迈出重要一步。试点以来，以农村资金互助社、依托农民专业合作社建立的信用合作组织、贫困村资金互助社等为主要形式的农村新型合作金融组织呈现旺盛的生命力。本报告主要从山东新型农村合作金融发展现状、存在的问题等方面入手，分析2018年山东新型农村合作金融发展情况。

一　山东新型农村合作金融发展情况

随着农村改革和农业现代化进程加速，我国农村金融规模不断发展扩大，现在已经形成了由政策性银行、商业银行、农信社、合作社、资金互助社等多层次的金融服务格局。正规金融机构在农村金融体系中发挥主力军作用，但由于正规金融机构的产品设计以及服务方法与农村的产业特点、组织形式以及农村产权状况等不匹配，农民“小额、短期、分散”的资金需求难以得到满足，“三农”融资难、融资贵的问题一直比较突出。开展新型农村合作金融试点工作就是要探索发展一种适合农业、农村特点的金融服务方式，通过农民互助共济解决农业生产经营中“小额、短期、分散”的资金需求。

2018 年 10 月，山东省人民政府印发的《山东省现代金融产业发展规划（2018～2022 年）》提出：“地方金融机构小、弱、散。地方法人金融机构行业排名普遍靠后，规模实力和品牌影响力难以比肩国内同行业领先企业……着力培育一批资产规模 10 亿元以上的重点机构……稳步扩大新型农村合作金融试点规模，鼓励基层在风险可控的前提下，探索创新信用互助模式，争取到 2022 年年底，信用互助业务累计发生额突破 5 亿元。”近年来，中央以及山东省政府对新型农村合作金融发展的重视程度不断提升。

作为首个新型农村合作金融试点省份，无论是从政策制定还是区位条件来看，山东都拥有巨大的优势。根据山东省地方金融监管局最新公布的数据，截至 2018 年 12 月，全省共有 118 个县（市、区）的 460 家农民专业合作社开展信用互助业务试点，比年初增加 63 家，县（市、区）覆盖率高达 86.13%。全省农民专业合作社参与社员（包括法人社员）3.2 万人，比 2017 年增长 18.52%；全年累计信用互助业务① 1903 笔，比 2017 年增长 32.52%；全年累计互助金额 8780.90 万元，比 2017 年增长 30.67%。

① 山东省地方金融监管局发布的新型农村合作金融试点工作 2018 年 12 月份进展情况显示，2018 年山东共发生信用互助业务 1896 笔，同比增加 409 笔，互助金额 8742.8 万元，同比增加 1780.7 万元，增长 26%。新型农村合作金融试点工作 2018 年 12 月份进展情况所发布的年度汇总数据与山东省地方金融监管局每月公布的每月数据汇总存在一定误差，为反映新型农村合作金融业务的月度变化，本报告采用月度汇总数据。

（一）山东新型农村合作金融发展环境

2018 年，面对国内外错综复杂的经济形势，山东金融运行总体平稳，全省金融业保持稳健运行，实体经济融资渠道不断拓宽，资本市场稳健发展，保险服务保障功能日益增强，货币信贷及社会融资规模将保持合理增长，融资结构和信贷结构进一步优化，风险防范化解工作取得成效，为全省新旧动能转换营造良好的金融环境。全年，山东金融部门认真贯彻执行稳健货币政策，加大“服务实体经济、防控金融风险、深化金融改革”工作力度，着力优化融资结构与信贷结构，全省贷款保持较快增长，融资成本逐步下降。2018 年末，全省本外币贷款余额 77810.5 亿元，同比增长 9.8%，比年初增加 6817.6 亿元，为全省新旧动能转换提供了有力支撑。金融机构对小微企业的贷款支持力度不断加大，12 月贷款利率降至年内最低点 5.65%，其中小型和微型企业贷款利率分别为 5.61% 和 5.73%，分别比 2017 年同期下降 18 个和 41 个基点。

另外，山东省融资结构继续改善，金融机构业务结构向传统业务回归，同业投资趋于理性规范，资金“脱虚向实”势头明显。全省普惠口径小微企业贷款余额比 2017 年末增加 723.4 亿元，增长 24.7%，高于各项贷款增速 14.9 个百分点。社会融资规模余额与 2017 年同期相比增长 8.6%，与名义地区生产总值增速基本匹配，适度的货币增长支持了经济高质量发展。山东金融机构紧紧围绕实体经济发展需求与全省新旧动能转换重大工程各项部署，金融服务实体经济的水平持续提升。

截至 2018 年末，山东共有 15320 个银行业金融机构，与 2017 年同期相比增加 60 个，增长幅度为 0.39%；银行业金融机构从业人员数量为 246636 人，与 2017 年同期相比减少 1638 人，下降幅度为 0.66%；全省银行业金融机构资产总额达到 12.24 万亿元，与 2017 年同期相比增长 6.57%。具体来看，全省共有大型商业银行机构数量 4372 个，与 2017 年同期相比减少 68 个，减少幅度为 1.53%；城市商业银行 1293 个，与 2017 年同期相比增加 45 个，增加幅度为 3.61%；小型农村金融机构 5012 个，与 2017 年同期相比减少 47 个，减少幅度为0.93%。另据统计，全省大型商业银行、城市商业银行、小型农村金融机构资产总额分别为40937亿元、18981亿元、23766亿元（见表1），与2017年同期相比分别增长6.46%、6.99%、10.48%。

表1　山东银行业金融机构统计（2018年）

机构类别	营业网点			法人机构(家)
	机构个数(个)	从业人员(人)	资产总额(亿元)	
大型商业银行	4372	98694	40937	0
国家开发银行和政策性银行	128	3622	11509	0
股份制商业银行	1131	25106	15174	1
城市商业银行	1293	29904	18981	14
小型农村金融机构	5012	66281	23766	112
财务公司	2	906	2963	18
信托公司	0	533	177	2
邮政储蓄银行	2951	12138	6564	0
外资银行	42	1021	520	0
新型农村机构	385	7328	1115	128
其他	4	1103	727	6
合计	15320	246636	122433	281

注：营业网点不包括国家开发银行和政策性银行、大型商业银行、股份制银行等金融机构总部数据；大型商业银行包括中国工商银行、中国农业银行、中国银行、中国建设银行和交通银行；小型农村金融机构包括农村商业银行、农村合作银行和农村信用社；新型农村金融机构包括村镇银行、贷款公司和农村资金互助社；其他包含民营银行、金融租赁公司、汽车金融公司、货币经纪公司、消费金融公司等。

资料来源：山东银保监局、齐鲁财富网。

2014年，按照国务院部署，山东对发展新型农村合作金融进行试点，为全国提供可复制、可推广的经验。信用互助业务试点坚持社员制、封闭性、民主管理原则，不吸储放贷，不支付固定回报，不以盈利为目的，遵循合作社规则进行盈余分配，最大限度地减少风险外溢，有效服务农民需求。近年来，山东省农民专业合作社呈现蓬勃发展的良好势头，农村合作经济一直走在全国前列，新型农村机构数量持续增多。随着供给侧结构性改革和创新驱动战略的不断深化实施以及山东省新旧动能转换综合试验区启动建设，山东省经济发展的稳定性、协调性和可持续性持续增强。

（二）山东新型农村合作金融发展现状与特点

《山东省农民专业合作社信用互助业务试点管理暂行办法》指出：农民专业合作社信用互助业务试点坚持实施属地管理，各县（市、区）政府是本辖区试点工作组织推动、监督管理和风险处置的第一责任人，有义务及时识别、预警和化解风险；坚持服务“三农”，着眼解决农业农村“小额、分散”的资金需求；坚持社员制、封闭性、民主管理原则，不吸储放贷，不支付固定回报，不对外投资，不以盈利为目的；坚持社员自愿，互助合作，风险自担；坚持立足农村社区，社员管理，民主决策，公开透明；坚持独立核算，规范运营，遵纪守法，诚实守信等，力争建立起与山东农村经济相适应、运行规范、监管有力、成效明显的新型农村合作金融框架，使之成为正规金融服务体系的有益补充，更好满足农民金融需求，促进山东农业农村经济发展。

新型农村合作金融组织在践行普惠金融、满足乡村振兴多样化金融需求等方面发挥积极的作用。新型农村合作金融不仅可以促进农民专业合作社的发展，同时可以弥补现有农村金融存在的不足，为现代农业发展提供急需的金融支持。运用新型农村合作金融这种组织形式可以充分发挥专业合作社和农村熟人社会的优势，解决农户“急用、小额、分散”的资金需求，帮助农民降低贷款成本，更好地建设完善普惠金融体系。

与2017年相比，山东新型农村合作金融组织的试点数量、参与社员、累计信用互助业务笔数和累计互助业务金额等方面均有大幅度增长。据统计梳理发现，2018年，全省共发生信用互助业务1903笔，比2017年增加467笔，增幅高达32.52%；互助金额8780.90万元，比2017年增加2061.09万元，增长幅度高达30.67%。机构数量由2015年的78家增至2018年的460家，增长幅度高达489.74%，参与社员总人数由2015年的0.81万人增至2018年的3.20万人，增长幅度高达295.06%（见表2）。2018年，山东新型农村合作金融互助金额以及信用互助业务笔数在不同月份存在一定波动，但人均互助金额等指标整体维持稳中有升态势（见表3）。这可以反映出，农民在一年之内不同时间存在着不同资金需求，同时也可以看出新型农村合作金融较为活跃，可以在不同时间满足农户的小额资金需求。

表2　山东新型农村合作金融业务试点情况（2015～2018年）

年份	试点数量(家)	参与社员(万人)	累计信用互助业务(笔)	累计互助业务金额(万元)
2015	78	0.81	556	1748.40
2016	284	0.20	1185	4690.80
2017	397	2.70	1436	6719.81
2018	460	3.20	1903	8780.90

资料来源：山东省地方金融监管局、齐鲁财富网。

表3　山东新型农村合作金融试点情况（2018年）

月份	试点数量(家)	参与社员(万人)	信用互助业务(笔)	互助金额(万元)
1	399	2.78	157	597.00
2	408	2.80	105	438.00
3	408	2.80	218	945.00
4	406	2.80	137	524.00
5	406	2.80	100	338.00
6	407	2.83	200	984.00
7	411	2.85	157	738.20
8	412	2.86	169	774.40
9	409	2.80	181	886.90
10	409	2.80	147	604.70
11	426	2.90	159	713.30
12	460	3.20	173	1237.40

资料来源：山东省地方金融监管局、齐鲁财富网。

1. 数量变化情况

新型农村合作金融开展普惠金融服务，在进一步完善农村金融服务体系、满足“三农”金融需求等方面发挥的作用越来越重要。开展新型农村合作金融试点以来，山东农民专业合作社等新型农村合作金融机构呈现蓬勃发展的良好势头。截至 2018 年末，山东新型农村合作金融机构数量有 460 家，比 2017 年同期增加 63 家，增幅为 15.87%。与试点之初的 2015 年相比增加 382 家。试点之初，山东新型农村合作金融机构数量呈现爆发式增长，在 2016 年机构数量增幅高达 264.10%，此后增速逐年放缓，到 2018 年机构数量增幅已降至 15.87%。

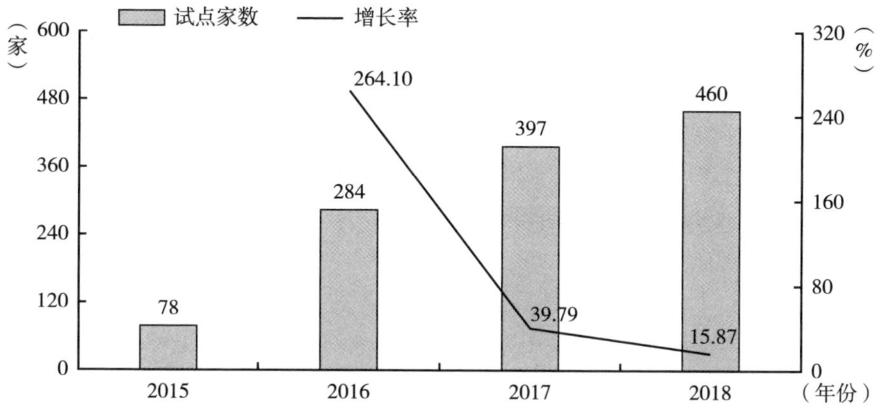

图 1　山东新型农村合作金融机构数量变化（2015～2018 年）

资料来源：山东省地方金融监管局、齐鲁财富网。

如图 2 所示，2018 年，山东新型农村合作金融试点机构数量和参与社员数量整体呈现稳步增长的态势。其中，12 月新增 34 家新型农村合作金融试点机构，参与社员数量增幅也远高于其他月份。自开展新型农村合作金融试点工作以来，山东信用互助业务试点覆盖面不断扩大，覆盖客户群体持续增多，试点机构持续扩容充分反映出新型农村合作金融在山东蓬勃发展。

2. 互助业务情况

与新型农村合作金融机构数量变化一致，山东新型农村金融业务笔数也出现快速增长（见图 3）。2018 年，山东新型农村合作金融业务笔数达到 1903 笔，与 2017 年相比增加了 467 笔，增幅为 32.52%。与试点之初 2015 年相比增加了 1347 笔。随着试点机构的激增以及“三农”等群体融资需求的增加，山东新型农村合作金融机构业务规模也在持续增加。从增速来看，

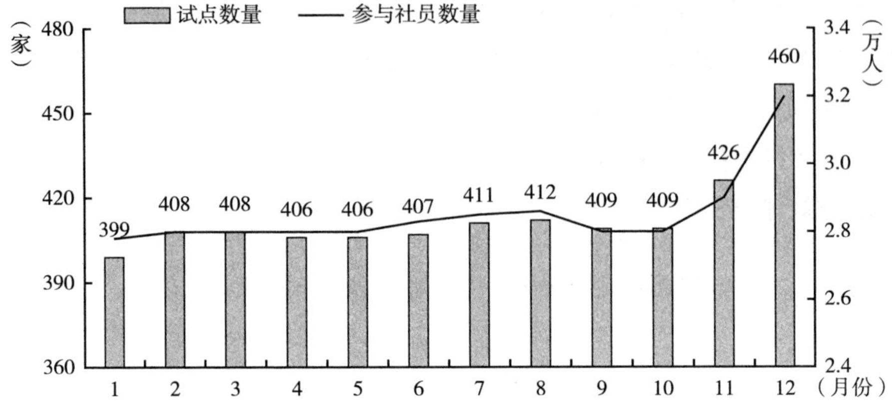

图2　山东新型农村合作金融机构数量与参与社员数量（2018年）

资料来源：山东省地方金融监管局、齐鲁财富网。

2016年、2017年、2018年业务规模增幅分别高达113.13%、21.18%和32.52%。统计发现，2018年山东新型农村合作金融机构数量增速虽然明显放缓，但业务规模增速比2017年有所加快。

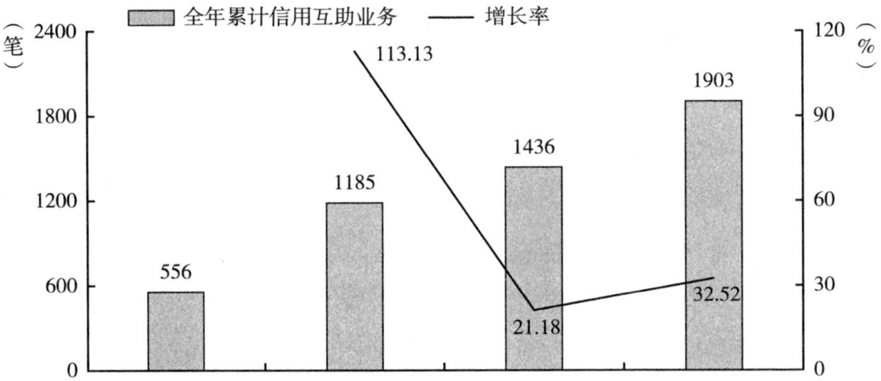

图3　山东新型农村合作金融互助业务变化（2015～2018年）

资料来源：山东省地方金融监管局、齐鲁财富网。

3. 互助金额情况

2018年，全省新型农村合作金融组织累计互助金额达到8780.90万元，比2017年增加30.67%，不管是业务笔数还是累计互助金额均出现大幅增加。与信用互助业务笔数不同，尽管全年累计互助金额比2017年增长超过三成，但近两年增速呈放缓态势，与2016年相比增速下降137.62个百分点，与2017年相比也低了12.59个百分点。农村试点时间虽短，但在满足“三农”金融需求以及完善农村金融服务体系等方面发挥着重要的作用。与全省的金融业相比，新型农村合作金融的累计互助金额规模占比微乎其微，但作为普惠金融体系的重要内容，其在破解“三农”融资难、融资贵等问题上发挥着重要的作用，同时也是推动农村新旧动能转换的重要力量。

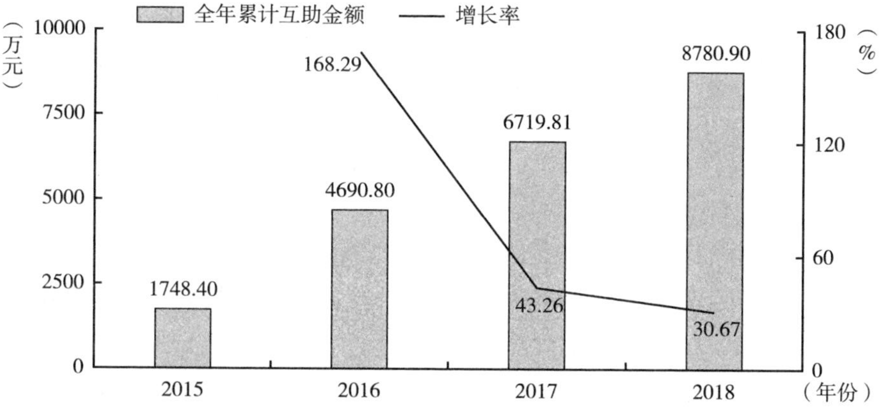

图4　山东新型农村合作金融互助金额变化（2015～2018年）

资料来源：山东省地方金融监管局、齐鲁财富网。

4. 山东新型农村合作金融发展特点

2018年，山东新型农村合作金融业务笔数达到1903笔，但每家机构的平均业务数量和平均互助金额均相对偏低。具体来看，3月山东新型农村合作金融试点机构的平均业务数量最高为0.53笔/家，其余11个月均低于0.50笔/家，5月的平均业务量仅为0.25笔/家（见图5）。这表明，山东新型农村合作金融试点机构数量以及总的业务笔数虽多，但平均到每一家试点机构时则相对偏低，很多农村金融试点机构不能保证在每一个月都能有效开展业务，山东新型农村合作金融的普及性有待提升。山东新型农村合作金融试点机构月平均互助金额也相对偏低，全年仅12月的平均互助金额达到

2.69 万元/家，5 月的平均互助金额仅为 0.83 万元/家，山东新型农村合作金融资金实力有待提升。

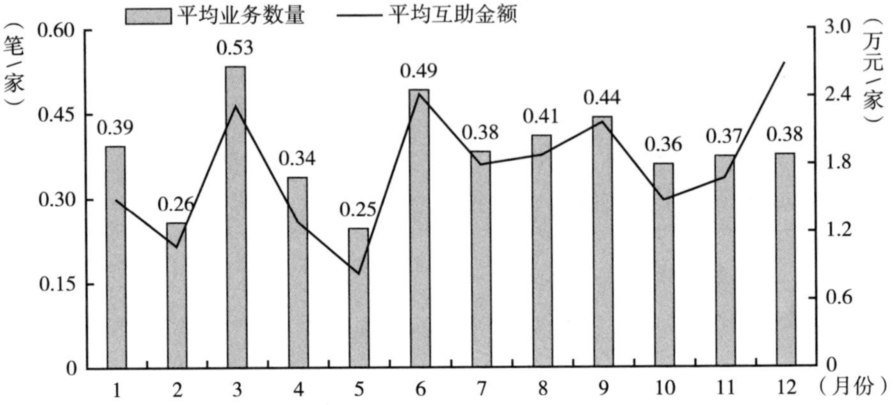

图 5　山东新型农村合作金融平均业务数量情况（2018 年）

资料来源：山东省地方金融监管局、齐鲁财富网。

另据统计梳理发现，山东新型农村合作金融参与社员人均互助金额也相对偏低，12 月人均互助金额最高，为 386.69 元/人，5 月人均互助金额仅为 120.71 元/人（见图 6）。这表明，山东新型农村合作金融参与社员数量虽大幅增长，但对参与社员的支持力度有待加大。

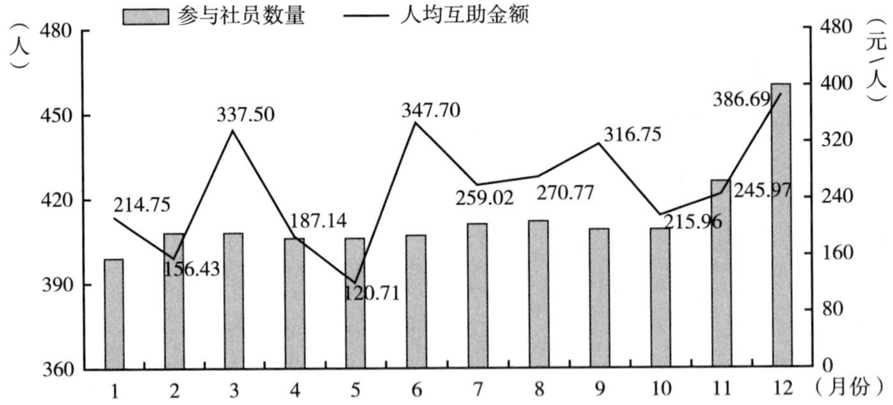

图 6　山东新型农村合作金融人均互助金额情况（2018 年）

资料来源：山东省地方金融监管局、齐鲁财富网。

二　山东新型农村合作金融存在的问题

新型农村合作金融是普惠金融的重要组成部分。发展新型农村合作金融是服务“三农”、优化农村金融环境、打造乡村振兴齐鲁样板、助推新旧动能转换重大工程的有效举措。经过多年发展，新型农村合作金融在构建多层次金融体系和实施乡村振兴战略中的作用越来越重要。随着农业现代化和农村经济的快速发展，专业合作社、家庭农场等新型农村组织大量涌现。在乡村振兴战略持续推进的大背景下，广大农民探索了多种形式的农村合作金融形式，对促进农业生产起到积极作用。但由于经营不规范和监管不到位等影响，个别地方农村合作金融组织存在一定风险隐患，各种问题逐渐暴露。其中，缺乏明确法律定位、金融服务单一等问题，严重制约行业发展，限制了新型农村合作金融组织普惠功能的发挥。

第一，山东新型农村合作金融组织规模普遍较小，参与社员数量相对偏少，金融服务能力较弱。分析发现，全省农民专业合作社开展信用互助业务试点规模虽然有所增加，但覆盖面仍相对较窄，2018 年参与社员仅有 3.2 万人，互助金额不足 1 亿元，新型农村合作金融组织的金融服务能力有待进一步提升。

第二，新型农村合作金融组织缺乏业务创新，金融服务模式和产品较为单一。金融产品创新主要是指分配金融资源的形式以及提供金融资源载体的变革与创新。新型农村合作金融试点时间较短以及客户群体知识面有限，新型农村合作金融组织在进行金融产品创新时具有较大缺陷。由于缺乏专业的人才，新型农村合作金融组织从业人员的知识体系更新较慢，缺乏调研意识，很多时候未对客户进行精准划分，在金融产品研发过程中也就很难形成合力。受科技、客户观念、历史等因素影响，新型农村合作金融组织自主研发能力较弱，金融产品创新较为困难，大部分金融产品停留在满足客户基本资金需求上，缺乏创新意识。具体来看，山东绝大部分新型农村合作金融组织现有的金融产品和服务缺乏吸引力和特色，也缺乏明确市场定位，很难满足客户多样化金融需求。

第三，缺乏专业人才。由于准入门槛低，新型农村合作金融组织从业人员的文化水平、业务能力等参差不齐。行业快速发展需要专业人才支撑，缺乏专业人才严重制约新型农村合作金融组织的发展。与传统金融机构相比，新型农村合作金融组织的工作条件、周边配套设施以及薪酬待遇均相对较差，对金融人才缺乏吸引力。另外，由于缺乏先进管理理念和专业金融管理制度，新型农村合作金融组织的合作社章程以及业务管理制度大多存在一定缺陷，组织内部管理和决策往往存在一个人或几个人说了算的现象，参与试点的合作社社员难以平等行使权利和履行义务。

第四，一些不法分子借助新型农村合作金融组织从事非法集资活动。非法集资一直是金融监管领域的难题，农村非法集资借道新型农村合作金融的危害性与一般金融诈骗相比危害更大。农民合作社是服务“三农”，着力满足农民生产经营活动中“小额、分散”资金需求，促进农业农村经济发展的本地农民组织，不法分子以高额回扣、提成等方式从事非法集资活动，不仅造成恶劣的社会影响，同时也会严重损害农民利益。山东新型农村合作金融组织还普遍存在规模小、资金实力不强等特点，其在为“三农”提供金融服务的同时也暴露一定的风险，如果经营不善很难保障社员的资金安全。

三　山东新型农村合作金融发展建议

2018 年 3 月 8 日，习近平总书记在参加十三届全国人大一次会议山东代表团审议讲话中指出，山东要充分发挥农业大省优势，打造乡村振兴的齐鲁样板。乡村振兴是党的十九大提出的重大战略部署，是关系到社会主义现代化建设的全局性和历史性任务，是新时代中国特色社会主义消除发展不平衡、不充分的客观要求，也是全面建成小康社会赋予我国农业农村发展的新内涵。乡村振兴战略是一个艰巨而复杂的系统工程，需要投入大量资金。中共中央、国务院《关于实施乡村振兴战略的意见》就指出实施乡村振兴战略，必须解决钱从哪里来的问题。当前，山东很多农村地区的金融需求无法得到满足，外部资金很难进入农村，市场环境下农村资金有可能向城市流动，导致农村金融短板长期得不到弥补，贷款难、贷款贵、担保少、风险大和坏账多等问题成为农村金融难以解决的顽症。大型金融机构受到宏观审慎监管约束，“信用不匹配”和“信贷配给”等原因导致农村地区金融服务不足问题始终无法从根本上消除。因此，大力开展新型农村合作金融试点工作，增加农村地区金融服务供给显得极其必要。近年来，山东农民专业合作社呈现蓬勃发展的良好势头，在农民专业合作社基础上，广大农民和各类新型农村经营主体积极开展内部信用合作，也探索积累了一些行之有效的做法和经验。

总体来看，要想实现新型农村合作金融组织健康稳定发展，要做到以下五点。第一，要坚持服务“三农”的本质要求，服务于国家乡村振兴战略。《山东省新旧动能转换重大工程实施规划》提到，要深入实施乡村振兴战略，按照产业兴旺、生态宜居、乡风文明、治理有效、生活富裕的总要求，建立城乡融合发展体制机制和政策体系，加快推进农业农村现代化。乡村振兴战略的实施离不开资金的支持，新型农村合作金融立足农村，着力满足农民生产经营活动中“小额、分散”的资金需求。因此，在充分保护广大人民群众切身利益的情况下开展信用互助业务，可以更好地服务于国家乡村振兴战略。

第二，加大农村地区金融知识普及宣传力度，实行部门联合评定示范社机制。2018 年，山东省农业厅等部门印发的《山东省农民专业合作社省级示范社评定及监测办法》（鲁农政法字〔2018〕13 号）指出，规范农民专业合作社省级示范社的评定及监测工作，相关单位应把示范社作为政策扶持重点，加强对农民专业合作社示范社的指导、扶持与服务，促进农民专业合作社健康发展，相关机构应该加大农村地区金融知识普及宣传力度。对许多农民群众而言，金融还是一个相对陌生的领域。因此，在推进新型农村合作金融试点工作时要因地制宜，及时开展多种形式的金融知识、互助知识宣传普及活动，增强农民群众的金融意识、法律意识和风险意识，为新型农村合作金融试点工作创造良好氛围。另外，要加强对地方监督管理人员以及合作社信用互助管理人员金融专业知识、财务管理等方面的培训，利用报刊、广播、电视、网络等主流新闻媒体，加强对政策、典型经验、风险管理等宣传。充分发挥农民专业合作社在乡村振兴战略中的重要作用，加快培育农村发展新动能。

第三，完善新型农村合作金融试点工作监管体系，严格监督管理和风险防控。监管部门可以按照属地管理的原则，指导各县（市、区）通过现场检查、与社员座谈、随机抽样电话回访等方式，强化对信用互助业务的日常监督管理，严格落实各项监管制度，及时排除风险隐患。针对出现的假借信用合作社名义开展非法集资、非法吸储放贷等违法犯罪行为，一律依法查处、关闭，属于经营不规范的，加强规范引导。

第四，营造良好的法律、政策环境促进新型农村合作金融的快速发展。《山东省农民专业合作社信用互助业务试点方案》指出，2017 年 1 月至 2017 年底为完善提高阶段，加快山东省农民专业合作社信用互助立法进程，探索开展社区性农村信用互助组织试点，初步建成与山东农业、农村、农民发展需要相适应的新型农村合作金融框架。经过三个阶段发展，山东虽然初步建成与“三农”发展需要相适应的新型农村合作金融框架，但相关立法进程仍相对缓慢。应在充分试点基础上尽快出台农村合作金融法或者类似的法律及相关法规，规范新型农村合作金融组织的发展。通过立法可以赋予新型农村合作金融组织合法金融机构的身份，同时可以明确新型农村合作金融组织在服务“三农”中的地位以及相应的权利和义务，为新型农村合作金融组织业务的开展提供法律支撑。主管部门应大力推动农村合作金融与商业金融协调发展，推动农村合作金融与农村产业融合发展。通过明确的法律法规促使农村合作金融在融资管理、资金运用、风险管控等方面形成健全的内部治理机制，让农村合作金融在乡村振兴战略实施中，发挥“造血”乡村、造福村民的积极作用。

第五，加强人才培养，提升新型农村合作金融组织的创新能力，切实增强发展动力。新型农村合作金融组织应为专业型人才提供更人性化的福利待遇，吸引更多专业金融人才加入。新型农村合作金融组织要为专业型人才提供广阔的发展空间，为优秀人才提供更多的创新机会。同时，在守住“社员制、封闭性”等基本原则和社员自愿、风险自担的前提下，给予其更大的灵活性和自主权，鼓励其不断探索发展各种便捷灵活、规范有序的信用互助模式。

专题报告

Special Topic Reports

B.6

山东普惠金融监管与风险防范

李宗超　王　飞　郭文娟*

摘　要： 近年来，由于普惠金融在金融科技推动下发展形成许多新业态，需要监管的范围不断扩大，风险防范工作的重要性逐渐凸显。2018年金融监管延续严监管理念，且更强调宏观审慎监管。为了防范系统性风险，金融监管构架朝着协调监管、统一监管转变。在统一监管体系下，金融乱象得到遏制，金融机构审慎经营理念得到强化，金融运行整体稳健。本报告将对山东普惠金融监管与防范进行研究，通过对山东普惠金融监管体系、风险处置情况以及相关政策法规的分析，描述山东普惠金融监管的现状，并针对普惠金融中民间借贷、网络借贷以及小额贷款等存在的风险

* 李宗超，齐鲁财富网研究中心高级研究员，研究领域为证券投资、商业银行。王飞，西北大学金融学硕士，齐鲁财富网研究中心高级研究员，研究领域为金融科技、小微企业。郭文娟，聊城大学经济学硕士，齐鲁财富网研究中心研究员，研究领域为普惠金融、证券投资。

问题展开分析，最终对山东普惠金融风险防范提出各项建议，如积极出台政策规范借贷行为、建立调控机制降低借贷利率、加速网络借贷行业合规建设、建立有效信息披露机制等。

关键词： 山东民间金融　网络借贷 P2P　民间借贷　山东金融监管

党的十九大提出："深化金融体制改革，增强金融服务实体经济能力，提高直接融资比重，促进多层次资本市场健康发展。健全货币政策和宏观审慎政策双支柱调控框架，深化利率和汇率市场化改革。健全金融监管体系，守住不发生系统性金融风险的底线。"防范系统性金融风险已经成为新时代我国金融监管的根本遵循和行动指南。2017 年 12 月，中央经济工作会议提出未来三年要全面建成小康社会，打赢防范化解重大风险、精准脱贫和污染防治三大攻坚战。防范化解重大风险被列为三大攻坚战之首，在此背景下，牢牢守住风险底线成为金融监管的首要任务。

2018 年金融监管不仅延续了 2017 年的严监管理念，而且更强调宏观审慎监管。为了防范系统性风险，金融监管构架朝着协调监管、统一监管转变。2018 年 3 月，中国银监会和中国保监会合并组建的中国银保监会正式挂牌成立，意味着银行和保险行业统一监管体系正式形成。随着《商业银行股权管理暂行办法》（银监办发〔2018〕48 号）、《关于规范金融机构资产管理业务的指导意见》（银发〔2018〕106 号）、《关于进一步加强债券市场执法工作有关问题的意见》（银发〔2018〕296 号）等一批金融法律法规政策的出台，金融监管更具针对性，并向着更深层次推进。在统一监管框架下，资管、理财和私募新规统筹平衡，信用评级体系开始互联互通，民间借贷和互联网金融监管行动更加协调，E 租宝、钱宝网、唐小僧、善林金融等一大批 P2P 网络借贷问题平台被查处，高风险金融业务得到收缩，部分机构的野蛮扩张行为不断收敛，金融乱象得到初步遏制，审慎经营理念得到强化，金融运行整体稳健。

2013 年，山东省开始推进金融监管体制改革。2016 年 3 月，《山东省地方金融条例》出台，标志着山东省、市、县（市、区）三级金融监管体系正式形成。2018 年，根据山东省委、省政府《关于山东省省级机构改革的实施意见》（鲁发〔2018〕42 号），将省金融工作办公室调整为省地方金融监管局，10 月 31 日，山东省地方金融监管局正式挂牌。地方金融监管机构的成立，使山东省金融监管职责更加明确，监管资源更加集中，执法力度进一步增强。2018 年山东普惠金融风险得到有效防范，市场运行秩序更加规范，金融消费者和投资者的合法权益得到了有效保护。

一　山东普惠金融监管

（一）山东省普惠金融监管体系

1. 山东省地方金融监管局成立

2018 年 10 月 8 日，中国共产党山东省第十一届委员会第六次会议召开，会议审议通过了《关于山东省省级机构改革的实施意见》（鲁发〔2018〕42 号）。会议强调，山东省政府机构改革，要坚持转变政府职能，简政放权，加强和完善政府经济调节、市场监管、社会管理、公共服务、生态环境保护职能，加快建设人民满意的服务型政府。根据山东省委、省政府发布的《关于山东省省级机构改革的实施意见》，10 月 31 日，山东省地方金融监管局正式挂牌成立，将原山东省金融工作办公室调整为省地方金融监管局，依然作为省政府直属机构。地方金融监管局挂牌后，将山东省商务厅的典当行、融资租赁公司、商业保理公司的经营监督管理职责划入山东省地方金融监管局。

山东省地方金融监管局设 11 个职能处室，包括政策法规处、金融稳定处、交易市场监管处、农村合作金融处、民间融资监管处等。山东省地方金融监管局的职责范围包括：贯彻执行金融工作法律、拟订全省金融业发展规划和政策、协调和配合中央驻鲁金融监管机构对全省各类金融机构的监管等。

随着我国金融业的发展，过去的监管体制已不能与当前金融环境相匹配。从地方金融监管体制来看，主要存在四个方面问题：一是监管界限模糊，存在重复监管和监管空缺；二是职能定位不清晰，监管职责不明确，重发展轻监管；三是监管职能分散，多元化管理不利于集中监管；四是监管能力不足，缺乏执法权，缺少专业的监督管理人才队伍，难以有效履职。随着我国金融监管改革向着更深层次推进，2017 年全国金融工作会议提出地方政府要在坚持金融管理主要是中央事权的前提下，按照中央统一规则，强化属地风险处置责任。按照中央要求，山东省政府积极转变职能，简政放权，成立山东省地方金融监管局。新成立的地方金融监管局与“一行两会”驻鲁机构形成错位监管和补充，明确金融管理范围和管理职责，有利于对省内金融市场进行集中管理。2016 年出台的《山东省地方金融条例》赋予了山东省地方金融监管局执法权，上述金融监管问题将得到解决，山东地方金融监管体系更加完善。

2. 监管体系的组织架构

（1）省级监管组织体系

2018 年，山东省地方金融监管局积极贯彻落实《山东省地方金融条例》，完善配套监管措施和扶持政策，以支持新旧动能转换为己任，努力提高服务实体经济的效率和水平，防控化解金融风险，深化金融改革，更好地服务于全省经济发展。目前，山东省普惠金融监管走在了全国前列，并为其他省（区）市提供可借鉴经验。

山东省级普惠金融监管体系，是以省地方金融监管局为主导，“一行二会”驻鲁机构和有关政府职能部门相结合的监管格局。省地方金融监管局主要是贯彻落实中央和省委、省政府有关金融工作部署，协调解决影响全省金融运行的重大问题，提高金融支持实体经济的能力，防范发生系统性金融风险。“一行二局”负责对山东信贷市场、货币市场、资本市场和保险市场进行监管。山东省农业厅、山东省工商行政管理局、山东省农村信用合作社联社等部门分别根据国家有关分领域专项整治方案和山东省政府要求，制定分领域专项整治方案，成立分领域专项整治工作组，负责相应领域的专项整治工作。

从监管范围来看，山东省地方金融监管局负责对融资性担保公司、小额贷款公司、农民信用互助社、区域性交易市场、民间融资机构等地方金融机构的监管，山东省发展和改革委员会负责对各类股权投资公司、投资基金、企业债发行等领域的监管。此外，山东省农业厅参与对全省农业政策性保险试点工作的监管，山东省农村信用合作社联社对全省农信社系统（农商行、农合行、农信社）行使部分监管权，山东省供销合作社系统负责对农村资金互助组织进行审批。

需要指出的是，根据《中共中央关于深化党和国家机构改革的决定》和《深化党和国家机构改革方案》等文件精神，2018 年 4 月，商务部将融资租赁公司、商业保理公司和典当行管理职责划入中国银保监会和地方金融监管部门。根据《关于山东省省级机构改革的实施意见》，山东将省内典当行、融资租赁公司、商业保理公司的经营监督管理职责划入省地方金融监管局。

（2）地方监管组织体系

在山东地市普惠金融监管体系中，各地市、县（市、区）人民政府、地方金融监管局、地方有关职能部门对普惠金融负有监管职责。山东各地市、县（市、区）人民政府、地方金融监管局和相关政府职能部门密切合作，建立联席制度，实现了对辖区内普惠金融组织机构的监督管理。

为贯彻党的十九大关于防范发生系统性金融风险的精神，山东各地市、县（市、区）人民政府加强了对辖区内金融监管机构和金融组织的领导，建立健全辖区内普惠金融监管体制，加强与省级主管部门和金融机构的交流与协调，对辖区内影响金融正常运行的重大问题及时发现并予以解决，维护辖区内普惠金融秩序健康运行，防控金融风险。

各地市、县（市、区）地方金融监管局（地方金融工作办公室）在普惠金融监管中居于重要地位。各级地方金融监管局负责对地方普惠金融组织机构的监督管理工作，通过联系上级部门和协调联合有关职能部门（工商、公安、财税等），增强综合监督管理能力，建立金融风险预警系统，提高金融风险识别能力和风险意识，维护金融有序运行。各级地方金融监管局负责对辖区内典当行、融资租赁公司、商业保理公司、小额贷款公司、融资性担保公司、农民信用互助社、民间融资机构和区域性交易市场等金融组织的监管。工商、公安、财税、农业等分领域的职能部门按照职责做好各自分领域的监督管理工作。

另外，各级地方金融监管局还建立完善了事前审核、年度审查、分类评级、高管约谈、行业自律等监管制度，会同其他职能部门协调配合，初步构建了上下协调、完整覆盖的地方普惠金融监管局面。

（3）行业自律监管

除了政府的金融监管机构外，山东还成立了多个普惠金融组织协会来开展行业自律监管。行业协会代表行业内企业的共同利益，是政府和企业之间的桥梁和纽带，通过协助国家相关机构制定和实施行业发展规划、产业政策、行规行约和各类标准，维护行业秩序和推动企业健康发展。成立普惠金融组织协会，对于实现行业自律和提高服务水平，推进普惠金融健康发展具有重要意义。截至 2018 年末，山东已成立的省级普惠金融组织协会主要有山东省小额贷款企业协会、山东省民间融资机构协会、山东省融资担保企业协会、山东私募股权投资基金协会（见表 1）。需要说明的是，根据《关于推进普惠金融发展的实施意见》（鲁政发〔2017〕14 号）的要求，应组建山东省互联网金融协会，加强互联网金融行业自律，促进互联网金融组织规范健康发展。截至 2018 年末，山东省内济南、临沂等市已成立了地方互联网金融协会，但山东省互联网金融协会依然没有成立。普惠金融组织协会积极协调会员遵守国家金融法律、法规、政策，认真履行自律、维权、协调、服务职能，促进行业持续健康发展。

表 1　山东普惠金融组织协会

协会名称	成立时间	协会宗旨
山东省小额贷款企业协会	2011 年	强化行业自律　维护行业利益 提供会员服务　促进行业发展
山东省融资担保企业协会	2012 年	以发展为中心　以服务为宗旨
山东省民间融资机构协会	2015 年	开展行业自律　维护行业利益 提供会员服务　促进行业发展
山东私募股权投资基金协会	2016 年	遵守我国宪法、法律、法规和政策，遵守社会道德规范；建立行业自律监管机制，维护会员的合法权益，协调组织山东省境内私募基金从业机构行为；壮大私募基金业队伍，提高会员素质；加强会员与国内各省市和国际私募股权投资基金管理界的交流与合作；促进山东省私募股权投资基金行业的健康发展

资料来源：山东省小额贷款企业协会、山东省融资担保企业协会、山东省民间融资机构协会、山东私募股权投资基金协会、齐鲁财富网。

（二）山东省普惠金融监管和风险处置情况

1. 山东省地方金融监管局

2018 年，山东省地方金融监管局着力加强地方金融组织监管，以信息披露、行业自律、现场和非现场检查为重点，逐步完善地方金融组织监管制度和措施。建立“双随机、一公开”工作机制，有效提高了行政执法的透明度和公平性。搭建地方金融组织信息综合服务平台，小额贷款、民间融资、融资担保、交易市场、信用互助、资本市场、金融风险管理等子系统的上线运行，为及时全面掌握全省地方金融组织运行状况和加强非现场监管，提供了有效数据支撑。建立健全与驻鲁金融管理部门在信息沟通、数据交换等方面的制度安排以及金融形势分析、金融风险防范等联络会商机制，进一步增强了金融监管和风险防控合力。统计显示，2018 年山东省地方金融监管局关于小额贷款类公司、民间融资登记服务类公司、民间资本管理类公司等金融组织的业务办理次数达 127 次，其中，关于民间资本管理类公司的业务办理次数达 80 次，在统计的 5 类金融公司中次数最多（见表 2）。

表 2　山东省地方金融监管局监管执行统计（2018 年）

金融组织名称	监管次数(次)	监管执行内容
融资担保类公司	1	注销经营许可证
金融发展类公司	1	暂停全部业务
小额贷款类公司	21	拟取消、取消试点资格;变更公司名称、业务范围、股权;筹建,开业许可
民间融资登记服务类公司	24	换发、补发、注销业务许可证;准予开展业务许可
民间资本管理类公司	80	换发、补发、注销业务许可证;准予开展业务许可

资料来源：山东省地方金融监管局、齐鲁财富网。

另外，2018 年 2 月 9 日，山东省地方金融监管局公布了《第二批通过检查验收的交易场所名单》，名单显示临沂信用资产交易中心有限公司（权益类交易业务）和牡丹国际商品交易中心有限公司（介于现货与期货之间的大宗商品交易业务）通过检查验收；10 月 12 日，根据清理整顿各类交易场所“回头看”行动有关要求，山东省维护金融稳定工作领导小组办公室发布《关于对我省涉嫌违规交易机构进行风险提示的通告》，公布了第一批涉嫌违规交易机构（不含青岛）的名单（见表 3），并提醒广大人民群众，切实增强风险识别和防范意识，坚决抵制各类违法违规金融活动，树立正确的投融资理念，牢记投资有风险、风险需自担。

表 3　山东省第一批涉嫌违规交易机构“黑名单”（2018 年）

序号	涉嫌违规交易机构名称
1	山东雪野通用飞机交易中心管理有限公司
2	山东中合农副产品交易中心有限公司
3	山东华业文化发展有限公司
4	潍坊中利普汇贸易有限公司
5	山东鲁香电子商务有限公司

注：名单不含青岛市。
资料来源：山东省地方金融监管局、齐鲁财富网。

2. 中国人民银行济南分行

统计显示，2018 年中国人民银行济南分行对山东辖区内村镇银行做出行政处罚 7 次，共计罚没资金 196365.22 元。与 2017 年相比，对村镇银行的行政处罚增加 2 次，但是罚没金额减少 7.81 万元。2018 年，中国人民银行济南分行对山东辖区内第三方支付机构做出行政处罚 4 次，共计罚没资金 295.86 万元。与 2017 年相比，对第三方支付机构的行政处罚减少 3 次，但是罚没金额增加 113.49 万元。其中，对易通金服支付有限公司的罚款金额较大（见表 4）。

表4　中国人民银行济南分行对村镇银行、第三方支付机构处罚统计（2018年）

机构名称		行政处罚决定书文号	违法行为类型	行政处罚内容	行政机关名称	处罚日期
村镇银行	沾化青云村镇银行股份有限公司	（滨银）罚字〔2018〕第1号	违反《中华人民共和国商业银行法》第三十二条"商业银行应当按照中国人民银行的规定，向中国人民银行交存存款准备金，留足备付金"之规定	罚款人民币9934元	人民银行滨州市中心支行	2018-01-17
	滨州河海村镇银行股份有限公司	（滨银）罚字〔2018〕第2号	违反《中华人民共和国商业银行法》第三十二条"商业银行应当按照中国人民银行的规定，向中国人民银行交存存款准备金，留足备付金"之规定	罚款人民币2789元	人民银行滨州市中心支行	2018-01-17
	山东章丘齐鲁村镇银行股份有限公司	济银部罚字〔2018〕第2号	违反《中华人民共和国商业银行法》关于缴存存款准备金的规定	罚款10817.84元	人民银行济南分行营业管理部	2018-05-28
	山东利津舜丰村镇银行股份有限公司	东银罚字〔2018〕第4号	违反《中华人民共和国商业银行法》第七十七条、《中华人民共和国行政处罚法》第二十七条的规定	罚款12532.05元	人民银行东营市中心支行	2018-11-26
	东营融和村镇银行股份有限公司	东银罚字〔2018〕第3号	违反《中华人民共和国商业银行法》第七十七条、《中华人民共和国行政处罚法》第二十七条的规定	罚款292.33元	人民银行东营市中心支行	2018-11-26

续表

机构名称		行政处罚决定书文号	违法行为类型	行政处罚内容	行政机关名称	处罚日期
村镇银行	东平沪农商村镇银行股份有限公司	(泰银)罚字〔2018〕第7号	未按规定报送可疑交易报告	罚款8万元	人民银行泰安市中心支行	2018－12－14
	山东临淄汇金村镇银行股份有限公司	淄银罚字〔2018〕第11号	违反《中华人民共和国商业银行法》关于提供统计报表的相关规定	罚款8万元	人民银行淄博市中心支行	2018－12－24
第三方支付机构	深圳瑞银信信息技术有限公司东营分公司	(东银)罚字〔2017〕第7号	违反支付结算业务规定	罚款30000元	人民银行东营市中心支行	2018－02－22
	山东高速信联支付有限公司	济银罚字〔2018〕第3号	违反支付结算业务规定	警告,罚款7万元	人民银行济南分行	2018－02－23
	易通金服支付有限公司	济银罚字〔2018〕第15号	违反支付结算业务规定	警告,罚没1898640.80元	人民银行济南分行	2018－07－25
	金运通网络支付股份有限公司	济银罚字〔2018〕第20号、济银罚字〔2018〕第21号	违反支付结算业务规定	给予该公司警告,并处91万元罚款;对该公司1名相关责任人给予警告,并处5万元罚款	人民银行济南分行	2018－12－07

资料来源：中国人民银行济南分行、齐鲁财富网。

3. 中国银保监会山东监管局

2018年12月17日，中国银保监会山东监管局正式挂牌成立①。山东监管局紧紧围绕服务实体经济、防范金融风险、深化金融改革三大任务，努力培育“恪尽职守、敢于监管、精于监管、严格问责”的监管精神，做好国

① 由于中国银保监会山东监管局在2018年成立日期较晚，报告中涉及的机关名称仍采用原称。

家和人民放心的看门人和守夜人。

如表 5 所示，2018 年中国银保监会山东监管局（山东银监局）对 6 家村镇银行的违法违规行为做出行政处罚，与 2017 年相比减少 4 家；共计罚款金额 175 万元，与 2017 年相比减少 30 万元。在对金融租赁类机构处罚中，2018 年山东通达金融租赁有限公司由于违规行为受到了处罚，而 2017 年受到处罚的是山东汇通金融租赁有限公司，两家公司被处罚的原因都是违规向平台公司提供融资。

表 5　山东银保监局对村镇银行及金融租赁类机构处罚统计（2018 年）

机构名称	行政机关名称	行政处罚内容	行政处罚决定书文号	处罚金额	处罚日期
垦利乐安村镇银行	中国银监会东营监管分局	修改柜面业务系统功能、提供虚假统计报表数据	（东银监）罚决字〔2018〕1 号	罚款 50 万元	2018 - 5 - 18
莒县金谷村镇银行	中国银监会日照监管分局	员工行为管控不力	日银监罚决字〔2018〕18 号	罚款 30 万元	2018 - 10 - 29
山东兰陵村镇银行	中国银监会临沂监管分局	违规办理无真实贸易背景承兑汇票业务	临银监罚决字〔2018〕15 号	罚款 20 万元	2018 - 10 - 30
莱芜中成村镇银行	中国银监会莱芜监管分局	违反审慎经营规则，贷后管理未尽职，贷款资金被挪用	莱银监罚决字〔2018〕1 号	罚款 20 万元	2018 - 10 - 30
潍坊市寒亭区蒙银村镇银行	中国银监会潍坊监管分局	为不符合条件的借款人办理借新还旧贷款，掩盖不良贷款	潍银监罚决字〔2018〕15 号	罚款 20 万元	2018 - 12 - 11
东营莱商村镇银行	中国银监会东营监管分局	违规办理流动资金贷款业务	（东银监）罚决字〔2018〕25 号	罚款 35 万元	2018 - 12 - 18
山东通达金融租赁有限公司	中国银监会山东监管局	违规向平台公司提供融资	鲁银监罚决字〔2018〕17 号	责令整改、并处罚款 20 万元	2018 - 7 - 2

资料来源：中国银保监会山东监管局、齐鲁财富网。

（三）山东省普惠金融相关政策法规

1. 综合类政策法规

2018 年 2 月 11 日，山东省财政厅下发《关于印发山东省农业信贷担保政策性补助资金管理暂行办法的通知》（鲁财农〔2018〕7 号），旨在促进全省农业信贷担保体系持续健康发展，放大财政金融协同支农作用，增强融资担保能力，解决农业融资难、融资贵问题。

2018 年 3 月 20 日，山东省财政厅、山东省中小企业局、山东省金融工作办公室、中国人民银行济南分行 4 个部门联合下发《关于印发山东省中小微企业融资担保代偿补偿资金管理办法的通知》（鲁财工〔2018〕5 号），旨在引导融资担保机构加大对中小微企业融资的支持力度，切实缓解中小微企业融资难题。

2018 年 8 月 23 日，山东省财政厅、山东省金融工作办公室、中国人民银行济南分行、中国银行保险业监督管理委员会山东监管局等 11 个部门联合下发《关于印发山东省"政银保"贷款保证保险补贴资金管理暂行办法的通知》（鲁财金〔2018〕51 号）。"政银保"贷款保证保险补贴资金，是指省级财政安排用于对全省"政银保"贷款保证保险业务进行保费补贴、超赔风险补偿及贷款本金损失补偿的资金。《山东省"政银保"贷款保证保险补贴资金管理暂行办法》规定，贷款对象为在山东省行政区域内（不含青岛）注册并从事生产经营、符合规定的中小微型企业，含个体工商户、城乡创业者、农业种植养殖大户和农村各类生产经营性合作组织等新型农村经营主体。贷款只能用于本企业生产经营，不包括房地产公司贷款、融资平台公司贷款和非生产经营性固定资产投资项目贷款，不得转借他人。《山东省"政银保"贷款保证保险补贴资金管理暂行办法》的出台，能够推动财政金融政策融合创新，放大保险增信对扩大信贷投放的促进作用，缓解企业贷款难、贷款贵问题，助力全省新旧动能转换。

2018 年 8 月 27 日，山东省财政厅、山东省金融工作办公室等 5 个部门联合下发《关于印发山东省金融创新发展引导资金管理办法的通知》（鲁财金〔2018〕55号)。《山东省金融创新发展引导资金管理办法》旨在贯彻落实党的十九大、全国金融工作会议精神，进一步做好新形势下全省金融工作，促进山东地方金融业持续健康发展。《山东省金融创新发展引导资金管理办法》所指金融机构为从事相关地方金融活动的小额贷款公司、融资担保公司、民间融资机构、开展权益类交易和介于现货与期货之间的大宗商品交易的交易场所、开展信用互助业务试点的农民专业合作社、私募投资管理机构、地方金融资产管理公司和国务院及其有关部门授权省人民政府监督管理的从事金融活动的其他机构或组织等。

2018年9月27日，山东省人民政府下发《山东省现代金融产业发展规划（2018~2022年)》，旨在加快金融产业发展，更好地服务实体经济和新旧动能转换。该文件提出："到2022年，在全省基本形成整体实力雄厚、区域布局合理、组织体系健全、市场功能完善、产融结合紧密、行业发展协调、运行秩序稳定的金融产业发展格局，为全省新旧动能转换提供强有力的金融支撑。"

2018年11月14日，山东省人民政府发布《关于支持民营经济高质量发展的若干意见》(鲁政发〔2018〕26号)，旨在不断优化发展环境，着力破解制约民营经济发展的突出困难和问题，促进全省民营经济高质量发展，更好发挥民营经济在推动新旧动能转换、建设现代化经济体系中的重要作用。

2. 专属类政策法规

（1）有关民间融资机构类的政策法规

2018年2月2日，山东省地方金融监管局印发《山东省民间融资机构业务许可证年审办法》(鲁金监字〔2018〕4号)。自2012年山东推进民间融资规范发展工作以来，各项工作进展顺利，民间融资机构发展稳健，有力地促进了民间融资阳光化、规范化发展，推动了实体经济发展，维护了社会和谐稳定。根据《山东省地方金融条例》和《山东省地方金融监管局关于印发〈山东省民间融资机构监督管理办法〉的通知》(鲁金监字〔2016〕6号）的规定，民间融资机构实行业务许可和业务许可证年审制度。为保证民间融资机构业务许可证年审工作顺利进行，加强对民间融资机构的监督管理，引导其依法合规经营，促进其规范健康发展，制定了民间融资机构类年审办法，共分五章16条，外加1个附件。

（2）有关新型农村合作金融的政策法规

2018年10月17日，山东省地方金融监管局发布《山东省农民专业合作社信用互助业务试点监管细则》（鲁金监字〔2018〕35号，以下简称《细则》），《细则》是在总结各地信用互助业务监管经验基础上制定而成。《细则》分为总则，业务申请、资格认定和终止，经营规则，监督管理，法律责任和附则六章，共计35条。《细则》的出台，有利于加强山东省农民专业合作社信用互助业务试点的监督管理，规范农民专业合作社信用互助业务行为。

（3）有关融资担保机构的政策法规

2018年11月7日，山东省地方金融监管局下发《关于进一步做好融资担保机构设立变更审批事项“证照分离”改革工作的通知》（鲁金监字〔2018〕58号，以下简称《通知》），旨在针对市场主体普遍关心的难点、痛点问题，精简审批材料，公示审批事项和程序，压缩审批时限，明确受理条件和办理标准，减少审批环节，科学设计流程。《通知》主要有三部分内容：一是准确把握“证照分离”改革要求，主要是明确融资担保机构设立、变更审批“证照分离”改革工作有关要求，扎扎实实把“证照分离”改革任务落实到位；二是全面做好融资担保机构设立变更“证照分离”改革工作；三是切实加强事中事后监管。在做好“证照分离”改革工作的同时，通过加强非现场监管、严格现场检查、加大对违规行为惩处力度、实施行业分类监管和加强行业自律管理等手段，进一步强化对融资担保机构的事中事后监管，切实维护融资担保行业规范健康发展秩序。

二　山东普惠金融风险防范

近年来，山东普惠金融实现快速发展，民间金融作为普惠金融的重要组成部分逐渐受到重视。然而，民间金融本身具有脆弱性、不规范性以及投机性等特点，加之外部运行环境及自身经营管理能力有限，致使民间金融成为普惠金融风险防范的重点领域，加强民间金融风险防范工作迫在眉睫。

（一）山东普惠金融风险

1. 民间借贷风险

民间借贷凭借自身交易方式灵活、手续简便快捷以及交易成本低等优势，在正规金融服务空间收缩的欠发达地区特别是农村地区较为活跃。其满足了农村市场对资金的大量需求，促进了农村经济的发展，提高了资金的使用效率。然而，民间借贷也存在诸多弊端。由于缺乏有关法律法规和规章制度，民间借贷频频出现“高利贷”“高息集资”等现象，给我国经济以及社会带来了隐形风险。随着民间金融的发展，由民间借贷引发的借贷纠纷不断增加，法院审理的纠纷案件也多涉及涉嫌欺诈和非法集资。从2016 年、2017 年及 2018 年来看，山东省每年发生的民间借贷纠纷案件中主要涉及民事案由，大部分由基层法院裁判。从文书类型来看，以判决书为主①。

为了便于反映山东民间借贷案件情况，我们通过中国裁判文书网输入关键词“山东省”以及“民间借贷”，提取 2016 ~ 2018 年的数据。数据显示，2016 ~ 2018 年涉及案件分别为 22359 次、26982 次、27364 次，呈现上涨趋势（见图 1）。

从涉及民间借贷案由筛选来看，民事案由明显多于刑事案由，并呈现增长趋势。最近 3 年，民事案由的案件都超过 2 万件，而刑事案由的案件则在 30 件左右，涉及的行政案由以及赔偿案由均较少。值得注意的是，涉及民事案由的民间借贷事件呈现增长趋势，2017 年比 2016 年增长 4914 件，2018 年比 2017 年增加 225 件（见表 6）。

---

① 于中国裁判文书网，2019 年 3 月 5 日。

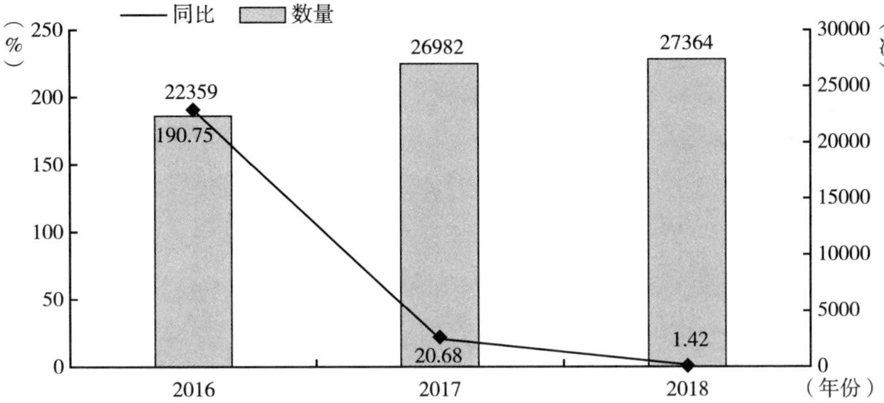

图1　山东民间借贷案件审理次数（2016～2018年）

资料来源：中国裁判文书网、齐鲁财富网。

表6　山东民间借贷案件案由筛选（2016～2018年）

单位：件

案由	2016年	2017年	2018年
刑事案由	36	28	35
民事案由	21727	26641	26866
行政案由	3	4	5
赔偿案由	1	2	2

资料来源：中国裁判文书网、齐鲁财富网。

从审理民间借贷案件的法院类型来看，基层法院占据主要审判位置，和一审次数成正比。基层法院审理次数从2016年的20236次增加到2018年的24586次，增幅较小（见图2）。

从审理民间借贷案件文书类型来看，判决书数量呈现增长态势。2016年达到17029份，2017年与2018年都超过2万份，分别是24870份、25336份。但是从同比情况来看，增速下降较快，2018年增速仅为1.87%（见图3）。

从民间借贷案件审判程序来看，一审次数呈现上涨趋势，但2018年增

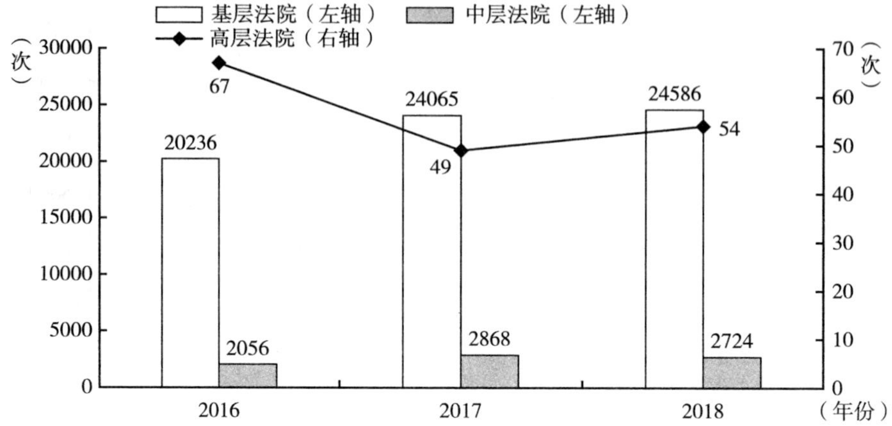

图2　山东民间借贷案件法院类型审判次数（2016～2018年）

资料来源：中国裁判文书网、齐鲁财富网。

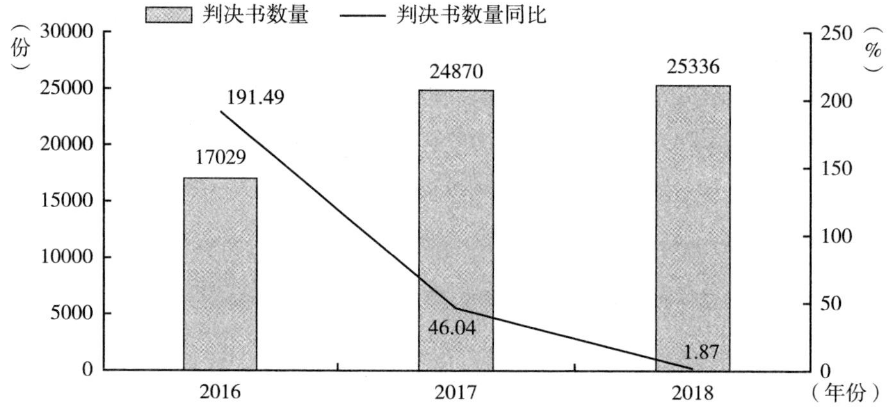

图3　山东民间借贷案件裁判书数量统计（2016～2018年）

资料来源：中国裁判文书网、齐鲁财富网。

幅减少；二审次数虽然在2017年有所增加，但2018年比2017年出现小幅减少（见图4）。

中小微企业融资难、融资贵等现象十分普遍。一些中小企业由于无法从银行贷款，便被动选择民间借贷。由于借贷利率较高，企业为了保证正常利

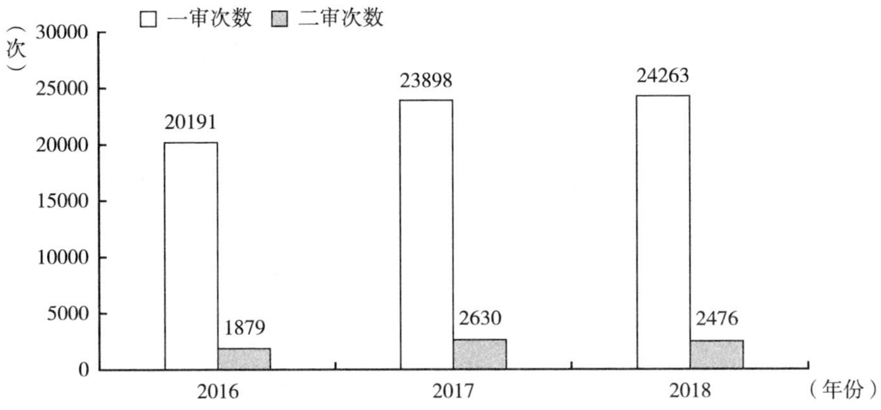

图4　山东民间借贷案一审、二审次数统计（2016～2018年）

资料来源：中国裁判文书网、齐鲁财富网。

益往往会选择一些收益高而风险较大的项目，部分项目甚至导致企业破产。尤其是山东省内存在民营企业“互联互通、相互保护”现象，其中一家企业出现上述风险，就会牵连多家企业受损。如果借款企业投资失败不能还款，便会连累担保企业，风险沿担保链传递给其他正常经营的企业，严重的可能导致其他企业破产，造成大量人员失业，在一定程度上危害社会稳定发展。

最高人民法院于2015年8月出台了《关于审理民间借贷案件适用法律若干问题的规定》，对民间借贷行为及主体范围做出了清晰的界定，规定民间借贷年利率超过36%以上无效，年利率24%以内受法律保护，对于24%～36%的利率给予了一定的空间。民间借贷利率往往高于正常利率的4倍之上，通常缺乏监管。如果约定的利率过高，变成“高利贷”，借款人可能不按时还款或者不愿意还款，资金出借人会采用故意伤害、非法拘禁、侮辱、恐吓、威胁、骚扰等暴力手段催收贷款，严重的甚至酿成治安事件，危害社会安定。

2. 网络借贷风险

近年来，P2P网络借贷行业“爆雷”事件频频发生。截至2018年末，包括联璧金融、钱宝网、雅堂金融以及唐小僧在内的民间四大高额返利平台全部“爆雷”。山东作为全国GDP排名第三的经济大省，也是网络借贷平台

“跑路”和“失联”重灾区。截至2018年末，全省P2P网络借贷行业正常运营平台数量为42家，比2017年减少33家。平台运营数量连续3年持续下降，2018年末比2017年同期减少44.00%，略低于全国同期降幅。山东全年成交量为81.47亿元，年末待还金额28.67亿元，年综合收益率为10.31%。2018年山东P2P网络借贷行业平台运营数量下降，网络借贷行业规模继续缩减。此外，网络借贷行业存在准入门槛低、日常监管不明确等问题。随着P2P网络借贷平台风险频频暴露，不断有平台转型或退出，留存的企业数量减少，行业的集中度大大提高。

山东P2P网络借贷行业2018年停业以及问题平台数量达51家，历史累计停业平台数量超过654家，累计停业及问题平台数量仅次于广东地区，居全国第二位。值得注意的是，2015年、2016年是P2P网络借贷“跑路”高峰期，山东省内的网络借贷平台停业数量或者问题平台数量也在这两年达到高峰（见图5）。此时期开始，P2P网络借贷行业逐渐成为监管重点。

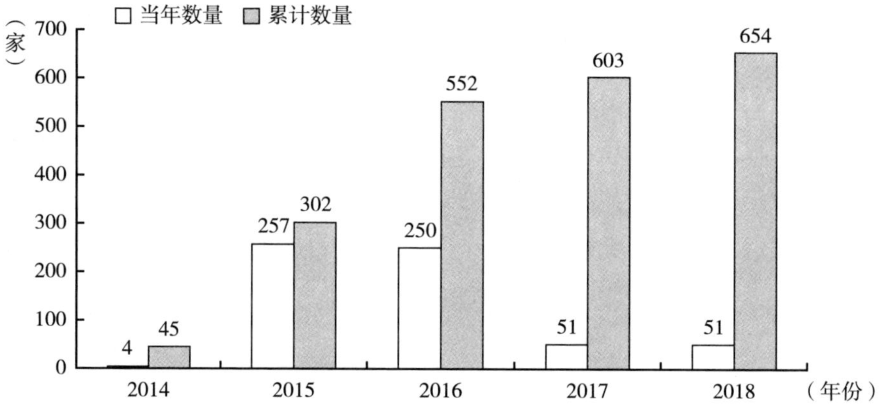

图5 山东停业及问题平台数量变化（2014～2018年）

资料来源：网贷之家、齐鲁财富网。

网络借贷体系不健全。山东省内的网络借贷平台发展时间较短，缺乏成熟的经营管理经验，导致平台管理活动缺乏规范、明确的边界以及底线。网络借贷平台方缺少专业人才，对于如何开展业务、控制风险均处于摸索阶段。此外，网络借贷平台缺少完善的规章制度以及风险防控机制，超范围违规经营、“拆标”以及“自融”现象也频频出现，存在较大的运营风险。另外，由于网络借贷平台退出机制不健全，许多平台停业或者倒闭，所涉及的投资人权益并没有得到有效保护，不少投资者人损失惨重。山东省未出台有关文件明确网贷平台退出后的后续事宜，在维护投资者合法权益方面还存在薄弱环节。

此外，网络借贷平台还存在法律风险，包括非法吸收公众存款以及非法集资。不少网络借贷平台自有资金有限，以高额回报率吸收资金，将投资资金以资本的形式获取债权，再转让债权，易被判定为“非法吸收公众存款”或者“变相吸收公众存款”。更有甚者，许多网络借贷平台抛出高收益吸引投资者投资，然后用于平台自身经营，这就是典型的非法集资欺诈，会造成不良后果。

网络借贷平台在出借资金时需要了解借款人的个人征信情况，判断对方是否具有还款能力。但是，个人信用信息主要是通过中国人民银行个人征信系统获取，并不向非银行机构开放，山东省内的网络借贷平台无法获取准确的征信信息。目前，第三方征信机构逐渐兴起，但网络借贷平台与其合作成本较高。鉴于此，大部分网络借贷平台自己设计了借款人征信评级标准，但存在诸多不确定性，其缺乏足够精力和金钱审核借款人信息，也无法监控借款人的真实资金用途，资金借款方在贷款到期后无力偿还或者故意不还钱，导致平台收不回资金，因此个人信用风险也是网络借贷平台不可忽视的风险。

3. 小额贷款风险

2015 年以来，受实体经济不景气影响，山东省内的小额贷款公司发展速度减慢，机构普遍存在较大资金及运营压力，小额贷款机构数量、从业人员数量、实收资本以及贷款余额等指标均出现了不同程度的降低，许多不合规以及缺乏竞争力的小额贷款机构关闭，山东整个小额贷款行业也承受着经济震荡的压力。为反映小额贷款公司出现的风险，我们从中国裁判文书网中按照关键词查找到 220 份 2015 ~2018 年审判的含有借贷利率的法院判决书，从贷款利率、涉案金额、地域等多角度反映问题①。

小额贷款年利率高。从中国裁判文书网中220份涉及小额贷款公司纠纷案例中可以看到，小额贷款公司整体借贷利率偏高，远远高于银行贷款利率。数据显示，9.55%的借贷合同年利率高于24%，31.82%的借贷合同年利率为20%～24%，35.45%的借贷合同年利率为15%～20%。此外，22.27%的借贷合同年利率为10%～15%，低于10%的仅占1.37%，年利率最高的为36%（见图6）。

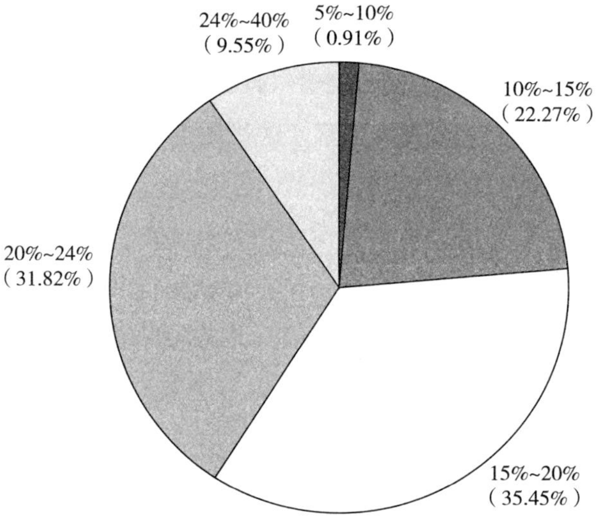

图6　山东小额贷款公司贷款利率分布

注：区间数值（A～B），区间后面数字B包括数值本身，区间前面数字A不包括数值本身。

资料来源：中国裁判文书网、齐鲁财富网。

此外，如果借款者逾期，大部分小额贷款公司要求逾期利率在合同利率基础上加收50%计收罚息。在这种情况下，大部分借贷利率就会超过24%。最高人民法院《关于审理民间借贷案件适用法律若干问题的规定》指出，

① 中国裁判文书网，2019年6月4日。

借贷双方约定的利率未超过年利率24%，出借人请求借款人按照约定的利率支付利息的，人民法院应予支持。借贷双方约定的利率超过年利率36%，超过部分的利息约定无效。对于借贷利率为24%～36%的情况，大多数法院最多支持到24%，多余的不予支持。

小额贷款个人涉案多。根据中国裁判文书网审判案例发现，最近4年审判的220份小额贷款借贷案例中，个人作为第一被告涉诉案件数为117件，占比超过50%，并呈中快速增长趋势。统计数据显示，小额贷款公司借款对象为个人的，借贷金额一般在100万元以下，但借款期间一般在一年以上。资金借贷方是公司性质的，借款金额一般都超过100万元，借款期限一般在1年以下，多在3个月以内。总的来说，小额贷款公司贷款给企业总额要明显高于个人。统计数据显示，借款金额越多，借款期限越长，借贷利率就越低。而从涉诉小额贷款公司的地域分布来看，涉及滨州市小额贷款公司数据居多，其次是济南和青岛。部分小额贷款公司坚持“小额、分散”的原则把贷款贷给不同人群，但风险控制能力偏弱，部分小额贷款公司坏账率普遍偏高，这无疑会加大小额贷款公司的运营成本。还有一些小额贷款公司多次向同一借款人发放贷款，有的贷款金额累计高达千万元，严重偏离了“小额、分散”的原则。

小额贷款风控能力差。一般来说，小额贷款公司的融资渠道主要依赖股东缴纳资本金、银行贷款以及捐赠资金等。不过，受行业竞争、银行信贷条件以及信贷政策等影响，山东本地很多小额贷款公司根本无法从银行获得资金，即使有小额贷款公司可以从银行获得资金，也远远不能满足客户的需求。此外，受资金利用率不足、增资扩股比较困难以及经营成本高等因素影响，山东小额贷款公司扩大信贷规模困难。而小额贷款公司只负责借贷业务，并不能吸收公众存款，这就导致公司在放贷后如果不能及时补充资金，就很难进行下一步放贷业务，严重影响企业的发展。总的来看，小额贷款公司资金放贷速度要高于资金收回速度，资金面紧张状况在所难免，容易出现流动性风险。

现阶段小额贷款公司存在的主要操作风险是指由于小额贷款公司信贷管

理系统不完善、管理失误、控制缺失、诈骗或其他一些人为错误而导致信贷资产的损失。操作风险直接与小额贷款公司的信贷管理体制有关，一旦发生，引起的损失可能非常巨大。山东部分小额贷款公司信贷管理机构内部设置不合理、不健全，没有专门的风险管理部门和内部审计部门，缺少合理的风险管理以及风险控制方面的制度和政策。部分小额贷款公司缺少风险控制专业人才，业务人员专业水平参差不齐且缺乏专业的金融知识，信贷评估人员专业能力不强，对贷款风险的控制能力较差。

小额贷款公司常常缺乏完善、合理的信用评估系统，信贷人员对借款人提供的各项资料只能进行主观的评估，会导致过于主观和片面。小额贷款公司的借款人中有较多中小微企业，它们在经营能力和收入水平上面容易受到当下经济环境的影响，承受能力有限。如果借款企业发生信用风险或者企业还款能力以及还款意愿降低，则会给小额贷款公司带来不可避免的经济损失，甚至会形成系统性风险。

（二）山东普惠金融风险防范措施

1. 积极出台政策规范借贷风险

2016 年出台的《山东省地方金融条例》将地方金融组织纳入监管范围，对小额贷款公司、P2P 网络借贷平台、融资担保机构、民间资本管理机构等的设立程序、注册资本、股东出资比例等都做了明确规定，对民间金融组织违反有关法律及行政法规等行为制定了相应的惩罚措施。比如，民间融资机构全面实行业务许可证制度，未取得业务许可证的机构不能从事民间资本管理以及民间融资登记服务。为规范发展地方金融组织，山东省人民政府于 2018 年 10 月出台的《山东省现代金融产业发展规划（2018～2022 年）》中指出，引导小额贷款公司拓宽融资渠道、补充资本实力，到 2022 年底，累计发放贷款数量超过 8000 亿元。民间借贷风险防范工作需要政策指引，也需要相关部门加大监管力度。

2. 建立调控机制降低借贷利率

根据《中国人民银行关于取缔地下钱庄及打击高利贷行为的通知》（银

发〔2002〕30号）规定：民间个人借贷利率由借贷双方协商确定，但双方协商的利率不得超过中国人民银行公布的金融机构同期、同档次贷款利率（不含浮动）的4倍。然而，在民间金融机构中往往存在高利率的现象。若高利率引发企业资金链断裂，将诱发一系列违约事件，从而形成金融风险。

民间资本是缓解中小企业融资难的重要资金来源，但其高利率的特点制约了企业发展，增加了企业融资成本。解决民间借贷利率高的问题不仅要由政府出台相关法律法规，也要进一步规范行业发展，对民间资本从严监管。具体来看，首先，规范民间借贷市场，加大对高利贷行为的打击力度；其次，引导行业规范发展，形成有序竞争，从而降低市场利率。

3. 加速网络借贷行业合规建设

2018年8月，互联网金融风险专项整治工作领导小组办公室下发《关于报送P2P平台借款人逃废债信息的通知》，要求上报风险事件恶意逃废债的借款人名单，打击P2P平台借款人的恶意废债行为。普惠金融事业部联合百行征信，加强对P2P融资人借机逃废债行为的惩戒。平台定期整理失信人信息并报送银行征信系统，一旦违约行为发生，即借款人到期无法履约，则及时通过协商、法律诉讼对质押、抵押资产进行处理，对恶意逃废债的行为予以法律形式的惩戒。2018年11月，《中国银保监会职能配置、内设机构和人员编制规定》明确指出，将网络借贷信息中介机构业务活动的监管纳入中国银保监会的职责范围。2018年9月，山东P2P网络借贷风险专项整治联合办公室印发《关于开展辖区P2P网络借贷机构合规检查的通知》（鲁网贷整治办发〔2018〕22号），启动山东P2P网络借贷机构合规检查工作，检查内容包括机构是否有资金池、有没有为客户垫付资金、是否为自身或变相为自身融资、是否以高额利诱等方式吸引出借人或投资者加入等10项内容。

互联网金融风险专项整顿工作领导小组要求平台在规定期限内实现资金存管、信息披露、备案管理，将平台自有资金与出借资金及早分离，隔离平台运营风险。在2018年互联网金融行业监管政策的强力执行下，网络借贷平台经历整改、备案、出清、资产剥离，合规化发展更进一步。山东P2P

网络借贷平台需要加快备案和信息披露进程，从而提高行业透明度，降低风险。从P2P网络借贷行业标准来看，需要提高进入门槛，包括平台注册资本、专业人才、风险控制等方面；健全退出机制，P2P网络借贷平台要以良性退出为主，进一步降低网络借贷隐藏的风险。

4. 建立有效的信息披露机制

很多民间借贷纠纷、网络借贷以及小额贷款风险来自资金出借人与借款人之间的信息不透明。不仅是出借人资金来源无法探明，贷款人资金去向亦不明确。部分P2P网络借贷平台对信息披露不到位，甚至故意捏造虚假项目信息。目前，中国人民银行对包括小额贷款公司等在内的金融机构逐步放开了个人征信系统，但并没有对民间借贷、P2P网络借贷等平台开放。建议行业监管部门或者行业自律组织建立统一的评级机制，借鉴国外发达国家的经验，设立规范个人信用评级标准，将个人基本信息、借贷信息以及消费信息等内容纳入标准。另外，中国人民银行加速对民间金融机构接入个人征信系统，也将有效防范普惠金融风险。

B.7 山东普惠金融发展与评价

孙国茂　王大雷　蒲　阳*

摘　要： 本报告构建的普惠金融评价体系由可获得性、使用情况、服务质量3个一级指标以及互联网基础资源指数、小微企业贷款获得率等13个二级指标构成，测度出2018年山东普惠金融发展指数为0.322072，全国排名第8。根据普惠金融评价体系结果，我们发现山东在普惠金融发展中存在一些需要解决的问题，如银行体系对普惠金融支持力度有待加大、保险业普惠作用难以发挥、数字经济下金融科技应用不足、金融机构服务质量和居民金融素养需要提升等。针对这些问题，本报告提出充分发挥银行业“领头雁”作用，发挥保险保障优势补齐财政短板，立足金融科技大力发展数字普惠金融，提高金融机构服务质量，积极发挥资本市场普惠金融功能等建议。

关键词： 普惠金融评价体系　可获得性　服务质量

2015年国务院发布的《推进普惠金融发展规划（2016～2020年）》（以下简称《规划》）明确指出：“普惠金融是指立足机会平等要求和商业可持续原则，以可负担的成本为有金融服务需求的社会各阶层和群体提供适当、

---

* 孙国茂，青岛大学经济学院特聘教授、博士生导师，研究领域为公司金融、资本市场、制度经济学。王大雷，齐鲁财富网研究中心研究员，研究领域为资本市场市值管理、普惠金融。蒲阳，北京科技大学硕士研究生，鲁信科技股份有限公司总经理、工程师。

有效的金融服务。”普惠金融概念自引入我国之后发展迅速，实践也非常广泛：在政策支持下小额信贷公司如雨后春笋般设立；商业银行等大型金融机构普遍设立普惠金融事业部，全面融入普惠金融体系建设，普惠金融急速发展；金融科技的崛起给予了普惠金融更广泛的创新应用（如手机银行、移动支付、众筹平台等）；2016 年杭州 G20 峰会上，我国主导通过了《G20 数字普惠金融高级原则》。在普惠金融发展路径上，我国逐渐从追随者成长为引导者，成为普惠金融发展中的一面旗帜。

随着我国普惠金融的发展，机构、技术（产品）、监管、基础服务和政策支持“五位一体”的普惠金融体系逐步完善，测度和评价各地区普惠金融发展水平，建立一套与中国金融现状相匹配的普惠金融指标评价体系不仅必要而且具有现实意义。《规划》提出要建立普惠金融指标体系：“在整合、甄选目前有关部门涉及普惠金融管理数据基础上，设计形成包括普惠金融可得情况、使用情况、服务质量的统计指标体系，用于统计、分析和反映各地区、各机构普惠金融发展状况。建立跨部门工作组，开展普惠金融专项调查和统计，全面掌握普惠金融服务基础数据和信息。”

通过建立普惠金融指标体系，反映普惠金融发展的实际状况，为制定普惠金融政策提供决策依据。建立科学合理且客观反映我国普惠金融发展水平的评价体系是我国学界近年来关注的重点之一。2016 年 12 月中国人民银行发布《中国普惠金融指标体系》，建立了中国普惠金融指标体系及填报制度，现包含使用情况、可得性、质量 3 个维度共 21 类 51 项指标，这是我国结合国际普惠金融体系与中国实际情况的一次探索。在《山东省普惠金融发展报告（2017）》中，我们以中国学者焦瑾璞构建的指标体系为基础，综合考虑国内外各指标体系以及我国的金融发展现实，利用专家打分法对相应指标重新赋权，从可获得性、使用情况和服务质量三个维度建立了新的指标体系，测算出 2016 年山东省普惠金融发展水平在全国 31 个省份（不含港、澳、台）中排名第 9，并分析出山东相对的短板在于互联网普及率、网络借贷综合竞争力、个人信用档案建档率和保险深度 4 个方面，与现实情况吻合度高。2018 年，《山东省普惠金融发展报告（2018）》对指标体系进行了适当更新和完善，测算出 2017 年山东省普惠金融发展指数在全国排名第 10，并发现造成山东省排名下滑的主要原因有三个方面：一是保险业发展程度不够，二是互联网金融发展不规范，三是山东商业银行普惠金融服务能力有待提高。2019 年，本报告对此前建立的普惠金融指标评价体系进行进一步完善，测度山东 2018 年普惠金融发展情况，并通过指标各项的对比，发现山东在普惠金融实践中存在的问题，为普惠金融发展提出可行性建议。

一　指标解析与指数测算

本报告在《山东省普惠金融发展报告（2018）》指标体系的基础上，出于对数据可获得性以及评价科学性、合理性等因素的考虑，对指标做了一定的修改和更新（见表 1）。第一，将互联网普及率指标替换为互联网基础资源指数（A1），通过各地区互联网资源禀赋来反映互联网发展水平以及普惠金融信息的可获得性；第二，鉴于 2018 年监管层严控互联网金融风险，网贷公司业务量萎缩，网贷行业景气度明显下降，在普惠金融发展中作用减弱，因此用小额贷款获得率（B4）替换原网络借贷综合竞争力，以表现普惠金融的使用情况；第三，随着数字经济的发展，为度量普惠金融重点关注的小微企业、贫困人口等群体利用金融科技在网络零售上所获得的便利性，添加了网络金融便利性（B5）指标；第四，用金融从业人员密度（C1）来代替个人信用档案建档率以衡量人们所能获得的服务质量；第五，将此前金融服务投诉率指标进一步广泛化，更新为金融机构不合规服务率（C2）。

指标体系构建和完善之后，需要确定不同指标对最终测算结果的影响，根据指标之间的重要性和结构关系来确定各指标的权重，我们采用层次分析法[①]初步确定指标权重，在此基础上对可获得性、使用情况、服务质量 3 个一级指标和互联网基础资源指数等 13 个二级指标，采用专家打分法赋权，具体指标以及权重如表 1 所示。

① 层次分析法权重测算步骤详见《山东省普惠金融发展报告（2017）》。

表 1　普惠金融评价指标体系及权重

一级指标	二级指标	权重(%)
可获得性 (总权重:40%)	互联网基础资源指数(A1)	15
	银行网点密度(A2)	10
	银行网点乡镇覆盖率(A3)	10
	助农取款服务点覆盖率(A4)	5
使用情况 (总权重:50%)	银行卡人均持卡量(B1)	10
	小微企业贷款获得率(B2)	10
	普惠信贷获得率(B3)	10
	小额贷款获得率(B4)	5
	网络金融便利性(B5)	5
	保险密度(B6)	5
	保险深度(B7)	5
服务质量 (总权重:10%)	金融从业人员密度(C1)	5
	金融机构不合规服务率(C2)	5

（一）指标解析

1. 可获得性指标

金融服务的可获得性是普惠金融发展的关键，现实中能够反映普惠金融可获得性的指标可能有很多，我们选取了互联网基础资源指数、银行网点密度、银行网点乡镇覆盖率和助农取款服务点覆盖率 4 个指标进行测度，可获得性指标在普惠金融指标评价体系中所占的权重为 40%。

（1）互联网基础资源指数

我们用互联网基础资源指数来衡量该地区互联网发展水平。该指数由地区的 IPV4、域名、网站、网页（去重后）4 个互联网基础资源指标占全国的比重，分别按照 25% 的权重进行加权得到。以互联网为基础的科技创新不断推动金融业效率提升，在金融业务精细化管理等方面发挥的作用越来越重要。2018 年，根据中国互联网络信息中心（CNNIC）发布的第 43 次《中国互联网络发展状况统计报告》，山东 IPV4 在全国占比为 4.89%，域名占比为 4.00%，网站占比为 6.10%，网页占比为 1.87%，经过加权计算后山东互联网基础资源指数为4.21，在全国排名第9，与广东（12.19）、浙江（7.57）、江苏（5.04）有明显差距，山东互联网基础建设还有待加强。

（2）银行网点密度

衡量金融产品可获得性的一个重要指标就是银行业金融机构的网点以及金融工具的分布。即便互联网发展迅速，人们尤其是普惠金融所应惠及的小微企业、农民、城镇低收入人群、贫困人群、残疾人、老年人等特殊群体还是习惯于从金融网点来获取金融服务，因此，银行网点密度就成为衡量金融可获得性的一个可量化的指标，这一指标的定义是每万人每万平方公里拥有的银行网点数。截至2018年底，山东银行业金融机构网点共有15320个，在数量上仅次于广东省（17285个）。但是考虑到地理以及人口因素，山东省银行网点密度仅为0.097061个/（万人·万平方公里），全国排名第19。

（3）银行网点乡镇覆盖率

普惠金融助力乡村振兴战略，就是要构建"基础金融不出村、综合金融不出镇"的服务优势，打通农村金融服务的最后一公里，《规划》提出："提高金融服务覆盖率。要基本实现乡乡有机构，村村有服务，乡镇一级基本实现银行物理网点和保险服务全覆盖，巩固助农取款服务村级覆盖网络，提高利用效率，推动行政村一级实现更多基础金融服务全覆盖。"在政策推动下，普惠金融服务覆盖面不断扩大，截至2018年底，银行网点乡镇覆盖率和基础金融服务行政村覆盖率均超过96%。与大多数省份一样，山东已实现银行网点乡镇全覆盖。

（4）助农取款服务点覆盖率

银行卡助农取款服务（简称"助农取款服务"）是指通过银行业金融机构在乡（镇）、村的指定合作商户服务点布放银行卡受理终端，向借记卡持卡人提供小额度取款和余额查询的服务。助农取款服务点的建设是中央进一步改善农村地区的支付服务环境、提升农村金融服务水平的一大举措，也是创新金融服务的有效载体和具体表现，对进一步完善农村金融服务体系，改善农村民生惠及千家万户，具有非常重要的现实意义。自开展以来，各金融机构大力响应，全国各地的助农取款服务点如雨后春笋般纷纷涌现。截至2017年底，全国银行卡助农取款服务点有91.4万个（其中，加载电商功能的13.98万个），覆盖51.56万个村级行政区，覆盖率达97.34%，村均1.73个。2018年底全国助农取款服务点已基本实现行政村全覆盖，2014年山东便实现了银行卡助农取款服务点行政村全覆盖。

2. 使用情况指标

使用情况指标包含银行卡人均持卡量、小微企业贷款获得率、普惠信贷获得率、小额贷款获得率、网络金融便利性、保险密度、保险深度7个二级指标，在整个普惠金融评价体系中所占比重为50%，主要用来衡量普惠金融所涉及的主体对这种金融服务的使用情况。

（1）银行卡人均持卡量

银行卡人均持卡量，即每人所持有的银行卡数量，用来反映人们对于银行类金融服务的使用情况。截至2018年底，全国银行卡在用发卡数量75.97亿张，同比增长13.51%。全国人均持有银行卡5.46张，同比增长12.91%。在银行卡人均持卡量指标上，我们发现山东、广东、浙江等发展水平较高的省份均明显高于全国平均水平。

（2）小微企业贷款获得率

小微企业贷款获得率，是用当年的小微贷款余额除以银行业金融机构贷款余额获得。我国小微企业数量众多且行业分布十分广泛，在经营管理上存在不规范问题，抗风险能力相对较差；小微企业金融服务存在覆盖率低、渠道单一、供给不足等现象。发展普惠金融，小微企业是主要的帮扶群体，2018年山东不断改进完善对民营和小微企业的金融服务，小微贷款余额15361.8亿元，其中普惠口径小微企业贷款余额较上年末增加723.4亿元，同比增长24.7%。

（3）普惠信贷获得率

普惠信贷获得率，是用涉农贷款余额除以银行业金融机构贷款余额得出，反映的是银行金融机构对普惠信贷的支持情况，尤其是农业、农村、农民实际获取情况。截至2018年末，全国银行业金融机构涉农贷款（不含票据融资）余额33.0万亿元，比2017年增长5.6%；山东涉农贷款余额为26303.8亿元，全国排名第3。

（4）小额贷款获得率

小额贷款获得率是用各地区小额贷款公司的贷款余额除以银行业金融机构贷款余额来计算，用来衡量地区小额贷款公司在普惠金融发展中所发挥的作用。2018年全国小额贷款公司贷款余额为9550.41亿元，山东小额贷款公司贷款余额为480.51亿元，占全国的比重为5.03%。小额贷款公司主要服务于中小企业以及低收入群体，是普惠金融实践的重要形式。

（5）网络金融便利性

网络金融便利性是用地区网上零售额除以该地区社会消费品零售总额来计算，数字经济下电子商务所形成的"线上+线下"的商业模式，降低了小微企业等普惠金融所涉及主体的经营成本，也提高了普惠金融的便利性和可持续性。2018年，山东实现社会消费品零售总额33605.0亿元，其中网上零售额3513.6亿元，比上年增长31.7%。

（6）保险密度

保险密度是用来反映某地区人民参加保险程度的指标，是按当地人口计算的人均保险费额，可以反映当地的经济发展状况和人民的保险意识。2018年全国保险公司保费收入共计38016.62亿元，同比增速为3.92%，比2017年的增速下降了14.23个百分点，全国保险密度为2724.46元/人。2018年山东实现保费收入2958.85亿元，保险密度为2946元/人，全国排名第7，高于全国平均水平。

（7）保险深度

保险深度指某地保费收入占地区生产总值（GDP）之比，这是一个相对比值，一般用来反映该地区保险业在整个国民经济中的地位。截至2018年末，山东实现保费收入2958.85亿元，同年GDP达7.65万亿元，山东保险深度为3.87%，低于全国平均水平4.22%。保险业在山东经济发展中的地位较低，与省内居民保险意识不强有一定关系。保险所特有的保障与补偿特性在普惠金融发展中的作用十分突出，补足保险发展短板，山东应予以重视。

3. 服务质量指标

服务质量指标由金融从业人员密度以及金融机构不合规服务率两个指标构成，指标所占比重为10%。金融机构提升普惠金融的服务质量，形成普惠金融服务标准，是做深、做实普惠金融的内在要求。

（1）金融从业人员密度

金融从业人员密度用每万人中银行业金融机构从业人数来计算。一般而言，银行业金融机构在某地区内分布越多，相应地区银行业从业人员越多，企业和居民可获取金融服务的便捷性以及服务质量都会越高。2018 年山东银行业金融机构人员有 24.66 万人，银行业金融机构从业人员数量在全国排名第 5。受山东人口基数较大的影响，山东金融从业人员密度为 24.55 人/万人，全国排名下滑至第 22 位。

（2）金融机构不合规服务率

金融机构不合规服务率，本报告用中国银保监会各省份监管局以及中国证监会各省份证监局所披露的行政处罚数量与地区内银行、证券、保险等金融机构数量的比值来计算。《规划》提出，要规范金融机构经营行为，有效降低金融服务投诉率，进一步提高小微企业和农户申贷获得率和贷款满意度。根据统计数据测算，2018 年山东银行、保险、证券等金融机构不合规服务率为 2.42%，全国排名第 7。山东各金融机构只有合法合规经营才能有效提升普惠金融所服务主体的满意度，才能更有效地化解普惠金融发展过程中存在的风险。

（二）指数计算

由于各个评价指标的计量单位和经济意义不同，不具有直接可比性，因此采用线性阈值法，即通过指标实际值与阈值相比得到指标评价值的方法，对所有指标的数据进行无量纲化处理，计算公式为：

$$P_i = w_i(x_i - m_i)/(M_i - m_i)$$

其中，P_i 表示第 i 个指标的无量纲测度值，w_i 表示第 i 项指标权重，x_i 是实际的测度值，M_i 和 m_i 分别表示第 i 个指标的最大值和最小值。根据各指标的权重、无量纲化处理值、最大值、最小值等数据，用欧式距离法计算出年度各省份的普惠金融发展指数，具体计算公式如下：

$$IFI = 1 - \sqrt{(w_1 - p_1)^2 + (w_2 - p_2)^2 + \cdots + (w_N - p_N)^2}/\sqrt{w_1^2 + w_2^2 + \cdots + w_N^2}$$

报告以各省份的统计公报、区域金融运行报告、支付行业发展报告、银行业发展报告、保险业发展报告，以及政府相关部门在各种会议、新闻发布会上的讲话等网络公开资料等作为数据来源，整理出全国 31 个省份（不含港、澳、台）2018 年的指标数据，最终计算出全国各省份普惠金融发展指数（见图 1）。通过 2018 年普惠金融发展指数情况可以看出，全国各省份的普惠发展水平存在较大的差异，其中北京 2018 年普惠金融发展指数为 0.467032，全国排名第一，东部地区省份的普惠金融发展指数在全国的排名明显靠前。山东作为东部地区的经济大省，普惠金融发展指数为 0.322072，全国排名第 8，似乎与国民经济发展水平不相匹配，说明山东在普惠金融发展方面存在较多需要改进之处。

二　山东普惠金融发展评价

2017 年 6 月，山东省人民政府出台《关于推进普惠金融发展的实施意见》，这是在国务院出台普惠金融发展规划后，全国首个关于普惠金融发展的省级文件，该文件提出："到 2020 年，建立与我省全面建成小康社会相适应的普惠金融组织机构体系、产品服务体系、扶持政策体系、消费者保护体系和协调保障体系，努力实现普惠金融服务能力和服务水平走在全国前列，使最广大人民群众公平分享金融改革发展的成果。"普惠金融是山东新旧动能转换工程中重点发展的金融服务领域，2018 年 1 月国务院批复《山东新旧动能转换综合试验区建设总体方案》中进一步提出要增强金融服务实体

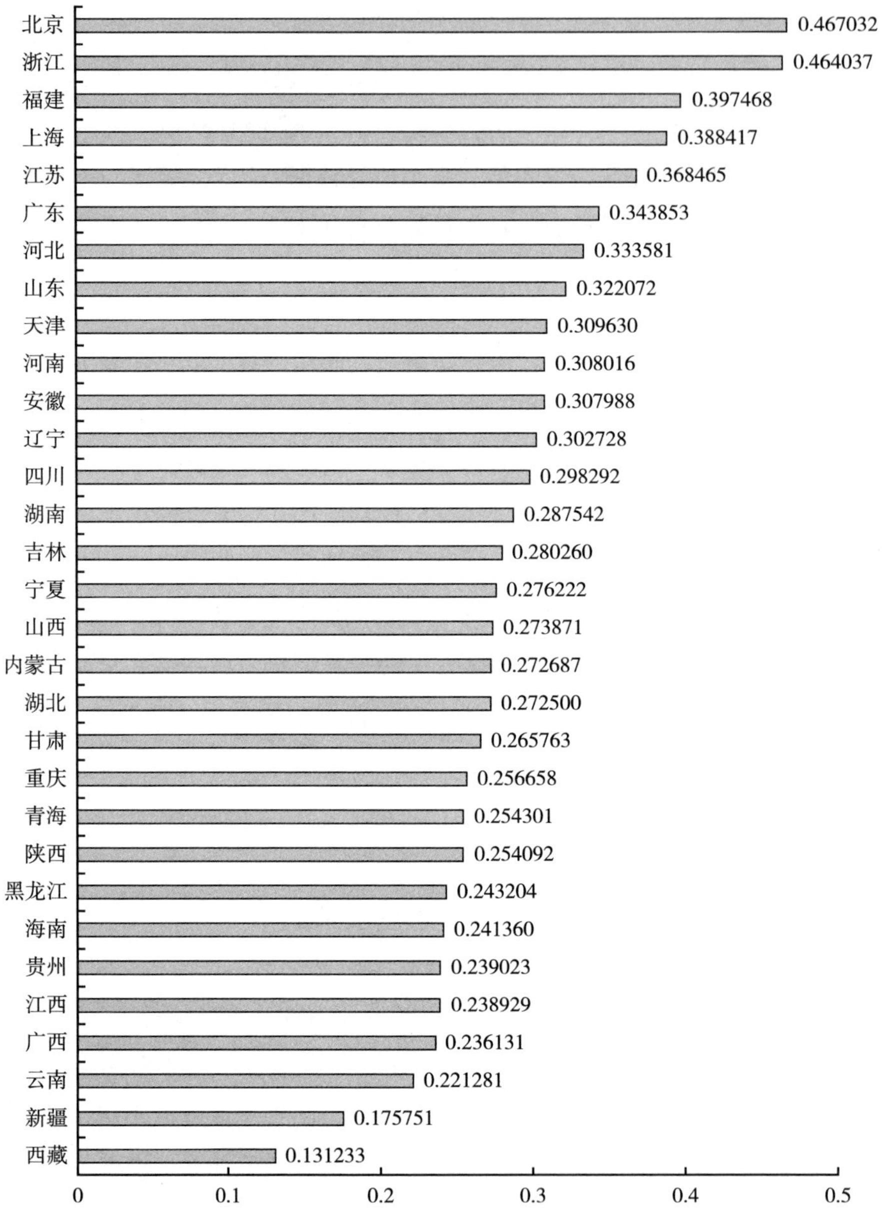

图1　普惠金融发展指数（2018年）

资料来源：中国银保监会及各省份监管局、区域金融运行报告、各省份统计公报、第43次《中国互联网络发展状况统计报告》、Wind、齐鲁财富网，部分数据根据网络公开数据整理。

经济能力，加快发展普惠金融，规范发展小额贷款公司、融资担保公司、融资租赁公司，深入开展新型农村合作金融试点，支持按程序开展普惠金融改革，探索完善区域普惠金融服务体系。山东普惠金融体系逐渐健全，以普惠金融可获得性、可负担性、多样性和商业可持续性为方向的创新举措（如开展普惠金融示范区等）值得肯定和坚持，但是通过与广东、江苏、浙江进行四省普惠金融发展指数的对比发现，山东普惠金融发展中依然存在诸多问题亟待解决。

（一）四省普惠金融发展指数对比

之所以选取广东、江苏、浙江与山东进行对比是由于以下 3 个方面的原因：第一，四省均属于经济强省，GDP 排名多年位列前四，且都位于沿海地区，经济联系较为密切；第二，以传统产业为主的山东已进入新旧动能转换阶段，其余三省经济结构转变时间较早，可为山东提供借鉴经验；第三，山东民营经济发展相对滞后，三省可为山东弥补短板提供参考。从普惠金融发展指数对比来看（见图 2），浙江普惠金融发展指数明显高于其他三省，其次是江苏，山东排名垫底。相对而言，在普惠金融发展上山东较容易追赶的目标是广东。

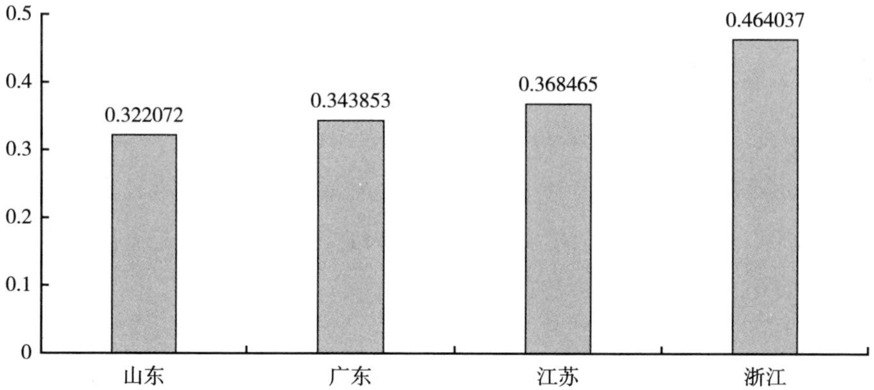

图 2　四省普惠金融发展指数对比（2018 年）

从可获得性指标上看，山东互联网基础资源指数仅为4.21，在四省中垫底，排名最高的是广东（12.19），可见山东互联网基础相对薄弱。山东经济发展处在新旧动能转换的关键时期，要推动互联网技术与普惠金融发展深度融合，应该从互联网基础和重点抓起，合理充分利用金融科技才能使得金融资源得到更多的普惠应用。另外，对可获得性指标影响较大的是银行网点密度，2018年山东银行网点密度0.097061个/（万人·万平方公里），四省排名第三，与浙江、江苏的差距较大。这从一个方面反映山东金融业不够发达，金融基础设施建设有待完善。

反映普惠金融使用情况的7个二级指标中，造成四省差距的主要是在小微企业贷款获得率、保险密度两个指标上。从小微企业贷款获得率来说，2018年江苏、浙江的小微企业贷款余额均在3万亿元以上，广东也超2万亿元，而山东的小微企业贷款余额为1.54万亿元，从规模上来说与其他三省还有明显差距。普惠金融发展中，银行业金融机构对小微企业的支持力度还有待进一步加大。从保险密度上看，反映出山东保险业发展较为落后的现实，这也是山东金融业发展的历史问题。2018年山东保险密度为2946元/人，远低于广东（4111元/人）、江苏（4120.5元/人）、浙江（3962元/人）。保险本身自有普惠属性，山东较低的保险密度显示出山东金融消费者所能获取的保险产品和服务不足，这必然不利于山东普惠金融发展水平的提高。

从两个服务质量指标来说，四省中只有山东每万人中金融机构从业人员数低于30人，此外山东金融机构不合规服务率四省最高，为2.42%，山东金融服务水平需要进一步提升，引导普惠金融向更高质量发展，在强调为有金融需求的群体提供平等金融服务机会的基础上，进一步提升金融服务的质量，营造良好的金融生态。

（二）普惠金融评价体系反映的问题

1.银行业对普惠金融支持力度有待加大

从银行业机构数量、涉农贷款余额、小微企业贷款余额等几项指标来看，虽然就总量而言山东在全国处在前列，但是山东需要普惠性金融服务的群体基数较大，各项数据平均之后在全国往往处在落后的状态。值得注意的是，2018 年江苏、浙江的小微企业贷款余额均在 3 万亿元以上，广东也超 2 万亿元，而山东的小微企业贷款余额为 1.54 万亿元，反映出在银行业对普惠金融的支持力度上山东与先进省份有明显差距，山东银行体系在普惠金融实践中，要继续加大对“三农”、小微企业等群体的支持力度。

2. 山东保险业普惠作用难以有效发挥

从保险密度、保险深度指标来看，2018 年山东保险密度为 2946 元/人，与江苏、浙江等先进省份存在较大差距，保险深度为 3.87%，低于全国平均水平。山东保险业发展水平不高，保险资金在涉农、扶贫等普惠金融领域所能触及的深度也就十分有限；山东人民对保险必要性的认识不足，保险所具有的扶贫和规避风险的双重普惠作用也就难以有效发挥。

3. 金融科技在普惠金融发展中应用不足

随着互联网普及率的提升，我国数字经济快速发展。从互联网基础资源指标对比来说，山东互联网基础相较于发达省份还较为薄弱，在新旧动能转换工程推行中，山东应加快互联网行业的发展速度。“互联网 +”、电子化支付、大数据等金融科技手段日益普及和运用大大提升了普惠金融发展的便利性和针对性。但是从网络金融便利性指标来看，2018 年山东实现网络零售额为 3513.6 亿元，四省中浙江的网络零售额为 16719.0 亿元，是山东的 4.76 倍，在提高普惠金融的便利性上，山东有很大的提升空间。进一步来说，数字经济下山东金融科技运用不足，数字普惠金融在山东的发展必然受到制约。

4. 金融机构服务质量以及居民金融素养有待提升

从普惠金融评价体系服务质量指标来看，山东金融机构不合规服务率较高，全国排名第 7，只有合法合规经营才能有效控制金融风险的发生，这是普惠金融发展的前提条件。金融服务质量不仅依赖于物质条件，可改变弹性较大，金融机构应致力于提供群众满意的高质量金融服务，切实担负起受理、处理金融消费纠纷的主体责任，这也是普惠金融发展的必然要求。另外，金融机构不合规服务率居高不下也从侧面反映出山东居民的金融素养有待提升。针对群众特别是弱势群体，应该将金融知识普及活动常态化，提高其金融素养和风险防御能力。

三 山东普惠金融发展建议

山东坚持以习近平新时代中国特色社会主义思想为指导，深入贯彻落实党的十九大精神，巩固普惠金融发展成果，解决普惠金融发展中遇到的难题，更好服务实体经济，使金融发展成果惠及更广大人民群众。为了推动全省普惠金融向更高质量发展，满足更多普惠主体的金融服务需求，针对普惠金融评价指标体系发现的山东在普惠金融发展中的问题，本报告提出以下建议。

（一）充分发挥银行业“领头雁”的作用

按照党中央、国务院战略布署和金融监管要求，在普惠金融发展中，商业银行等大型金融机构要做出表率，利用政策优势，加大对省内扶贫开发、棚户区改造、新型城镇化、农业农村基础设施等项目建设的支持力度。鼓励大中型商业银行建设面向“三农”、小微企业的专营机构，创新丰富小微金融服务内容，提高小微企业的首贷获得率，形成小微金融服务标准，努力扩大机构对小微企业提供服务的规模。在支持中小银行设立社区银行、小微银行的同时，进一步加强对已设立的社区银行、小微银行的管理，增加人才投入，提高服务品质。在涉农贷款方面，大力支持银行业金融机构向县域和基层延伸，提升针对“三农”的金融服务水平，同时引导银行稳步推进小额涉农贷款业务，循序渐进地扩大涉农贷款的业务覆盖范围。明确城市商业银行以及农村商业银行的定位，强化服务地方、服务中小企业、服务社区的市场定位，结合贫困地区的实际需求，优先下沉深度贫困地区的金融网点，实现县域网点全覆盖。

山东银行业在业务推进中，应积极进行普惠金融实践，优化信贷审批流程，创新小微企业信贷产品，开发小微企业定制专项产品，探索建立小微企业金融服务综合评价指标体系，丰富小微企业业务模式，在提高服务质量的同时降低小微企业的融资成本；研究落实农村存款主要用于农业、农村的具体可行措施，向农业农村基础设施建设、新型城镇化等重点领域投入更多的金融资源，以切实达到普惠金融发展的助农目的。

在商业银行开展普惠金融业务时，地方金融监管部门应当发挥协调和引导作用，既要重视银行新增运营物理网点的成本问题，又要做好合理规划，避免银行的盲目扩张，切实体现普惠金融的发展理念。在强调公平的同时也要兼顾效率，精耕细作达到银行普惠金融的商业可持续性。政府要研究制定好评价标准，划定奖励范围，对于普惠金融业务开展成效较好的银行业金融机构，灵活调整宏观审慎评估的参数，加大再贷款、再贴现支持力度；鼓励银行业金融机构用足、用好普惠金融定向降准政策，加大对“三农”、小微企业的信贷投放，增强银行业金融机构服务民营和小微企业的能力，发挥好大型银行业金融机构的“领头雁”作用。

（二）发挥保险保障优势补齐财政短板

政府在制定普惠金融发展政策时，应考虑引入保险机制和工具作为常规制度性安排，形成与财政政策的互补关系。对山东各保险机构的普惠保险运行状况进行定期考评，把考评结果作为差异化监管的重要考量依据，在税收减免、财政补贴、信息共享、宣传推广等方面加大对考评分数较高的保险公司的支持。另外，要鼓励保险公司从简单的、单一的普惠保险产品设计开始进行试点，之后逐渐丰富普惠保险产品和内容。通过加强窗口指导、适当降低业务资质要求等方式，支持和吸引各类资本在山东发起或参股设立专业化、特色化法人保险机构，加大对农村保险服务网点的投入。鼓励山东辖内保险网络下沉延伸，推进保险人员、产品、服务“三下乡”，健全“三农”保险服务体系。引导保险机构到贫困地区开办业务，完善补偿机制，鼓励商业保险机构为残疾人等特殊群体、经济困难及低收入人群提供更多保险服务，降低起付线、放宽报销范围，提高普惠保险产品的覆盖率和可及性，在此基础上开辟普惠保险绿色通道，提高报销水平，提升理赔的效率以及公众的信赖度。

在保险知识普及方面应突出保险行业特质，而不是泛化于其他经济金融概念，培养公众尤其是普惠金融要重点惠及的弱势低收入群体的风险管理意识和保险意识；帮助弱势群体了解其本身所面临的风险与保险必要性，在知识普及的同时与保险产品相结合，在产品推广的同时也能够收集公众的需要，有助于保险产品的改进创新。

（三）立足金融科技大力发展数字普惠金融

北京大学数字金融研究中心发布的《北京大学数字普惠金融指数（第二期）》提出："中国数字普惠金融从 2011 年到 2018 年实现了跨越式发展，数字普惠金融为经济落后地区实现普惠金融赶超提供了可能，并为广大中低收入和弱势群体获得覆盖更广、使用深度更大的金融服务奠定了基础。"山东应立足数字经济的规模优势，积极运用互联网、电子支付、大数据等金融科技手段，大力发展数字普惠金融，充分发挥与传统金融的比较优势，实现优势互补，构建起运行更加高效、线上和线下共同发展的普惠金融产品服务体系。

山东金融机构应充分认识金融科技促进普惠金融发展的"催化剂"作用，借助金融科技的超地理特性，扩大服务范围，延伸服务半径；利用金融科技精准识别、精细管理、精确服务目标客户的特点，提升服务质量和服务效率；运用技术创新缓解普惠金融发展过程中存在的信用、信息不对称和动力问题，降低服务门槛和服务成本，提高普惠金融发展的可持续性。在数字普惠金融发展过程中，不断完善金融科技的监管框架和法律框架，平衡技术发展与金融风险的关系；在加快山东互联网等基础设施建设的同时要加强对基础数字技术的知识普及，避免出现"数字鸿沟"现象；加强对弱势群体的金融知识普及以及对金融消费者的权益保护。

（四）完善相关机制，提高金融机构服务质量

为提高金融机构服务质量，在物理条件上要持续完善普惠金融基础设施，着重建立健全普惠金融信用信息体系，加大落实《山东省社会信用体

系建设工作方案》力度，建立健全农村和小微企业征信数据库，加快推进农户、城镇低收入人群以及小微企业等普惠金融帮扶对象的信用档案收集，提升金融机构为帮扶群体提供服务的精准性。

完善金融消费者权益保护协调机制、金融消费者权益争议处理机制和监管执法合作机制。强化对金融消费者的权益保护和金融教育，普及金融专业知识，是发展普惠金融的一个重要方面，在评价普惠金融发展情况时，要把能否有效解决金融消费者的投诉作为衡量普惠金融发展程度的重要指标，提供令金融消费者满意的高质量金融服务是发展普惠金融的目的。

普惠金融发展需要建立补偿机制，在明确普惠金融发展“普惠”的同时，更要注重商业的可持续性，“普惠”不是慈善公益。普惠金融与一般业务相比，潜在的风险较大，而收益性相对较差，如普通农户、小微企业的资金需求基本较小，但是成本和大额贷款相差无几。针对金融机构“不敢贷、不愿贷、不会贷”的问题，要健全政府财政的补偿机制，比如推动政府设立普惠金融服务基金，探索建立地方财政出资的涉农信贷风险补偿基金，强化担保代偿能力，逐步健全政府扶持、多方参与、市场运作的普惠金融信用担保机制，规范和支持民营担保机构发展。在风险可控、依法合规的条件下，继续进行普惠金融创新先行试点，探索发挥基层组织在推进普惠金融发展中的作用。密切关注普惠金融领域的信贷风险，重点关注片面追求贷款规模和覆盖面、以扶贫名义过度举债等可能存在的风险。

（五）积极发挥资本市场的普惠金融功能

山东在发展普惠金融过程中，除了发挥大型银行的“领头雁”作用，还要积极发挥资本市场的普惠金融功能。与银行业金融机构不同，资本市场灵活多变，对风险的接受度较高，与中小微企业发展不稳定的特质契合度高，资本市场更善于通过市场化运作方式，发现和培育中小微企业的发展潜力，这是资本市场为中小微企业提供金融服务的天然优势。山东应加快多层次资本市场建设，支持中小微企业、涉农企业在资本市场上市或在新三板、区域股权交易中心挂牌，培育壮大挂牌上市企业主体，以此拓宽企业融资渠道，提高直接融资比例，来满足中小微企业、涉农企业的资金需求。资本市场除了能为中小微企业发展带来所需的资金，其股权激励、管理咨询等服务也可以帮助中小微企业形成良好的激励机制，完善治理结构，较快形成竞争优势，这有助于提升普惠金融发展的可持续性。

山东省政府应支持发展以政府出资为主的融资担保机构或基金，在考虑风险承担能力前提下，发动其引领带动作用，重点支持小微企业和“三农”发展。要规范发展小额贷款公司、融资担保公司等新型金融机构，合理运用社会资本，壮大资本实力，找准主要服务小微企业和“三农”的市场定位，发挥小额、分散、便捷的优势，提升普惠金融服务能力，更好满足小微企业和涉农企业设备投入与技术改造的融资需求。

B.8
山东农村商业银行普惠金融报告

山东省农村信用联合社信贷管理部　褚真真*

摘　要： 2018年，中国人民银行、财政部等多部门出台了多项优惠政策，推动普惠金融发展。为展现山东省农村商业银行开展普惠金融业务现状，本报告以全省110家农村商业银行作为重点研究对象，从发展现状、服务主体、服务领域、服务特点、履行社会责任等方面来体现其普惠金融服务能力。作为全省农村商业银行的管理、指导单位，山东省农村信用社联合社紧抓政策落实，引导各农村商业银行对普惠金融重点领域进行支持，以县域小微企业、民营经济和新型农业经营主体为重点服务对象，推动普惠金融服务乡村振兴战略、服务海洋强省战略、服务军民融合战略、扎实开展精准扶贫工作、服务大众创业和万众创新。全省农商行系统基本搭建完成了以“三个平台、一个支付”为主体的金融生态圈，加快推进线上网点业务和线下网点转型，并推出了线上办贷产品“信e贷”，大力拓展零售业务，持续提升客户体验。

关键词： 农村商业银行　小微企业　乡村振兴　海洋强省

发展普惠金融是党中央、国务院提出的战略部署，有利于促进金融

* 褚真真，齐鲁财富网研究中心高级研究员，研究领域为普惠金融、中小企业。

业可持续均衡发展，推动经济发展方式转型升级，增进社会公平与社会和谐，引导更多金融资源配置到经济社会发展的重点领域和薄弱环节。对山东区域经济发展而言，大力发展普惠金融，是金融业支持新旧动能转换、增强服务实体经济能力的重要体现，是缓解农村金融服务需求和金融供给不平衡不充分之间矛盾的重要途径，是打造乡村振兴齐鲁样板的必然要求。2018 年，国家各部委围绕发展普惠金融出台了多项优惠政策。6 月 24 日、25 日中国人民银行分别下调部分银行存款准备金和支小再贷款利率，支持普惠金融发展。同时经国务院同意，中国人民银行等多部委联合印发《关于进一步深化小微企业金融服务的意见》（银发〔2018〕162 号），增加支小支农再贷款和再贴现额度。其中，中国人民银行将释放超过 4500 亿元资金用于普惠金融。2018 年 9 月 5 日，财政部、国家税务总局下发《关于金融机构小微企业贷款利息收入免征增值税政策的通知》，其中规定自 2018 年 9 月 1 日至 2020 年 12 月 31 日，对金融机构向小型企业、微型企业和个体工商户发放小额贷款取得的利息收入免征增值税。2018 年 10 月，中央财政下达 2018 年普惠金融发展专项资金 100 亿元，比 2017 年增加 23 亿元，在多政策作用下，普惠金融对实体经济的服务能力不断增强。中国人民银行发布的《2018 年金融机构贷款投向统计报告》显示，截至 2018 年末，人民币普惠金融领域贷款余额 13.39 万亿元，比 2017 年增长 13.8%，增速比 2017 年高 5.30 个百分点；全年增加 1.62 万亿元，比 2017 年多增 6958.00 亿元。全国普惠金融取得快速发展，山东也在普惠金融方面取得显著成效。为全面展现山东普惠金融发展现状，本报告以全省 110 家农村商业银行作为重点研究对象，从发展理念、服务对象、服务领域、服务主体等方面来体现其普惠金融服务能力。

一　山东农村商业银行发展现状

2016 年 9 月，全省原有 134 家农村信用合作联社（农村合作银行）改制为110家农村商业银行，接受山东省农村信用社联合社①的管理、指导和协调。至此，山东省成为全国第4个全面完成银行化改革的省份。目前，全省110家农村商业银行共有营业网点6165个、干部员工9.44万人，是全省营业网点最多、从业人员最多、服务范围最广、资金规模最大的金融机构。2018年，山东农村商业银行系统坚持以党的十九大精神和习近平新时代中国特色社会主义思想为指导，紧紧围绕山东省委、省政府的工作部署，结合系统实际，坚持稳中求进的工作总基调，坚守服务“三农”和实体经济的经营宗旨，深化改革，推动转型，防控风险，强化服务，各项工作取得积极成效（见表1）。

表1　山东农村商业银行发展现状（2018年）

特点	现状
规模不断壮大	截至2018年底,全省农村商业银行各项资产总额22640亿元,比2017年增加1129亿元,增幅5.25%;净资产总额1706亿元,比2017年增加137亿元,增幅8.73%
存款贷款余额不断增长	2018年,各项存款余额17936亿元,较年初增加1347亿元,增幅8.12%,市场占有率18.6%,新增市场占有率24.97%。各项贷款余额11702亿元,较年初增加1262亿元,增幅12.09%,市场占有率15.04%,新增市场占有率18.51%。存、贷款规模均居全国农信系统第四位,继续保持全省银行业首位
经营效益不断提高	2018年,全省农村商业银行累计实现各项收入1111亿元,比2017年增加52.7亿元,增幅4.98%;累计各项支出945.8亿元,比2017年增加50.8亿元,增幅5.67%;拨备前利润383亿元,比2017年增加19.4亿元,增幅5.33%;净利润109.8亿元,比2017年增加5.6亿元,增幅5.41%

资料来源：山东省农村信用社联合社、齐鲁财富网。

① 山东省农村信用社联合社于2004年6月正式挂牌成立，为股份合作制金融企业，依据省政府的授权，履行对全省农村商业银行的管理、指导、协调、服务职能。目前，山东农商银行内设20个部（室）、中心，有在岗员工972人（含信息科技部、济南科技中心、黄岛科技中心及章丘研发基地人员）。下设14家派出机构，其中13家办事处（济南、淄博、东营、烟台、济宁、泰安、威海、日照、滨州、德州、聊城、临沂、菏泽）、1家审计中心（枣庄），另有1家市联社（潍坊），对辖内农商银行履行行业管理职能。

2018年，山东省农村信用社联合社党委组织理论中心组学习，由班子成员带队分赴广东、浙江、江苏、福建、安徽、河南等地进行考察学习，结合全省农村商业银行实际，确定了“123456”的总体工作思路：“1”是坚持以党的建设为统领；“2”是坚守服务“三农”和实体经济发展的经营宗旨；“3”是深化山东农村商业银行、派出机构和法人机构“三级改革”；“4”是紧抓防范化解金融风险、服务乡村振兴战略及金融精准扶贫、支持新旧动能转换重大工程、资金组织“四项重点工作”；“5”是力推干部人才素质提升、信贷结构调整、资金业务规范、经营网点发展、核心银行系统升级“五大转型工程”；“6”是做强行业审计、信息科技、资金清算、教育培训、法律服务、电子商务“六大平台”。通过持续深化改革，山东农村商业银行系统持续拓宽线上、线下融合发展的普惠金融服务渠道，系统打造全面多元的综合金融服务，结合差异化市场需求与客户自身特质提供有针对性的服务方案，对小微企业、民营经济和新型农村经营主体的普惠金融服务能力不断提高。

二　山东农村商业银行普惠金融服务主体

2018年4月，国务院召开常务会议，部署对银行普惠金融服务实施监管考核，确保全年实体经济融资成本下降。会议指出，要抓紧完善普惠金融服务保障体系，加强信用信息系统建设，支持银行制定专门的普惠信贷计划、安排专项激励费用、细化尽职免责办法，探索小微企业中长期固定资产贷款、新型农业经营主体设施抵押贷款、扶贫金融等产品创新，确保单户授信1000万元以下的小微企业贷款增速不低于各项贷款增速、贷款户数不低于上年同期水平，合理控制小微企业贷款质量和贷款综合成本，使普惠金融助力小微企业发展和脱贫攻坚。

山东省农村信用社联合社紧抓政策落实，从两个方面落实普惠金融服务。一方面，引导各农村商业银行加强对普惠金融重点领域的支持，聚焦小微企业中的相对薄弱群体。在银行业普惠金融重点领域贷款统计指标体系的基础上，以单户授信总额1000万元以下（含）的小微企业贷款为考核重点，努力实现“两增两控”目标：“两增”即单户授信总额1000万元以下（含）小微企业贷款同比增速不低于各项贷款同比增速，有贷款余额的户数不低于上年同期水平；“两控”即合理控制小微企业贷款资产质量水平和贷款综合成本（包括利率和贷款相关的银行服务收费）水平。另一方面，实现涉农贷款增幅高于各项贷款增幅的目标。涉农贷款是指所在区划类型为县域的农村商业银行发放的农户贷款、农村企业及各类组织贷款、城市企业及各类组织涉农贷款、非农户个人农林牧渔业贷款。

（一）服务县域小微企业和民营经济

针对民营企业大多属于小微企业的实际，山东农村商业银行系统以单户500万元（含）以下的小微企业贷款和微型企业主、个体工商户、新型农业经营主体的经营性贷款为投放重点。信贷资金优先向乡村振兴、新动能产业等领域的民营企业倾斜，确保实现“三个高于、一个压降”，即：新增民营企业贷款占新增公司类贷款比例高于2/3，500万元（含）以下民营企业贷款增速高于公司类贷款平均增速，民营企业贷款户数高于上年同期，逐步压降民营企业贷款综合成本。为实现这一目标，推出如下政策措施。

1. 构建立体化信贷支持机制

山东农村商业银行系统对企业的评价重市场、重资产、重规模，对符合当地产业、环保、土地政策，信用良好，经营有保障，还款资金来源充足的民营企业加大信贷支持力度。对民营企业的贷款调查，除了分析财务指标，还要关注非财务指标，注重水表、电表、税表或海关报表“三表”，注重人品、产品、抵押品“三品”，注重人流、物流、现金流“三流”，再整合政府、工商、税务、商会等部门的相关数据，解决民营企业信息不透明、不对称问题。

对接民营经济主体的差异化需求。对小微企业主推土地房产、钢结构、机器设备、大型农机具、法人客户房产按揭等抵押业务，以及收费权、应收账款等质押业务。对行业分散、财务制度不健全、有效抵质押物不足的小微企业，以现金流为主要授信依据，通过企业法定代表人、主要股东、实际控制人或出资人、合伙人的家庭财产及其家庭成员担保等方式，办理“微型企业主贷”“家庭亲情贷”，支持小微企业做大做强。针对资金需求急、频、快的特点，在风险可控的前提下有效缩短贷款审批链条，积极开展“循环贷”等业务。对个体工商户主推“信e贷”“家庭亲情贷”“免评估抵押贷”，满足不同层次商户的资金需求。对沿街商铺划分营销网格，开展全覆盖走访，掌握客户基本信息；按行业总结经营规律和资金需求时点，开展季节性营销。对专业市场，通过市场管理方、行业协会等获取用户信息，推行整体批量授信，筛选经营稳健、效益好的客户进行重点支持。对新型农业经营主体主推“大棚贷”“家庭农场贷”“订单农业贷”等产品。对照省、市、县新型农业经营主体示范名单，主动上门服务。借助信用工程建设，通过乡镇政府、村“两委”全面掌握辖内农业经营主体名单及基本信息，逐一对接走访，摸清发展规模、经营状况、资金需求，对特色产业、优势产业重点支持。

推动民营企业转型升级。围绕省政府实施的高新技术企业倍增计划，对高新技术企业推广股权、知识产权、出口退税账户等质押业务，拓宽融资渠道。支持民营企业拓展国内外市场。对产品辐射“一带一路”沿线国家及新兴市场的民营企业，积极提供信用证、押汇、票据贴现等贸易融资，以及外汇结算等服务。对民营企业引进的优秀职业经理人、高技术人才等，通过“信e贷”线上信贷产品等满足其生活消费需求，同时提供“智e付”、存款理财等网上金融服务，解决其后顾之忧。

降低民营企业融资成本。以银行业市场乱象整治专项行动为契机，进一步严格执行“七不准”“四公开”要求，公布涉企收费目录清单，继续深入整治不合规、不合理融资收费。依法承担贷款业务及其他服务中产生的尽职调查、押品评估、登记等相关成本，不得将经营成本以费用形式转嫁给民营经济主体。强化落实“两禁两限”规定，禁止对小微企业贷款收取承诺费、资金管理费，严格限制向小微企业收取财务顾问费、咨询费。按照收益覆盖风险原则，合理设定小微企业贷款利率，切实降低小微企业融资综合成本。

2. 构建多层次主动服务机制

深入开展“便捷获得信贷”活动。山东农村商业银行系统深入开展“便捷获得信贷”专项活动，建立限时办结制度，明确业务流程和各环节办结时限，提高贷款发放效率和服务便利度。不断畅通申贷渠道，加大微信公众号、96668 客服电话宣传力度，提升转办效率，构建多渠道、低成本、高效率的申贷体系。同时，加强与工商、不动产登记中心等部门的沟通，缩短抵质押登记时间，实现“一站式”办结。

增强综合金融服务能力。山东省农村信用社联合社指导辖内各农村商业银行切实树立服务意识，改进工作作风，为民营经济主体提供融资、结算、代发工资、“智 e 付”、电子商务等一揽子金融服务。为创业园区、重点项目制定综合服务方案，积极提供信息咨询和财务顾问服务，引导企业合理负债、完善财务制度、提高信用等级，主动遵守生态环保、安全生产等方面的法律法规和制度规定，弘扬企业家精神，承担社会责任。

助力民营企业走出困境。山东省农村信用社联合社尊重民营企业创新创造主体地位，指导辖内各农村商业银行加强对企业生产经营规模、周期特点、资金需求的分析测算，科学设置贷款期限、还款方式，避免贷款在同一时间特别是月末、季末集中到期而引发企业资金紧张，建立“分还续贷”“无还本续贷”企业名单制度，根据企业需求提前开展贷款审查和评审，理顺业务流程，实现贷款到期后无缝续贷，缓解企业筹集过桥资金的压力。对暂时遇到困难、具有发展前景、生产经营正常的民营企业，不盲目断贷、抽贷、压贷。

3. 构建全流程支持保障机制

创新民营企业融资增信手段。山东农村商业银行系统加强与地方政府及有关部门、行业协会、融资性担保机构、保险公司、工业园区等的信息交流和沟通合作，努力推进政银企合作，全面落实支持乡村振兴暨新旧动能转换战略合作协议，确保各项政策落实。山东省农村信用社联合社加强与省农业发展信贷担保公司及其办事处的合作，指导各农村商业银行定期筛选从事农业规模经营的个人和经营主体，大力推广“鲁担惠农贷”业务，贷款额度在50万元以内的，采用“快易贷”等线上方式办理。深入推进与财政及保险公司合作，推广“政银保”业务，发挥保险增信分险功能，共同扶持民营企业发展。加强与人社部门合作，共同推动“创业担保贷”业务，发挥贴息优势，减轻创业主体负担。加强与国土、农业等部门的对接，以农村集体产权制度改革、农村土地制度三项改革等为契机，探索推广“双保惠农贷”、“两权抵押＋担保”、农村集体经营性建设用地使用权抵押、农村集体资产股权质押等多样化贷款模式。跟进与财政、海洋渔业等部门的合作，推广“海洋牧场财政担保”模式，推动“海上粮仓”建设。积极与知识产权评估中心、股权交易中心等第三方机构的对接，理顺知识产权、股权质押等新业务流程。

深入推动管理机制建设。山东农村商业银行系统以网点转型和公司贷款集中管理为基础，强化综合网点人员配备和能力提升，专业人干专业事，发挥“小、快、灵”的传统优势，提高服务效率；开办零售贷款业务的基本型网点配足营销人员，形成专业化的民营经济服务团队，确保一线客户经理占比高于30%。同时，精简办贷资料，全面推行“无纸化”办贷，提升客户体验。结合区域信用环境、贷款管理水平等因素，实行差别化授权，缩短审查审批链条。优化信贷评审技术，提升大数据分析能力，进一步推广独立审批人机制，缩短审批时间。

用足、用活各类扶持政策。山东农村商业银行系统主动落实小微企业金融服务各项扶持政策，重点充分利用好三项政策。第一，单户授信500万元（含）以下的定向降准政策、单户授信500万元（含）以下的小微企业和个体工商户贷款利息收入免征增值税政策、小微企业借款合同免征印花税政策。第二，积极与中国人民银行及相关部门沟通协调，全力争取支农、支小再贷款额度，适当降低获得再贷款资金支持的小微企业贷款利率；充分利用小微企业票据再贴现政策，加强台账管理，加大对民营企业的融资支持力度。第三，持续跟进省政府小微企业贷款风险补偿机制，进一步增强风险抵御补偿能力。

（二）服务新型农业经营主体

近年来，随着农业农村经济的快速发展，以家庭承包经营为基础，以专业大户、家庭农场、农民合作社、农业龙头企业为骨干的现代农业生产经营新格局逐步形成，各类新型农业经营主体呈现蓬勃发展的良好势头。新型农业经营主体代表农业产业经营方向，按照整体推动、重点扶持的工作思路，山东省农村信用社联合社聚焦专业大户、家庭农场、农民合作社、龙头企业等经营主体，以产业链、利益链为纽带，加大各类新型农业经营主体金融助推工作力度，推动全省农业提质增效、转型升级。

1. 助推农业产业发展

山东农村商业银行系统全面支持农村“新六产”，加大对村镇优势产业、品牌农业、现代林业、海上粮仓的资金支持，助力美丽乡村建设。主动加强走访调研，掌握实际需求，以农业规模化经营主体、农产品深加工及农业全产业链项目等为支持重点，全面助力乡村产业发展。与农业农村厅加强合作，先后三次获取“新六产”、农民专业合作社、家庭农场等省级示范主体名单，共2418家，指导农村商业银行实行名单式营销支持。

2. 提升服务新型农业能力

山东省农村信用社联合社聚焦产业兴旺、生态宜居、乡风文明、治理有效、生活富裕，创新推广“兴农贷”“宜居贷”“先锋模范贷”“富农贷”四大系列50余个信贷产品，指导农村商业银行推出具有地域特色的产品150余个，有效满足乡村振兴各类资金需求。创新金融服务方式，积极推动省、市、县三级金融服务样板村建设，优先配置金融资源，实践总结可复制、可推广的经验做法。

3. 全面畅通金融服务渠道

山东农村商业银行系统采取“集中评定、批量营销、整村授信”的方式，深入开展乡村信用工程建设，结合乡村文明建设，推行“阳光信贷”“廉洁信贷”，扩大信贷支持覆盖面。扎实开展“送金融知识下乡”，进一步提高乡村居民的金融知识普及率，增强诚实守信和遵法守法意识。完善线上、线下渠道流程，创新“信 e 贷”和家庭银行等贷款模式，加快推进网点布局调整，优化“线下网点”布局，基本实现金融服务“村村通”、全覆盖。

三　山东农村商业银行普惠金融服务重点领域

山东省委、省政府提出了构建以新旧动能转换、乡村振兴、海洋强省、三大攻坚战、军民融合、打造对外开放新高地、区域协调发展、重大基础设施建设八大战略布局为支撑，以全面深化改革为保障，以全面从严治党为统领的整体发展格局，为山东省做好各项工作指明了前进方向，提供了根本遵循，注入了强大动力。山东农村商业银行系统坚决落实省委、省政府的战略布局，明确普惠金融服务的重点领域，咬定“走在前列”的目标定位不动摇、不放松，明确时间表、路线图、任务书，以实际行动为全省经济发展贡献力量。

（一）服务乡村振兴战略

全面对接全省乡村振兴战略规划，通过创新信贷产品体系、拓宽服务渠道、完善服务方式、守住风险底线，全力推动乡村产业振兴、人才振兴、文化振兴、生态振兴、组织振兴，助力打造乡村振兴的齐鲁样板。截至 2018 年末，山东农村商业银行系统服务乡村振兴贷款余额 2021. 2 亿元，比年初增加 415. 7 亿元；累计发放扶贫贷款 180. 9 亿元，累计支持 41. 6 万名贫困人口增收；支持新旧动能转换“十强”产业企业 715 家，共计 197. 7 亿元，比年初增加 56. 3 亿元；支持“重点项目”76 个，共计 42 亿元，比年初增加 7. 1 亿元。

1. 完善运行机制

山东农村商业银行系统深入贯彻落实《全省农村商业银行服务乡村振兴战略指导意见》，建立省、市、县三级金融服务乡村振兴战略领导小组，制定《服务乡村振兴战略操作方案》，细化支持政策、目标客户、对接方式、信贷产品、服务模式，切实提升服务质效。汇总梳理政府及相关部门出台支持实体经济发展的16类54项政策文件，编制《支持实体经济发展政策汇编》，作为信贷人员的“工具书”。

2. 强化工作推动

山东省农村信用社联合社对服务乡村振兴工作实行月度常规监测制度，及时掌握工作进展；实行督导、督办制度，强力推动重点工作落实；加强正、负面典型通报制度，督促农村商业银行补齐短板；刊发服务乡村振兴战略专刊及《信贷资讯》，发挥正面典型的带动效果。2018年，组织全省视频培训会1次，直接到农村商业银行现场培训7次，现场调研督导8家农村商业银行，刊发内部交流信息5次。

3. 跟紧政府政策

山东省农村信用社联合社进一步加强与山东省各厅委的深度对接，提高与政府支农惠农政策的融合度。积极对接农业农村厅、畜牧兽医局，获取省厅认证家庭农场、专业合作社、新型职业农民等名单，第一时间跟进服务。对接海洋与渔业厅，签订战略合作协议，创新海洋牧场财政补贴贷款品种。对接金融办、发改委、扶贫办，持续推动金融精准扶贫及黄河滩区迁建工作。提高与当地政府的对接广度。主动对接当地政府，签订合作协议。目前各农村商业银行均与当地政府签订服务乡村振兴战略合作协议，山东110家农村商业银行已全部制定了实施方案。全面建立服务乡村振兴战略、支持新旧动能转换工作配档表，明确工作目标、责任部门、推进措施及完成时限，同时加强与地方党委、政府的汇报沟通，选派总行高管、支行行长、客户经理等挂职副镇长、镇长助理、村主任助理，及时了解当地规划和资金需求，有效参与乡村经济社会事务管理，提高服务乡村振兴战略的针对性和实效性。目前，山东农村商业银行系统共选派3841人挂职。

4. 整合优势资源

山东省农村信用社联合社积极对接中国人民银行济南分行，申报新旧动能转换优秀金融产品，潍坊市农村信用社联合社的金融产品“科技企业助力贷”及济南农村商业银行的金融产品“三板贷”获得2018年山东省新旧动能转换优秀金融产品奖项。山东省农村信用社联合社印发《关于加大对

“千名干部下基层”工作金融支持力度的通知》，主动与服务队“结对子”，建立合作服务机制，有效满足服务对象的金融需求。目前已与84个服务队全部对接，对250个服务村授信6485户共计7.53亿元。将金融服务样板村建设作为乡村振兴战略的“先行区”。制定下发《关于做好金融服务乡村振兴创建样板村的通知》，以点带面、示范引领，助力乡村振兴发展。目前，山东农村商业银行系统共确定县级样板村2042个，授信8.01万户共计101.00亿元，其中市级样板村217个，授信1.30万户共计17.05亿元。

（二）服务海洋强省战略

按照山东省委、省政府海洋强省重大战略部署，山东省农村信用社联合社在金融办、中国人民银行、山东银保监局等部门的指导和支持下，积极创新产品服务，持续加大对海洋牧场建设的金融支持力度。山东农村商业银行系统发放支持海洋经济贷款1.3万户共计110.3亿元，对全省83个省级海洋牧场项目信贷支持31.0户，贷款余额18.6亿元。

1. 建立全方位信贷支持模式

山东农村商业银行系统推行“家庭银行”模式，对承贷主体为企业的客户，由企业实际控制人、股东家庭成员及财产等进行担保；对承贷主体为个人的客户，由家庭成员及家庭财产作为担保，带动海洋牧场上下游小微客户。推行“微型企业主贷”，针对部分微型企业财务制度不健全等实际问题，直接向企业法定代表人、主要股东或实际控制人提供授信，解决客户“准入难”问题。针对项目建设中企业先期以自有资金投入，解决企业运营的实际问题。对海洋牧场项目承建企业，通过流动资金贷款、固定资产贷款等方式给予信贷支持，间接支持海洋牧场项目建设。直接支持海洋牧场项目建设，由于目前海洋牧场项目建设补贴方式为“先建后补”“以奖代补”，对省级及以上海洋牧场建设示范项目，山东农村商业银行系统采取“企业先行投入、银行贷款支持、补贴到位还款”的方式予以支持，解决海洋牧场创建期资金压力较大的实际问题。

2. 强化与各厅局的沟通协调

山东省农村信用社联合社加强与省海洋与渔业厅合作。2017 年 9 月，山东省农村信用社联合社与原省海洋与渔业厅签署全面战略合作协议，指导农村商业银行在坚守服务“三农”和实体经济经营宗旨的基础上，立足海洋资源特点和产业发展需要，突出金融资本前期投入重点，推动海洋牧场与第二、第三产业融合发展。加强与省财政厅协同配合。对接省财政厅，全面了解海洋强省建设的财政政策和授信支持名单，联合省农业发展信贷担保公司制定了《“鲁担惠农贷——海洋牧场财补项目”担保贷款管理办法（试行)》，将可获得财政资金补贴用于海洋牧场建设的项目，由省农业发展信贷担保公司提供担保，提供贷款用于项目建设。加强与农业农村厅的对接，对龙头企业、合作社、渔民等进行链式营销，支持海洋牧场多种经营主体融合发展，助力完善利益联结机制，重点支持渔业规模化经营企业、专业合作社、养殖大户等经营主体，有力支持海洋经济发展。

3. 全面提升服务保障能力

山东农村商业银行系统突出企业资金需求主体地位，尊重海洋牧场建设企业生产周期，建立海洋牧场主体“分还续贷”“无还本续贷”企业名单，实现贷款到期后无缝续贷，缓解企业筹集过桥资金的压力，降低企业融资成本。针对渔业生产融资需求大、缺乏有效抵押物等现实情况，创新推出“海域使用权抵押贷”“船舶抵押贷”等信贷产品。山东省农村信用社联合社指导农村商业银行增强专业服务能力，以网点转型和公司类贷款集中为基础，强化综合网点客户经理和人员配备，指导农村商业银行加强与当地农业、渔业等单位的对接，提升金融服务保障能力。

（三）扎实开展精准扶贫工作

山东省农村信用社联合社将服务乡村振兴战略和金融精准扶贫工作纳入山东农村商业银行系统四项重点工作之一，并以制度形式进行固化，在明确牵头部门、负责人员、责任分工的基础上，组建重点工作推进办公室，抽调专职人员负责乡村振兴和精准扶贫工作，完善联络协调机制，切实强化工作督导和调度，统筹协调精准扶贫工作落地落实，确立金融精准扶贫新格局。截至2018年末，山东农村商业银行系统累计发放扶贫贷款8.7万笔共计180.9亿元，累计支持41.6万建档立卡贫困人口增收。累计向黄河滩区发放扶持贷款2699户共计4.85亿元，带动滩区居民和贫困户创业就业3578人。

1. 加强资源供给

山东省农村信用社联合社不断加强制度保障，研究制定了《2018年金融扶贫工作要点》《2018年脱贫攻坚工作计划》《金融扶贫领域作风问题专项治理实施方案》《金融助推黄河滩区脱贫迁建工作方案》《关于打赢脱贫攻坚战三年行动的工作方案》等政策文件，明确了金融扶贫目标任务。从制度层面确定将金融扶贫作为基础性、根本性工作来抓，上下联动形成扶贫合力，构建扶贫工作长效机制。结合贫困区域的群体特点和实际资金需求，山东农村商业银行系统专门研发“信保扶贫贷”“家庭农场贷”“大棚贷”“乡村旅游贷”“产业扶贫贷”“项目配套贷”等14项信贷产品，丰富金融扶贫“工具箱”。山东农村商业银行系统也因地制宜推出多种特色扶贫产品，形成了多层次、高匹配度的扶贫信贷产品体系。充分发挥金融科技优势，建立扶贫信息大数据库，助力精准扶贫，全面推广“信e贷”办贷模式，实行线上申请、审批、发放，依靠大数据平台，随时随地满足农户小额资金需求。山东省农村信用社联合社指导农村商业银行推广“家庭银行”模式，以家庭财产、家庭成员信用确定贷款额度，由个人信用拓展为家庭信用，破解农户担保难题。推广“整村授信”模式，实施批量获客、全覆盖授信，满足农户资金需求。

2. 聚焦扶贫区域

为加大对深度贫困地区的金融支持力度，山东省农村信用社联合社对深度贫困地区实施差别化管理，引导农村商业银行合理调配信贷资源，新增信贷资金优先满足重点贫困区域的金融需求，对贫困发生率高、脱贫难度大的“4个2”地区进行重点支持。截至2018年末，累计向深度贫困地区发放贷款4.47万笔，金额90.76亿元，支持24.9万人增收就业。进一步加强扶贫地区营业网点、自助银行（ATM）、农民金融自助服务等硬件配套建设，着力推进农村金融服务网络渠道建设，有效增加自助存取款机、农金通和其他自助机具布放，引导贫困户免费入住“智 e 购商城”，将自产特色农产品通过商城销售，实现创业增收。开展金融知识大讲堂、金融夜校等活动，普及金融基础知识，优化农村金融环境。

3. 关注扶贫主体

为提高支持产业对扶贫工作的贡献度，山东省农村信用社联合社印发了《关于实施产业带动扶贫的指导意见》，加强特色产业项目对接，通过增加授信额度、利率优惠等措施，重点支持当地扶贫开发项目和特色产业发展，带动贫困户脱贫。截至 2018 年末，山东农村商业银行系统累计发放产业扶贫贷款 7185 笔，共计 130 亿元，支持 24.7 万贫困人口增收。支持扶贫生产经营主体，山东省农村信用社联合社指导农村商业银行积极逐户走访纳入中国人民银行、扶贫办名单管理的、有能力带动农村贫困人口脱贫的扶贫主体，上门提供金融服务，利用企业流动资金贷款、“家庭农场贷”和财政贴息的“富民生产贷”等产品，对带动贫困户就业的企业和现代农业经营主体，力争做到应贷尽贷，将更多建档立卡贫困人口纳入产业利益链条。截至 2018 年末，山东农村商业银行系统向带动贫困人口的企业或现代农业经营主体累计提供信贷支持 8953 笔，共计 136.9 亿元。同时通过小额农户贷款、农村个体工商户贷款、青年创业贷款、创业扶贫担保贷款等贷款模式，大力支持贫困人口自主创业，扶持小型商户发展；积极推广“家庭亲情贷”“光伏贷”，扶持农村电商发展，吸引农民工返乡创业；充分利用财政贴息政策，向符合条件的建档立卡贫困人口发放免担保、免抵押的“富民农户贷”。

4. 形成金融精准扶贫新亮点

山东农村商业银行系统对建档立卡贫困户持续落实优惠政策，对存量贫困户政策不变、力度不减，持续支持脱贫；对销号贫困户，脱贫不脱政策，继续给予帮扶，巩固脱贫成果，持续满足建档立卡贫困户和已脱贫人口的金融服务需求。针对金融服务黄河滩区迁建工作，2018 年 7 月，山东省农村信用社联合社专门派遣调研组赴菏泽调研。调研期间，现场督导鄄城、东明农村商业银行金融助推黄河滩区脱贫迁建工作进度，了解信贷执行中遇到的困难，解决滩区实际困难。山东省农村信用社联合社督导农村商业银行对金融精准扶贫进行考核，开展评先评优工作，在全省评选金融精准扶贫20个先进单位及60名先进个人，提高示范引领效果。积极履行社会责任，潍坊等地发生洪水灾害后，山东省农村信用社联合社制定了《金融支持灾区恢复重建实施办法》，明确各项金融扶持政策，累计派出“红马甲”金融服务工作组129个，累计捐款168万元，捐赠价值23.9万元的救援物资，用实际行动支援灾区。对受灾群众、灾区贫困户，实行新增贷款敞开供应，小额贷款“送贷上门”，较大额度贷款限时办结，及时通过贷款展期、无还本续贷、借新还旧等方式为受灾贫困户延续授信，并进行利率优惠，减轻受灾群众负担。与政府签订灾后重建战略合作协议，专项授信144.6亿元，向受灾企业、农户新发放贷款10398户，共计15.04亿元。

5. 培育脱贫攻坚新动能

山东省农村信用社联合社根据省委组织部安排，选派3名同志担任第三轮第一书记，与县、镇、村对接，改造村内道路和基本设施，先后走访125名在村党员、259户贫困户、32名老干部、78名致富能人，深入了解村情村貌、群众需求，为3个帮包村修建道路20.54公里，新建党员活动室、村民议事场所、卫生室、农家书屋、金融服务点各1处，新建扶贫车间2处，面积达5170平方米。山东省农村信用社联合社印发《金融扶贫领域作风问题专项治理实施方案》，在山东省农村商业银行范围内开展金融扶贫领域作风问题专项治理，强化责任担当和问题意识，严抓扶贫领域作风建设。组织农村商业银行开展“四风”自查自纠活动，制定工作计划，坚持问题导向，落实责任人，确保自查自纠不留死角，提高扶贫工作精准性。

（四）服务军民融合战略

山东农村商业银行系统高度重视金融服务“双拥”工作，切实提高政治站位，充分发挥党组织的领导核心和政治核心作用，采取有效措施积极满足现役军人、退伍军人、军人遗属、军人家属的金融服务需求，树立农村商业银行系统良好的社会形象。2018 年 1 月，省双拥办、省军区政治工作局联合印发《关于支持配合省农村信用社联合社做好信贷拥军工作的通知》，山东省农村信用社联合社印发《拥军贷款管理办法》《关于做好“信贷拥军”推广工作的通知》，并组织农村商业银行加强与相关部门的对接沟通，多种宣传方式并用，加快推进“信贷拥军”在全省范围内展开。

1. 选取试点单位积极稳健拓展业务

临沂是沂蒙精神发源地，山东省农村信用社联合社将临沂作为开展“信贷拥军”工作的试验田，全面了解不同服役状态的军人及家属对金融产品的需求，优化服务产品及服务模式，积累信贷拥军工作经验，为山东省农村商业银行系统开展“信贷拥军”做好经验积累。山东省农村信用社联合社选取临沂作为试点区域后，组织专人多次进行业务调研，深入调查拥军客户主体的现实状况、真实需求，通过召开业务座谈、现场指导等方式，指导试点农村商业银行调整服务产品内容，改善服务模式，进一步提高服务契合度，为试点工作保驾护航。为争取相关部门支持，广泛听取相关意见，山东省农村信用社联合社加强与省民政厅、省军区政治工作局等部门的联系，争取各部门的工作配合、政策支持以及对信贷拥军工作的意见建议。

2. 健全保障体系

山东省农村信用社联合社多种宣传方式并用，不断加快“信贷拥军”在全省范围内的开展。同时，不断完善信贷产品，优化金融服务，根据全省业务开展情况，建立更科学完善的客户分类差异化服务体系。山东省农村信用社联合社加强与省人社厅、省供销社、省农担公司、保险公司等单位的合作，提供更优质的金融服务。按季下发“信贷拥军”业务通报，加强督导调度。建立风险防范机制，防止出现过度授信、改变贷款用途等风险，实现资金安全与客户发展双目标，真正做到“服务好军人”的宗旨。

四 山东农村商业银行普惠金融服务特点

当前我国普惠金融稳健发展，金融服务可得性、使用情况、使用质量进一步改善，在传统金融产品和服务普及的背景下，信息技术发展正在深刻改变普惠金融的发展方式。就山东农村商业银行系统普惠金融而言，基础金融服务已基本实现行政村全覆盖，银行结算账户使用已广泛普及，线上业务快速发展，通过坚持支农支小服务主业，大力开展信用工程建设，坚持不忘初心、回归本源，准确把握农村商业银行在银行体系中的差异化定位，专注服务本地、下沉服务重心，确立农村商业银行与所在地域经济总量和产业特点相适应的发展方向、战略定位和经营重点，基本搭建完成了以“三个平台、一个支付”为主体的金融生态圈，加快推进线上网点业务和线下网点转型。

（一）拓宽普惠金融服务渠道

山东农村商业银行系统按照“线上＋线下”和“综合型、基本型、自助型、代理型”的“双线四型”网点建设定位，以信息科技为支撑，以优化网点功能布局为着力点，以完善流程、科学考核和提升服务为核心内容，整合线上、线下资源，强化网点分类管理，强化市场营销能力。山东农村商业银行系统持续强化线上网点建设，不断完善电子银行、网上银行和手机功能，不断拓宽线上业务服务渠道。结合核心银行系统升级，整合、完善网上银行、手机银行、“智e购”商城、“智e付”支付等系统，打通线上、线下服务渠道，初步构建起以“三平台、一支付”为主体的“网点＋App＋场景”智能化服务。新增在线客服，通过智能机器人向客户提供在线咨询服务，并增加贷款申请功能，主动服务能力显著增强。

（二）大力支持农民工返乡创业

山东农村商业银行系统落实山东省委、省政府关于做好农民工返乡创业工作的指示，为乡村振兴提供人才支撑。本着“以信贷支持创业、以创业带动就业”的原则，积极探索开发符合农民工返乡创业特点的信贷产品，大力支持掌握了一定技能、积累了一定资金的农民工创业，切实做好农民工返乡创业的信贷服务工作。

1. 建立返乡农民工创业动态信息库

山东省农村信用社联合社指导农村商业银行开展返乡农民工调查摸底工作，掌握辖内返乡农民工的总体数量、创业技能、创业项目以及自有资金和贷款需求等情况，并根据调查情况建立返乡农民工创业动态信息库，从中筛选有项目、有一定自有资金、信誉良好的优质客户进行信贷支持。做好信用评定工作，为返乡农民工创业贷款开辟“绿色通道”。

2. 有效解决担保难问题

山东省农村信用社联合社积极引导农村商业银行创新农民工返乡创业贷款的担保方式，大力推行仓单质押、存货质押、票据质押、应收账款质押，积极开展林权抵押贷款、小荒山及小养殖水域使用权抵押等相关贷款业务，积极探索大件耐用消费品、注册商标、农房和农业生产用房等担保方式，切实解决农民工贷款担保难问题。

3. 建立全方位的信贷支持模式

山东农村商业银行系统针对多种返乡农民工信用状况、家庭经济状况、个人技能特长、项目情况、自有资金情况等因素，合理核定授信额度。对从事个体经营的借款人，贷款额度最高不超过 50 万元；对创业能力强、创业项目好的借款人，贷款额度可放宽到 80 万元；对由农民工发起注册的公司类贷款，按照流动资金贷款管理办法的有关规定执行；贷款期限要根据贷款用途、生产经营周期、还款资金来源等因素合理确定，原则上不得超过 3 年；对返乡农民工创业贷款要实行优惠利率，贷款利率原则上要比其他同期限、同档次贷款优惠 10% 以上。充分利用自身信息资源丰富的优势，加强对返乡农民工的技能培训，为农民工提供生产经营、商贸流通等方面的信息服务，并在项目选择、生产经营等过程中给予必要的帮助。

（二）普惠金融生态圈架构搭建基本完成

围绕业务发展各条线需求，加快产品创新和功能优化，山东农村商业银行系统打造了以“三平台、一支付”为主体，集金融服务、网络支付、条码支付、购物消费、社区服务、便民缴费于一体的普惠金融生态圈（见表 2）。

表 2　山东农村商业银行普惠金融生态圈

三平台、一支付	功能
“智 e 通”	实现个人网银、个人手机银行和企业网银系统整合，统一用户界面、用户名称、登录密码，为客户提供“一次注册、双渠道（个人电脑、手机）通行”的便捷服务体验。打造“智 e 通”个人手机银行，与“智 e 购”“智 e 付”互联互通，新增指纹便捷登录、利多多专属存款等服务，为各农村商业银行提供理财产品线上发布和销售服务功能
“智 e 联”	整合短信、微信、邮件、“智 e 通”消息中心四大渠道信息通知服务，实现多渠道共享账户资金变动提醒和营销信息推送服务
“智 e 购”	商城面向客户和商户，提供购物支付、商户入驻、商品布放及资金结算服务，并与京东商城合作，实现在“智 e 购”商城直接购买京东商城自营商品
“智 e 付”	为“智 e 购”商城提供行内账户线上支付结算服务，聚合支付宝、微信二维码提供线下收单服务，初步建设了线上、线下支付产品体系，打造了线上直联商户标准接口服务

资料来源：山东省农村信用社联合社、齐鲁财富网。

（三）加快推进线上网点业务

2018 年，山东农村商业银行系统电子银行业务保持良好发展势头，电子银行客户总量 2928.67 万户，比 2017 年增加 56.77 万户；全年电子银行交易 9.07 亿笔，交易金额 7.16 万亿元，分别比 2017 年增加 1.68 亿笔和 1.03 万亿元；电子银行柜面业务替代率达到 77.33%，比 2017 年提高 5.4 个百分点。在加快线上网点业务推广的同时，山东省农村信用社联合社与全国知名电商平台合作，建立山东农村商业银行系统自己的电商平台，并将存款、贷款、便民缴费嵌入其中，推进“农副产品进城、农用物资下乡”，为客户提供便利服务。目前京东优选馆运营良好，全年共布放家用电器、电脑办公产品、手机数码产品等京东商品 12 大类，新增京东自营商品 2 万余款。与网易严选快速推进合作，引入高品质商品百余款，进一步提升商城运营能力和服务水平。按照“精品农副、品牌农资、本地生活”目标，山东省农村信用社联合社统一商户准入、退出标准，梳理、精简存量商户，累计挑选优质商户 300 户，清理不达标商户2.04万户。网络支付产品功能更加完善，融合“智e付”网络支付和“智e付”条码支付两大支付产品，推出“智e付”直联商户服务，将“智e付”作为线上、线下支付和收单的拳头产品，为客户和商户提供简单、安全、快捷、开放的互联网支付服务。截至2018年末，山东农村商业银行系统“智e付”网络支付用户数228.62万户，比2017年增长53.19万户，增幅30.32%；累计交易70.20万笔，交易金额1.27亿元。“智e付”聚合支付拓展商户64.05万户，累计交易3266.56万笔，共计165.66亿元，笔均交易金额507.14元。

（四）拓展客户服务功能

山东农村商业银行系统全力做好各渠道客户服务工作，打造和完善客户服务渠道。为客户提供更加全面、便捷、优质的综合服务，切实保护金融消费者的合法权益。山东省农村信用社联合社完成客服中心线路切割及职场整体搬迁，搭建新的运营队伍架构。2018年，山东农村商业银行系统客服中心共接听客户来电204.3万通，代客交易47.4万笔，客户满意率98.95%。通过4008896668公务卡客服热线，全年接听客户来电7.96万通，代客交易9.57万笔。新增在线客服，通过智能机器人向客户提供在线咨询服务，并增加贷款申请功能，提升主动服务能力。客服中心全年接听投诉电话14.6万通，处理有效投诉工单583件，客户服务水平和满意度明显提升。

（五）加快推进线下网点转型

山东农村商业银行系统不断加快线下“综合型、基本型、自助型、代理型”“四型”网点布局调整，结合当地城乡建设规划，开展区位优势、客户流量、发展潜力、覆盖范围、经营效益等综合分析，精准制定线下“四型”网点布局调整计划，推动线下网点布局，资源配置效率明显提高。截至2018年末，山东农村商业银行系统共设立经营网点6261家，其中综合型网点231家、基本型网点4724家、自助型网点（含离行式自助银行）689家（其中离行式自助银行661家）、代理型网点617家。截至2018年末，山东农村商业银行系统共设立营业网点（指持有监管部门颁发的《金融许可证》和工商管理部门颁发的《营业执照》，配备人员面向社会公众提供金融服务的网点）4983 家，其中综合型网点 231 家、基本型网点 4724 家、自助型网点 28 家。在营业网点中，城区网点 2068 家，占比 41.5%；农村网点 2915 家，占比 58.5%。

1. 综合型网点设立工作基本完成

按照“每个县级农商银行或市级农商银行的一级管辖行综合型网点（包含营业部）不超 2 家”的要求，山东农村商业银行系统扎实做好综合型网点设立工作，全面规范公司类贷款。截至 2018 年末，山东农村商业银行系统共设立综合型网点 231 家，其中城区 203 家、农区 28 家。

2. 基本型网点布局调优工作有序推进

山东省农村信用社联合社按照基本型网点布局年度调整计划，科学、精准推进基本型网点布局调优工作，基本型网点布局水平迈上新台阶。2018 年，山东农村商业银行系统撤并基本型网点 15 个，迁址基本型网点 125 个，新建基本型网点 5 个，基本型网点改为自助型网点 6 个。

3. 精准布局自助型网点

充分发挥自助型网点服务高效、便捷的优势，自助型网点布局呈现精准化、科学化格局。截至 2018 年末，山东农村商业银行系统设立自助型网点（含离行式自助银行）695 家。其中，自助型网点 28 家，离行式自助银行 667 家；城区自助型网点（含离行式自助银行）512 家，农区自助型网点（含离行式自助银行）183 家。山东农村商业银行系统新建自助型网点 22 个、迁址 6 个。

4. 代理型网点建设稳步推进

山东农村商业银行系统统筹分析城区市场，加强与居委会、物业公司、街道办事处、社区服务中心、商场（超市）管理方、工厂、学校、医院等的合作，积极设立代理型网点，延伸服务触角，完善城区经营网点体系。通过设立代理型网点将服务触角延伸至千家万户，扩大金融服务覆盖面。截至 2018 年末，山东农村商业银行系统城区代理型网点数量达到 617 家，比 2017 年增加 484 家。

（六）深入推动普惠金融向多领域、多渠道延伸

山东省农村信用社联合社指导农村商业银行深入落实“以客户为中心”的服务理念，结合网格化营销，扎实落实“以客户为中心”的服务理念。加强对公司类、零售类客户经理和大堂经理的培训，持续强化客户维护、营销，推行综合化、套餐式主办银行服务，提供存款、贷款、电子银行、代收代付、“智 e 付”聚合支付、POS 收单等一揽子综合金融服务。突出全功能，推行产业链金融服务模式，对包括上下游客户在内的产业链客户“量体裁衣”，提供综合配套服务。规范设立营销调查中心、审查中心、放款中心、贷后检查中心，全面推行公司类贷款集中管理，将公司类贷款的营销调查集中到公司业务部或少数综合营业网点。在审查中心增设专职押品审查岗，对押品实施专业化管理。切实发挥放款中心监督放款、管理档案等作用，实行贷后检查双线并行，强化监督制衡。截至 2018 年末，山东农村商业银行系统公司类客户经理数量达到 1619 人，零售客户经理数量达到 3583 人，平均每家综合型网点配备公司类客户经理 7 人、零售客户经理 15 人，综合服务营销能力明显提高。增加理财、保险等多元化服务，满足普惠领域客户发展生活和消费升级的多元化金融服务需求。加强普惠金融宣传，广泛开展“金融夜校”等普惠金融活动，提高有关非法集资、金融诈骗的知识宣讲频次，提升群众的风险防范意识。

五　山东农村商业银行积极履行社会责任

推行大众创业、万众创新，是改革发展的动力之源，更是富民之道、公平之计、强国之策，对推动社会经济结构调整、打造发展新引擎、增强发展动力、走创新驱动发展道路具有重要意义。山东农村商业银行系统充分发挥农村金融主力军作用，充分发挥金融对服务大众创业、万众创新的助推作用。

（一）重点实施“农村青年创业计划”

山东农村商业银行系统实行“农村青年致富能手培养计划”“农村青年小老板培养计划”“农村青年企业家培养计划”等，积极培养扶持一大批农村青年致富能手、创业小老板、优秀青年企业家，以影响带动广大农村青年提高自身素质、转变观念、积极就业、自主创业，支持和引导广大农村团员青年从事种养殖业、畜牧业生产、农产品市场开发和经营，不断推广先进适用技术，壮大发展规模，鼓励采取“项目＋基地＋农户”的方式，带动周边群众共同致富。

1. 积极支持培养农村青年致富能手

山东农村商业银行系统面向具有初中以上文化程度、有志创业的农村青年，在集中信用评定的基础上，向其提供原则上不高于10万元的授信额度，并通过发放贷款证的形式去柜台办理贷款业务，建立创业贷款“绿色通道”。

2. 积极支持农村青年投建小微项目

山东农村商业银行系统面向具有一定生产经营规模、有较好社会影响、有产业特色和良好经营效益、亟须继续扩大规模的农村青年创业者提供“青年创业项目流动资金贷款”。申请贷款的农村青年，还应具有一定的资金运作能力，其从事的个体经营项目必须投资少、见效快、风险小、效益好。贷款额度原则上在30万元以下，期限一般不超过3年。

3. 积极支持农村青年企业家发展壮大

山东农村商业银行系统对市级以上、由农村青年创业组建的农业产业化龙头企业或非农领域的优秀企业，贷款额度原则上在50万元以下，期限一般不超过3年。按照“龙头企业＋基地＋农户”的方式，由龙头企业或担保公司为订单农户提供小额贷款担保，由农村商业银行提供小额贷款。申请该贷款的农村青年，必须是该龙头企业的订单农户，而且已经和该企业签订了农产品生产、销售合同，并且信誉良好。单个订单农户贷款额度原则上在10万元以下，期限原则上不超过2年。

4. 建立各级“农村青年诚信优质客户群”

山东农村商业银行系统加强对各类贷款项目的管理，保证农村青年创业小额贷款业务的健康持续发展。通过对接各级团委、文明办等单位，建立“农村青年诚信优质客户群”，鼓励农村青年诚信经营、健康发展。对历届省、市级优秀农村青年加大扶持力度，凡是经团省委青农部推荐获得省级以上荣誉称号〔含全国（省）杰出青年农民、全国（省）优秀青年乡镇企业家、全国（省）农村青年创业致富带头人〕的农村青年和经各市团委青农部推荐获得市级荣誉称号（市级杰出青年农民、市级农村青年创业致富带头人）的农村青年，在享受办贷优先的基础上，还可以在贷款的额度、期限、利率等方面给予更多的优惠。鼓励农村青年诚信经营、健康发展。对于选取项目好、进展顺利、合法诚信经营、及时偿还贷款本金及利息的农村青年，农村商业银行会同本级团委将其纳入“农村青年诚信优质客户群”，在原有办贷优先的基础上，给予降低利率、增加贷款额度等优惠政策。鼓励农村商业银行与县级团委逐步建立数量不断扩大、信誉度不断提高、经济效益不断递增的“农村青年诚信优质客户群”，形成多方共赢的良好格局。配合各级团组织加大对农村青年创业的表彰扶持力度，树立良好就业创业价值观，营造自主创业、增收成才、发展经济的良好氛围。

（二）金融支持灾后重建工作

2018 年 8 月，在潍坊等地受台风灾害影响后，山东省农村信用社联合社印发《关于做好金融支持灾区重建工作的通知》，从贷款投放、金融服务、减费让利等方面明确工作措施，作为金融抗灾救灾的紧急应对文件。第一时间派出工作组赶赴潍坊，深入一线了解灾情，实地督导灾区农村商业银行开展金融救灾。开展“金融服务灾区行”活动，成立“红马甲救灾服务队”，争当抗灾救灾和灾后重建的先锋军。

在山东省农村信用社联合社指导下，潍坊市联社第一时间到受灾县市调研灾情，慰问救灾农村商业银行干部职工，深入一线走访受灾群众，充分了解灾民金融服务诉求，制定针对性帮扶救助措施。受灾农村商业银行党委班子分别带队奔赴灾区一线现场察看灾情，对受灾严重的村镇居民进行“拉网式”排查，全面排摸核查群众农作物、房屋、道路、堤防等基础设施受灾情况，建立好工作台账，做好灾后定向扶持工作。

1. 扎实开展“金融服务灾区行”活动

山东农村商业银行系统开展“走千家，访万户，金融服务灾区行”活动，做到精准救助、帮扶。充分发挥支行行长挂职金融副镇长（副主任）作用，与当地政府、部门保持紧密联系，深入对接走访辖区内存贷款户、企业，明确每名客户都有专人联系，做到不漏一户、不漏一人。

2. 成立“红马甲救灾服务队”

山东农村商业银行系统充分发挥党支部的战斗堡垒作用，深入灾区进村入户、访困问苦，积极主动帮助受灾群众解决实际困难，团结带领广大干部员工全力以赴做好应对抗洪防汛、安置帮扶受灾群众、灾后重建等方面工作。山东农村商业银行系统已累计派出金融服务工作组 129 个，“红马甲救灾服务队”、志愿者队伍 251 个，累计参与救灾 12785 人次，走访企业 635 个，走访农户 14501 户。

3. 全力支持灾后重建工作

山东农村商业银行系统组织开展了“抗洪救灾爱心募捐”活动，积极动员干部捐款，为灾区人民群众捐款 144.7 万元，用实际行动支援灾区。针对受灾县市生活用品紧缺的现状，统筹调度多辆汽车物资进灾区、进农户，“红马甲救灾服务队”主动上门，为受灾严重的村民送去了急需的米、面、油、矿泉水、方便面等 23.9 万元救灾物资。充分发挥网点多、人员多、接地气的网络优势，积极联系对接当地慈善机构，在网点设立捐款捐物箱，带动广大客户救助受灾群众，为慈善救灾做贡献。针对毁损桥梁、道路等基础设施灾后建设，潍坊市联社主动向市政府、中国人民银行等汇报请示，争取政策支持，为基础设施和村庄重建投入资金，减轻当地财政压力。积极申请支农再贷款规模，精准支持群众灾后重建工作。

4. 量体裁衣创新专项信贷产品

山东农村商业银行系统对灾区存量贷款明确“不压贷、不抽贷、不人为增加贷款条件”的信贷政策，及时通过贷款展期、无还本续贷、借新还旧等方式为客户延续信用，减轻受灾客户的心理负担，提振其重建家园的信心和动力。与因灾害造成偿债能力下降的企业和农户主动对接，累计通过借新还旧、无缝隙服务等方式办理续贷、展期业务1506笔，共计2.88亿元。大力投放新增贷款，对需要资金支持的受灾群众和企业，根据受灾损失情况，通过“家庭备用金”“家庭亲情贷”“鲁担惠农贷”“政银保”“创业担保贴息贷”等产品，全面合理满足其信贷资金需求。根据受灾客户的经营状况以及受灾程度合理确定授信额度，对已核定授信额度但不能满足资金需求的，在原授信额度基础上追加临时恢复生产的授信额度。制定专项救灾信贷资金计划26.8亿元；向受灾企业新增贷款26户，共计2.76亿元；向受灾农户新增贷款3317笔，共计37150万元；向灾区基础设施建设新增贷款2笔，共计6000万元。精准对接灾区资金需求。推出“救灾帮扶贷”，打造抗灾救灾“绿色通道”。对有资金需求的受灾企业、群众，全力支持、特事特办。“救灾帮扶贷”最低实行基准利率，期限3年，专款专用，贷款根据客户受灾程度和重新开展生产经营的实际情况，合理约定还本付息方式，全力助推灾后重建。

（三）金融服务黄河滩区脱贫迁建

2018年，山东农村商业银行系统认真落实省委、省政府关于黄河滩区脱贫迁建工作的决策部署，将金融助推黄河滩区脱贫迁建作为金融精准扶贫工作的重点，坚持高位推动，强化资源供给，细化工作措施，明确营销重点，加强基础管理，聚焦《山东省农村商业银行金融助推黄河滩区脱贫迁建工作方案》落地落实，精准发力，通过明确评优评先、绩效考核等多项重要举措予以全力推动，在政策范围内，举全省农村商业银行力量，满足滩区资金需求。截至2018年末，山东农村商业银行系统已累计向黄河滩区脱贫迁建发放扶持贷款2401户，金额4.3亿元，带动滩区居民和贫困户创业就业2716人。

1. 持续加大信贷资源投入

山东省农村信用社联合社组织滩区内派出机构和农村商业银行积极与各

级政府及发改委、扶贫办、金融办、河务局等部门对接，重点掌握外迁安置项目、护城堤工程、临时撤离道路改造提升项目、旧村台改造提升项目、筑村台项目等重点工程规划进度和资金缺口，在政策性银行项目融资资金到位前，投入项目前期启动资金，确保黄河滩区脱贫迁建项目尽早开工建设。滨州农村商业银行已与当地政府达成初步意向，拟向当地滩区迁建项目提供先期启动资金1.2亿元；平阴农村商业银行向济南铸诚建筑工程集团有限公司授信3300万元，用于土地整迁和东豆村等6个村2060户村民安置。积极对接迁建项目的承建方、分包商等建筑商，以流动资金贷款加大信贷支持力度，保障迁建项目建设有序开展。

截至2018年末，山东农村商业银行系统已经累计支持黄河滩项目承建方、分包商19户，共计4131万元。支持滩区扶贫生产经营主体，印发《关于实施产业带动扶贫的指导意见》，指导农村商业银行积极逐户走访纳入中国人民银行、扶贫办名单管理的、有能力带动农村贫困人口脱贫的扶贫主体，上门提供金融服务，利用企业流动资金贷款、“家庭农场贷”和财政贴息的“富民生产贷”等产品，对滩区带动贫困户就业的企业和现代农业经营主体，力争做到应贷尽贷，已向带动滩区居民就业的企业或现代农业经营主体提供信贷支持77户共计4489万元，发放财政贴息的“富民生产贷”40户共计2038万元，带动贫困户就业524人。

山东农村商业银行系统累计为滩区居民生产经营提供信贷支持1489户，金额2.01亿元。支持迁居村民消费需求，山东省农村信用社联合社督导滩区农村商业银行利用农民住房贷款、“惠农消费贷”等信贷产品，弥补新居认筹资金缺口，充分满足滩区居民住房、装修、购车等消费资金需求，向滩区居民累计发放消费贷款816户，金额达1.42亿元。

2.强化金融助推黄河滩区脱贫政策保障

为保障扶贫工作的顺利实施，2018年山东省农村信用社联合社制定了《2018年金融扶贫工作要点》和《关于打赢脱贫攻坚战三年行动的工作方案》，要求涉及黄河滩区迁建的农村商业银行制定自身工作要点及方案，加强制度建设，全力推动精准扶贫工作。积极争取中国人民银行资金，指导农村商业银行积极向中国人民银行争取支农再贷款，确保支农资金供应，向扶贫生产经营主体提供信贷支持，办理“央行资金产业扶贫贷”1户，金额为100万元。针对黄河滩区迁建工作实际，山东农村商业银行系统创新采取“双降、一提、一优先”的优惠信贷政策。“双降”即：对黄河滩区扶贫贷款降低贷款执行利率，实行优惠利率，微利经营；在客户准入上，适当降低贷款准入门槛，由以往注重借款人财产状况和经济实力，向更加注重贷款经营项目的可行性和发展前景转变。“一提”即：提高黄河滩区迁建扶贫不良贷款容忍度，对贷款发放过程中尽职尽责的，一律免予责任追究。“一优先”即：对扶贫贷款实行阳光办贷，一律优先办理、优先审批。

六　山东农村商业银行提升普惠金融服务能力

随着深化改革的推进，农村经济快速发展，农村客户生产经营和消费升级需求日趋旺盛。但受我国农村地区金融服务基础薄弱、客户数据缺失、客户信用记录空白等因素影响，农村地区客户特别是广大农户贷款难、担保难问题突出，难以分享信息技术和金融创新带来的便利。为更好地服务客户，践行普惠金融，山东农村商业银行系统借助大数据、人工智能等金融科技新技术，推出了线上办贷产品“信e贷”，为广大客户提供更优质、快捷、普惠的融资服务。自2018年4月“信e贷”业务推广以来，山东农村商业银行系统以“信e贷”为抓手，大力拓展零售业务，持续提升客户体验，“信e贷”业务规模稳步增长。截至2018年末，贷款余额为114.00亿元，比2018年4月增长108亿元；户数达19.22万户，比2018年4月增长17.43万户。

（一）产品概述

“信e贷”是山东农村商业银行系统面向“三农”，利用互联网和大数据技术，基于新采集的客户信息和从行内系统批量搜集的客户信息，为客户贷款主动批量授信，系统自动审批，农户快捷用信的惠农产品。该产品授信额度高，无须提供担保，融资成本低，随借随还，是服务“三农”的创新举措，是金融回归本源、专注主业、支持实体经济的重要体现。

“信e贷”系统利用大数据技术和数据模型计算客户授信额度、利率，实现客户准入、评级、额度测算自动化，确保计算科学合理，减少人为干预，有效防范了道德风险的发生，提升了信贷资产质量。同时，“信e贷”实现了线上信贷业务全自动化，客户通过手机银行等电子渠道即可自助签订合同、发放贷款、归还贷款，且随用随贷，足不出户即可使用贷款，方便快捷，大大提升了客户体验。

（二）业务流程及技术架构

1. 业务流程

客户经理通过移动信贷或信贷管理系统进行客户信息采集，采集完成后经模型测算自动进入“信e贷”客户库。进入客户库的客户通过手机银行等渠道申请贷款，实现网签合同、贷款发放和自助还款等。

2. 技术架构

为实现“信e贷”业务功能，山东农村商业银行系统搭建了以数据整合平台、外联区前置平台、互联网前置平台为基础的数据平台，移动信贷系统为客户信息采集通道，手机银行等电子渠道为申贷渠道，通过模型平台实现自动准入、评级、额度测算、贷款定价和风险预警，实现授信、合同签订、贷款发放的自动化。

（三）工作创新点

“信e贷”产品充分考虑到“三农”客户的特色，将金融科技新技术应用到产品研发中，提高信贷风险防控能力，项目建设有以下创新点。

1. 技术创新

（1）依托大数据分析，建立规则策略模型。根据客户基本信息、资产负债信息及征信信息等，按客户行业属性、贷款投向、贷款产品等维度，设置种植户、养殖户、白领通等12种评分卡。依托征信、行内、行外等数据分析，制定客户准入、评级、额度测算、利率定价、贷后预警等规则策略模型，并根据业务发展情况定期进行模型的优化。

（2）利用人脸识别等人工智能技术实现客户的身份识别。“信 e 贷”产品借助人脸识别技术，在手机银行等渠道认证基础上，再进行一次客户身份信息的交叉检验，可有效杜绝顶替冒名、中介欺诈等业务场景的发生。

（3）采集信息按法人机构灵活配置。采集信息可根据法人机构不同特点设置不同采集项，为实现新增信息项数据保存时不修改表结构，将采集数据按 key-value 方式存放到数据表中。同时为确保查询性能，数据库设计按地市分区存储，提高并发处理能力，表结构设计时合理设置表分区、数据表索引等性能影响因素。

（4）建立信贷数据集市，为大数据应用提供支撑。将行内系统积累的数据、客户经理采集的客户信息以及外联区数据、互联网数据进行梳理，为客户准入、业务审批、风险防控等提供数据支撑。

（5）统一交易接口。“信 e 贷”系统间交互，如信贷系统与互联网前置、模型测算平台的交互，均采用 Dubbo 框架实现统一的交易接口，构建分布式事务处理框架，可有效降低系统之间的耦合度。服务消费方可以是山东农村商业银行系统其他系统，也可以是各级机构依据自身特色所构建的自有系统。

2. 模式创新

（1）建立了面向“三农”的信贷风险模型。模型建设采用银行业常用的逻辑回归等方法，为保证业务与技术的全面融合，注重让业务人员参与建模的全过程，同时充分考虑模型应用时所选取变量的信息获取成本。通过风险模型实现贷款客户的准入自动识别，提高办贷效率，降低运营成本，也避免了人为因素对信贷决策过程的影响，有效防范风险。评分模型注重结合业务实际，如对种植蔬菜的客户，对其学历、种植方式、申请额度等进行评分，在品行判断方面通过银行卡夜间消费次数做推定；对生猪养殖的客户，关注其贷款申请的时点，根据养殖周期及养殖特点，在 3 ~ 8 月期间申请贷款的评分较高，其他时间申请则评分较低。

（2）根据农村商业银行体系的架构特点，在数据采集及测算模型设计上实现多法人支持。不同农村商业银行可根据自身区域特点，自行配制数据采集项。在支持数据采集个性化的同时，面向“三农”的线上信贷平台也支持个性化的评级、额度测算、利率定价和贷后风险预警模型，实现客户自动评级、额度测算，客户在渠道端可自助申请、签约、放款、还款等。

（3）加强贷后管理和风险控制。通过对大数据和人工智能技术的应用，风险定价更加精确，风险防范更为有效，可有效解决传统金融中的内部控制问题，如通过数字签名技术加强身份识别，防范欺诈风险。同时，在数据管理过程中，完善各种安全机制，充分保护数据安全，加强客户信息采集及第三方数据的应用，构建客户准入、风险防控的安全防线。

（4）支持多渠道办理业务。在系统接入上，支持电脑、手机等多种设备；在渠道上，支持手机银行、网上银行、金融服务平台、微信银行、电话银行等多种接入方式，实现全面线上办理。

B.9

枣庄市普惠金融改革试验区可行性研究*

孙国茂**

摘　要： 国务院印发《推进普惠金融发展规划（2016～2020）》提出，各地区要在风险可控、依法合规的条件下，开展推进普惠金融发展试点，推动改革创新，加强实践验证。2018年，山东省政府出台的《山东省现代金融产业发展规划（2018～2022年）》把发展普惠金融、建设国家普惠金融改革发展试验区作为重要内容。近年来，枣庄市按照国务院和山东省要求，开展普惠金融实践探索，并取得显著成效。本报告对设立枣庄市普惠金融改革试验区的必要性及可行性进行分析，通过总结各省普惠金融改革试点经验，提出要从建设功能强大的普惠金融综合服务平台、建设普惠金融六大体系等方面着手，进行枣庄市普惠金融改革试验区方案设计，并提出加强组织领导、严格考核督导、完善人才保障等试验区建设举措。

关键词： 枣庄普惠金融改革　普惠金融改革试验区　新旧动能转换

---

* 本课题为山东省金融学会2019年度重大研究课题，课题负责人为董龙训、周宗安，课题组成员为董龙训、周宗安、李学春、郑录军、李菡、刘中波、罗亮森、马天奎、董浩、孙国茂、马晓萌，执笔人为孙国茂，刘李胜、陈柳钦参与本课题的讨论与修改。

** 孙国茂，青岛大学经济学院特聘教授、博士生导师，研究领域为公司金融、资本市场、制度经济学。

普惠金融是联合国等国际机构倡导的21世纪金融发展理念，是实现全球经济包容性增长的重要推动力量。联合国《2030年可持续发展议程》认为，普惠金融能从普遍的角度解决发展问题，即获取金融服务关乎所有发展中国家和发达国家，能为所有的社会和经济部门带来好处，能提高金融服务的可获得性，有利于社会发展的各个方面，对实现人类可持续发展意义重大。

习近平总书记指出："发展普惠金融，目的就是要提升金融服务的覆盖率、可得性、满意度，满足人民群众日益增长的金融需求，特别是要让农民、小微企业、城镇低收入人群、贫困人群和残疾人、老年人等及时获取价格合理、便捷安全的金融服务。"党的十九大报告再次强调："深化金融体制改革，增强金融服务实体经济能力，提高直接融资比重，促进多层次资本市场健康发展。健全货币政策和宏观审慎政策双支柱调控框架，深化利率和汇率市场化改革。健全金融监管体系，守住不发生系统性金融风险的底线。"改革开放40多年，我国逐渐建立起与西方国家不同的金融体系，但金融发展不平衡、不充分问题也日益突出，农村金融服务体系低效落后、中小微企业融资难、融资贵等问题长期存在。如何发展普惠金融，消除金融发展中的不平衡、不充分问题已经引起党中央、国务院的高度重视。党的十八届三中全会提出"发展普惠金融"，国务院《推进普惠金融发展规划（2016～2020年）》提出了我国发展普惠金融的总体思路、基本原则和实施方案。习近平总书记在第五次全国金融工作会议上强调，要建设普惠金融体系，加快金融发展方式转变，回归金融服务实体经济本源，优化金融结构，对国家经济与社会发展的薄弱环节和重点领域配以更多的金融资源，更好地满足实体经济和人民群众对金融的多样化需求。《中共中央、国务院关于实施乡村振兴战略的意见》则强调，普惠金融重点要放在乡村。中共中央、国务院印发的《乡村振兴战略规划（2018～2022年）》把金融支持乡村振兴战略作为最重要的核心内容。所有这些关于普惠金融的顶层设计都表明，在我国发展普惠金融已经上升为国家战略，这不仅是全面建成小康社会的阶段性需要，也是推动和落实乡村振兴战略的重要支撑，是建设和完善现代金融体系的题中应有之义。

中国市场经济发展不够充分、金融资源配置不够均衡、城乡金融发展不够协调，对普惠金融存在很大需求。推进金融改革、金融创新、金融开放和金融发展，其实最重要的目标之一就是推进金融服务更加普及，使小微企业、“三农”和低收入群体都能获得更加便利、更加快捷、更加实惠和更加安全的金融服务。山东是我国人口大省和经济大省，也是中小企业和民营经济大省。改革开放以来，全省中小企业发展迅速。经过几十年的发展，中小企业已成为山东省国民经济发展的重要力量。根据《山东省中小企业发展报告（2018）》，截至2017年底全省中小企业数量为225万家。就山东现实而言，中小企业在科技创新、增加税收、创造就业和促进经济社会稳定等方面有着重要意义。但是，长期以来，金融业是山东发展的短板。中国人民银行数据显示，2018年山东单位GDP的融资额为1.02元，而广东为1.69元。《山东省新旧动能转换重大工程实施规划》提出，支持中小微企业发行企业债、公司债等债券融资工具，提高直接融资比重。目前，中小企业面临的最大问题，就是融资始终不能得到有效解决，这已经成为阻碍山东省中小企业发展的主要原因。山东省委书记刘家义在全省民营企业家座谈会上说，民营企业无论是银行表内融资还是表外融资，无论是直接融资还是间接融资，都明显趋紧。中小企业融资约束不消除，区域经济增长将受到明显制约。

2018年3月8日，习近平总书记参加十三届全国人大一次会议山东代表团审议时说：“实施乡村振兴战略是一篇大文章，要统筹谋划，科学推进。要推动乡村产业振兴，紧紧围绕发展现代农业，围绕农村一二三产业融合发展，构建乡村产业体系，实现产业兴旺，把产业发展落到促进农民增收上来，全力以赴消除农村贫困，推动乡村生活富裕。”习近平总书记希望山东再接再厉，在全面建成小康社会和社会主义现代化建设新征程中走在前列，全面开创新时代现代化强省建设新局面。《山东省乡村振兴战略规划（2018～2022年）》提出的战略目标是，全力打造乡村振兴齐鲁样板，绘就多样化的“齐鲁风情画”，形成具有山东特色的现代版“富春山居图”。应当说，“乡村振兴齐鲁样板”具有丰富的内涵。这既包含着山东作为农业大省所蕴含的巨大发展潜力，应当把改革开放40年取得的成就提高到新的水平，也包含了按照习近平总书记的殷切嘱托，率先实现乡村振兴战略目标，打造全国乡村振兴样板工程。

经济学理论和经济发展实践告诉我们，经济发展离不开资本要素的投入，我国改革开放40年其实就是金融资源不断优化配置的过程。乡村振兴是中国特色社会主义新时代的系统工程，要完成这个伟大工程，首先必须面对资金问题。《中共中央、国务院关于实施乡村振兴战略的意见》明确提出："实施乡村振兴战略，必须解决钱从哪里来的问题。要健全投入保障制度，创新投融资机制，加快形成财政优先保障、金融重点倾斜、社会积极参与的多元投入格局，确保投入力度不断增强、总量持续增加。"因此，要打造乡村振兴齐鲁样板，完成山东省委、省政府在规划中确定的提高农业综合生产能力、加快发展农业"新六产"、深化农业科技"展翅"行动、健全现代农业经营体系、加强质量品牌建设、构建农业开放发展新格局六大任务，必须首先解决资金问题，没有充足的资金保障，乡村振兴难以实现。

理论和实践都表明，经济社会改革发展，重点在金融，发力点也在金融。无论是实施新旧动能转换重大工程，还是打造乡村振兴齐鲁样板，现实表明，山东省必须充分利用已有政策，设立普惠金融改革试验区，通过建立与经济社会发展相适应的普惠金融组织、市场和产品服务体系，着力提高金融支持小微企业、"三农"、扶贫、创业就业等领域的能力和水平，突出先行先试，由点及面，最终实现普惠金融全覆盖。

一　枣庄市经济社会发展情况

枣庄是山东省的17个地级城市之一，位于山东省南部，下辖5个区和1个县级市。东与临沂市平邑县、费县、兰陵县接壤，南与江苏省徐州市的铜山区、贾汪区、邳州市为邻，西接济宁市微山县，濒临我国北方最大的淡水湖——微山湖，北与济宁市的邹城市毗连，总面积4563平方千米，2018年总人口为422.56万人。枣庄市各区/市2017年经济社会情况如表1所示，山东省各城市 2018 年 GDP 统计如表 2 所示。

枣庄市古时为峄县所辖，具有悠久的历史文化。根据文献记载，峄县因葛峄山而得名，峄境内城西北有凫山，东南十五里有葛峄山，峄山之阳多产桐树，众山在外围环绕。乾隆年间《峄县志》写道：“峄因山得名，其见于经传也屡矣。”近代，枣庄成为我国民族工业的摇篮。1878 年，中兴煤矿（全称为“商办山东峄县中兴煤矿股份有限公司”）成立，开中国民族工业的先河。中兴煤矿是第一家完全由中国人自办的民族矿业，也是中国近代设立较早的民族资本煤矿。20 世纪 30 年代，中兴煤矿公司与当时的开滦、抚顺为中国三大煤矿，而且是其中唯一的“民族股份制企业”。当时的《中国矿业报告》称：“能与外煤竞争者，唯山东中兴煤矿公司。”中兴煤矿公司不仅为国家的发展做出了巨大的贡献，还发行了中国第一张股票；1935 年已形成拥有 25 万人口的矿区城镇，在那个全国 95% 的地区还没有铁路的时代，枣庄已是铁路遍地；20 世纪 40 年代，枣庄成为中国人民抗击日本侵略和反法西斯战争的根据地和桥头堡，铁道游击队和台儿庄大战使这座英雄城市举世闻名。1949 年后，枣庄成为山东第四个省辖市。1961 年设市后正式使用“枣庄”作为城市名。枣庄市名胜古迹众多，自然风景优美，旅游资源丰富，著名景点有台儿庄古城、微山湖红荷湿地、抱犊崮、墨子纪念馆等。

表 1　枣庄市各区市 GDP 统计（2017 年）

地区	GDP(亿元)	实际增长(%)	常住人口(万人)	人均 GDP(元)
滕州市	1150.37	6.5	160.37	71732
薛城区	419.81	—	48.14	87206
薛　城	326.53	7.0	39.16	83384
高新区	93.28	9.2	8.98	103875
市中区	241.69	6.7	53.55	45134
台儿庄区	179.76	6.6	27.95	64315
峄城区	179.57	6.9	36.42	49305
山亭区	144.71	6.3	46.50	31120
合计	2315.91	6.7	372.93	62100

资料来源：枣庄市统计局。

根据《2018年枣庄市国民经济和社会发展统计公报》，2018年枣庄市GDP为2402.38亿元，比2017年增长4.3%（见表2、图1）。其中，第一产业增加值为156.89亿元，增长2.6%，对经济增长的贡献率为4.3%；第二产业增加值为1219.65亿元，增长4.1%，对经济增长的贡献率为49.8%；第三产业增加值为1025.84亿元，增长4.8%，对经济增长的贡献率为45.9%（见图2）。三次产业结构调整为6.5∶50.8∶42.7。人均生产总值61226元，增长4.1%。2018年全市一般公共预算收入完成146.7亿元，增长1.0%。其中，税收收入107.17亿元，增长5.1%，税收收入占一般公共预算收入比重为73.1%，比上年提高2.8个百分点。2018年全市一般公共预算支出完成259.63亿元，增长5.8%。2018年末金融机构本外币各项存款余额2037.72亿元，比年初增加209.44亿元。其中住户存款1302.74亿元，比年初增加127.22亿元。年末金融机构本外币各项贷款余额1344.29亿元，比年初增加131.90亿元。

表2　山东省各城市GDP统计（2018年）

各市	GDP(亿元)	增速(%)	人均GDP(元)
青岛	12001.52	7.4	128459
济南	7856.56	7.4	106302
烟台	7832.58	6.4	110231
潍坊	6156.78	6.5	65721
淄博	5068.35	6.1	107720
济宁	4930.58	5.8	58972
临沂	4717.80	7.3	44534
东营	4152.47	4.5	191942
泰安	3651.53	5.7	64714
威海	3641.48	6.7	128774
德州	3380.30	6.7	58252
聊城	3152.15	5.4	51935
菏泽	3078.78	7.9	35184
滨州	2640.52	1.5	67405
枣庄	2402.38	4.3	61226
日照	2202.17	7.3	75329
莱芜	1005.65	7.2	73005
合计	76469.70	6.4	76267

资料来源：山东省统计局。

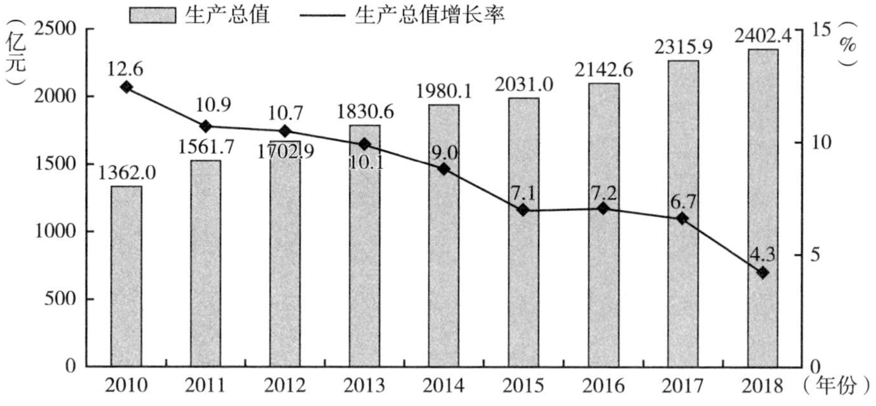

图 1　枣庄市 GDP 总量与增幅变化（2010～2018 年）

注：图中原始数据来源为枣庄市统计局。每年中央及地方统计部门会根据地方实际情况对统计数据的口径做出调整。相关统计口径变化可能导致年度相关数据出现一定的统计误差，误差不会造成统计结果出现重大变化。

资料来源：枣庄市统计局。

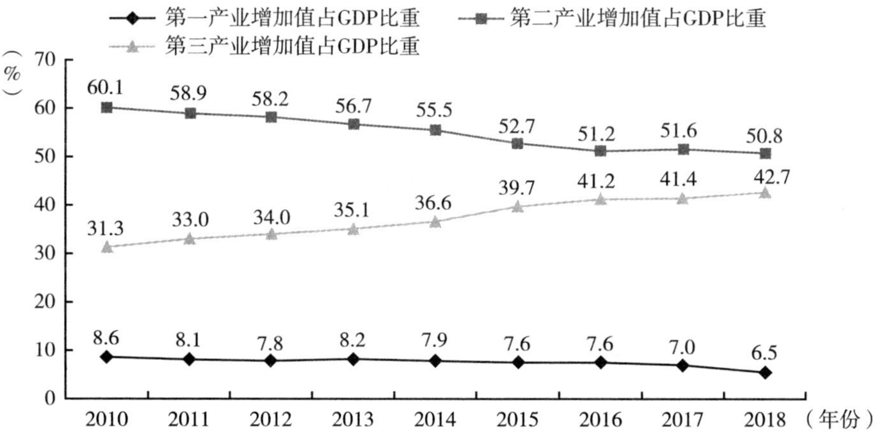

图 2　枣庄市产业结构化（2010～2018 年）

注：图中原始数据来源为枣庄市统计局。每年中央及地方统计部门会根据地方实际情况对统计数据的口径做出调整。相关统计口径变化可能导致年度相关数据出现一定的统计误差，误差不会造成统计结果出现重大变化。

资料来源：枣庄市统计局。

2019 年初，枣庄市《政府工作报告》提出，2019 年全市经济社会发展的主要预期目标是：生产总值增长 5% ~6%；一般公共预算收入增长 3% 左右；外贸进出口稳定增长；城镇、农村居民人均可支配收入分别增长 6.5% 和 7.5% 左右。枣庄市委书记李峰表示，以经济建设为中心是枣庄转型振兴的首要任务，发展是解决一切问题的关键和基础，要重塑枣庄昔日的辉煌，要实现枣庄换道超车、加速追赶，要让枣庄人走到天涯海角都充满自豪感，非发展不能达、非发展不能成。

二　设立枣庄市普惠金融改革试验区的必要性分析

（一）缓解中小微企业融资约束的需要

从国际实践看，普惠金融始于小额信贷。近年来，在联合国的倡导下，普惠金融联盟（The Alliance for Financial Inclusion，AFI）、G20 普惠金融专家组（Financial Inclusion Experts Group，FIEG）、普惠金融全球合作伙伴组织（Global Partnership of Financial Inclusion，GPFI）等国际组织相继发布了一系列针对中小企业融资的行动指引。其中，GPFI 发布的《G20 普惠金融指标体系》将金融服务的可得性、金融服务的使用情况和金融产品与服务的质量作为衡量普惠金融发展水平的三个维度，使用情况的指标数据主要来自中小企业。由世界银行和中国人民银行共同发布的《全球视野下的中国普惠金融：实践、经验与挑战（2018）》（*Toward Universal Financial Inclusion in China Models, Challenges, and Global Lessons, 2018*）将中小企业融资作为报告的重要组成部分。

2018 年，枣庄市民营经济单位数量发展到 37.40 万户，规模以上工业企业 682 家，规模以上企业工业产品销售率为 98.8%，规模以上企业工业利润增长 36.7%。尽管在传统的 35 个行业大类中，21 个行业实现增加值增长，行业增长面达 60.0%，化学原料和化学制品制造业、石油煤炭及其他燃料加工业、通用设备制造业、造纸和纸制品业等行业的主营业务收入分别增长 10.7%、18.5%、10.1% 和 21.8%；在传统的 56 种重点产品中，27 种产品产量实现增长，其中，乙烯、甲醇、金属切削机床、水泥等主要产品产量比上年分别增长 24.8%、14.0%、14.0%、12.3%。但是，中小微企业普遍面临融资难、融资贵问题。

《推进普惠金融发展规划（2016～2020 年）》把小微企业“获取价格合理、便捷安全的金融服务”作为普惠金融发展的重要目标，明确提出要提高小微企业的贷款覆盖率。目前，从全世界的经验看，解决中小企业融资难、融资贵问题，普惠金融是最有效的途径。

（二）打造乡村振兴齐鲁样板的需要

乡村振兴是党的十九大提出的重大战略部署，是关系到社会主义现代化建设的全局性和历史性任务，是新时代中国特色社会主义消除发展不平衡、不充分的客观要求，也是全面建成小康社会赋予我国农业农村发展的新内涵。乡村振兴是经济增长的必然过程，离不开大量资本要素的投入。中国人民银行等五部委印发的《关于金融服务乡村振兴的指导意见》提出“完善农村金融资源回流机制，把更多金融资源配置到农村重点领域和薄弱环节”，充分显示了金融对于乡村振兴的重要性。

研究表明，山东省普惠金融发展走在全国前列。2015 年，国务院批准《山东省人民政府关于开展新型农村合作金融试点的请示》，山东省成为全国首家开展新型农村合作金融试点的省份。按照联合国定义，农村合作金融其实是具有中国特色并符合中国国情的普惠金融形式。《推进普惠金融发展规划（2016～2020 年）》提出，积极探索新型农村合作金融发展的有效途径，稳妥开展农民合作社内部资金互助试点。注重建立风险损失吸收机制，加强与业务开展相适应的资本约束，规范发展新型农村合作金融。支持农村小额信贷组织发展，持续向农村贫困人群提供融资服务。山东省政府出台的《山东省农民专业合作社信用互助业务试点方案》也规定：开展农民专业合作社信用互助业务试点以促进农民增收、农村发展和新农村建设为目标，为“三农”提供最直接、最基础的金融服务。2017 年，山东在全国率先出台

《关于推进普惠金融发展的实施意见》，提出了全省普惠金融发展的具体目标。2018 年，山东省政府出台的《山东省现代金融产业发展规划（2018～2022 年）》把发展普惠金融、建设国家普惠金融改革发展试验区作为重要内容。近年来，在传统金融相对落后的情况下，全省普惠金融在服务“三农”、支持民营经济和中小企业发展等方面发挥了重要作用。因此，无论是从省委、省政府出台的一系列普惠金融政策来看，还是从普惠金融实施效果来看，我省普惠金融发展一直走在全国前列，并取得明显成效。

《山东省乡村振兴战略规划（2018～2022 年）》提出：“产业振兴是乡村振兴的物质基础。”产业振兴是“五大振兴”之首，产业振兴所需的资金投入应当以社会资金为主，只有建立完善的普惠金融体系，充分发挥普惠金融的作用，才能吸引足够的资金并保证产业振兴资金的商业可持续性。截至 2018 年，山东省已注册登记的小额贷款公司超过 400 家，每家公司的平均注册资金超过 2 亿元。按照地方金融监管规定，这些公司的贷款余额累计可以做到 2000 亿元。但是，目前全省有接近半数的小贷公司处于停业或半停业状态。如果将全省小贷公司激活，那么最直接的结果就是可以为“三农”和中小微企业增加 2000 亿元的贷款。此外，还有 126 家村镇银行和近 500 家民间资本管理公司，都存在同样的问题。

统计显示，2018 年山东一般公共预算收入为 6485.4 亿元，广东、江苏和浙江分别为 12102.9 亿元、8630.2 亿元和 6598.1 亿元；从单位 GDP 贡献财政收入值来看，山东为 0.085 元，而广东、江苏和浙江分别为 0.125 元、0.093 元和 0.117 元。数据表明，如果不考虑中央财政转移支付，在乡村振兴财政优先保障方面，山东省与其他省相比差距明显。这就势必要求在社会资金方面下大功夫，通过建立完善的普惠金融体系，吸引更多社会资金投入山东乡村振兴，打造乡村振兴齐鲁样板的普惠金融特色。

（三）实施新旧动能转换重大工程的需要

国务院批准的《山东新旧动能转换综合试验区建设总体方案》（以下简称《方案》）将现代金融服务作为优化升级、形成新动能的传统产业。《方案》提出，增强金融服务实体经济能力，加快发展普惠金融，规范发展小额贷款公司、融资担保公司、融资租赁公司，深入开展新型农村合作金融试点，支持按程序开展普惠金融改革，探索完善区域普惠金融服务体系。《山东省新旧动能转换重大工程实施规划》提出，鼓励利用互联网、大数据、人工智能等，进行金融业务流程改造和产品创新。积极发展养老金融、教育金融、文化金融、旅游金融、农村金融等新型金融服务。规范发展互联网金融、区块链、人工智能等领域的新型金融业态。支持小额贷款公司、典当、融资租赁、商业保理等金融组织创新和可持续发展。支持枣庄、临沂等市开展普惠金融改革创新，探索完善区域普惠金融服务体系。《山东省新旧动能转换重大工程实施规划》出台后，山东省工信厅也出台了《关于加快推进全省中小企业新旧动能转换的实施意见》，提出从 5 个方面加快中小企业新旧动能转换。一是引导企业发展“专精特新”。鼓励中小企业掌握专有技术和独门绝活，走专业化、精细化、特色化、创新化发展道路。到 2020 年，省级“专精特新”企业达到 5000 家，“一企一技术”研发中心和创新企业达到 3000 家。二是提高企业科技创新能力。采取自主创新、联合创新、引进消化吸收再创新等方式，瞄准世界先进技术，围绕“数、网、智、绿”推动互联网、大数据、增材制造、高端装备、工业机器人、新材料、新能源和新医药等新兴产业，开发前沿产品。加大细分领域创新力度。研判消费升级需求，依托互联网技术推进创新和个性化发展，在产品质量、技术工艺、产业链条的空白点和薄弱环节上寻求突破，满足消费者对产品和服务的个性化、多样化、高端化、体验式消费，做小众市场的“小霸王”。三是提升企业经营管理水平。开展管理提升活动，借助“互联网 +”推进管理创新，培育精细化管理样板企业。依托高等院校开展高级工商管理研修等培训，推进企业技术创新、管理创新、商业模式创新，不断提高技术、工艺、产品品牌竞争力。四是培育高成长性中小企业。抓住新一轮工业革命和科技革命机遇，以新技术应用及产业化为主导，努力推动高端装备、新材料、新医药等先进制造业和新兴产业共性技术、关键技术重大突破。到 2020 年，培育“瞪羚”“隐形冠军”企业 1000 家。五是培育行业“小巨人”。引导各类创新要素向企业集聚，加快构建以企业为主体、市场为导向、产学研相结合的技术创新体系，在高端装备制造、新一代信息技术、新材料、新能源、生物医药等重点领域培育“小巨人”企业，推动企业沿着“隐形冠军”“瞪羚企业”“独角兽企业”的高成长发展路径，实现几何级增长、跳跃式发展。

无论是从山东省经济发展现实来看，还是从新旧动能转换重大工程实施要求来看，对于全省200多万家中小微企业来说，普惠金融能否有效服务实体经济将决定着新旧动能转换重大工程的成败。区域经济发展的经验告诉我们，在传统金融领域山东很难实现突破，只有利用国家批准的财富管理综合试验区、新旧动能转换试验区以及未来中日韩自贸区等重大政策机遇，通过发展普惠金融实现突破，才能从根本上缓解全省经济发展的融资约束。

（四）推进金融供给侧改革、弥补金融短板的需要

党的十九大以来，习近平总书记反复强调金融要回归服务实体经济的本源。2018年12月，习近平总书记在中央经济工作会议上指出，要解决好民营企业和小微企业融资难、融资贵问题。提高金融体系服务实体经济能力，形成国内市场和生产主体、经济增长和就业扩大、金融和实体经济的良性循环。普惠金融与金融供给侧结构性改革的目标具有一致性，两者均是为了提升金融服务实体经济能力，尤其是在支持小微企业、民营企业等弱势群体方面高度一致。中国人民银行党委书记、中国银保监会主席郭树清认为，做好对小微企业和民营企业的贷款、信贷支持和金融支持，是金融供给侧结构性改革最重要的组成部分。发展普惠金融的目的就是要提升金融服务的覆盖率、可得性、满意度，满足人民群众日益增长的金融需求，特别是要让农民、小微企业、城镇低收入人群、贫困人群和残疾人、老年人等及时获取价格合理、便捷安全的金融服务。无论是从内涵来看还是从目标来看，两者都高度一致，因此普惠金融既可以理解为金融供给侧改革的内容，也可以理解为金融供给侧改革的实现形式。

三　设立枣庄市普惠金融改革试验区的可行性分析

（一）枣庄市开展多方面普惠金融实践探索

近年来，枣庄市按照国务院《推进普惠金融发展规划（2016～2020年）》和山东省《关于推进普惠金融发展的实施意见》要求，开展普惠金融实践探索，制定了普惠金融政策支持和风险补偿机制。一是强化财政政策支持。制定出台《枣庄市普惠金融发展专项资金管理实施细则》，发挥财政资金引领和杠杆作用，引导金融机构加大对普惠金融服务主体的信贷支持力度。2018年枣庄市通过财政奖补等方式，拨付涉农贷款增量奖励资金455.82万元，发放创业担保贷款共计2.51亿元。支持中小企业拓宽融资渠道，鼓励涉农和中小微企业利用资本市场进行融资，按照《关于进一步促进企业上市的意见》和《关于加快推动全市企业股份改制工作的实施意见》，对完成股改、新三板挂牌、境内创业板或境外上市、境内主板或中小板上市企业分别给予20万元、100万元、200万元和300万元奖励。二是加大货币政策工具支持力度。运用再贷款、再贴现、定向降准等货币政策工具，对支持“三农”、小微企业的金融机构给予政策倾斜。2018年累计发放再贷款2.3亿元，办理再贴现7.56亿元；降低符合条件的城商行和农商行存款准备金率，通过降准释放资金约4.2亿元。三是完善风险分担补偿机制。引入保险公司进行增信，推出“政银保”“政融保”等信贷产品，加大对小微企业、农业种养大户和农村各类生产经营性合作组织以及城乡创业者的信贷投放，并通过风险补偿、贷款贴息等，降低企业（个人）融资成本，提高信贷可获得能力。出台《枣庄市人民政府办公室关于全面推进农业信贷担保工作的实施意见》，设立农业信贷担保风险补偿基金，开展“鲁担惠农贷”业务，2018年末，累计发放贷款0.51亿元，有效缓解“三农”融资难题。

（二）初步建成普惠金融基础设施

一是推进枣庄市普惠金融服务中心建设。坚持“政府引导、市场运作、金企合作、互惠共赢”原则，建设集综合金融服务平台、普惠金融信用平台、企业上市服务平台和金融创新研究平台四个平台为一体的一站式综合性普惠金融服务中心。二是推动农村支付服务提档升级。在农村地区推动建设具有小额汇取款、非现金结算等“十位一体”的多功能普惠金融服务站，依托服务站建成“机到村、卡到户、钱到账”的农村“五分钟金融服务圈”，农村地区布放金融机具3.85万台，银行卡人均持有量达3.1张。三是推进信用体系建设。加强中小微企业和农户征信数据库建设，收集中小微企业信用信息6.71万户，农户信用信息11.5万户，提升了信用档案建档率和融资服务可得性。在滕州工行、滕州中行、峄城中行、山亭工行四家商业银行网点推行个人信用报告自助查询，实现辖区自助查询覆盖。四是创新便利化金融服务。探索创新硬币自循环“枣庄模式”，积极推进现金自循环和ATM自助机具10元券人民币取现工作，ATM自助取零在辖区14家商业银行的433个营业网点实现全覆盖，较好地满足了公众小面额现钞24小时随用随取的需求。

（三）逐步提高小微企业金融服务可得性

一是加强专营机制建设。引导银行业机构深化小微企业金融服务，下放审批权限，建立普惠金融专营机构，目前，枣庄市工行、农行、中行等均设立了普惠金融事业部，并配备专职调查、审查、审批人员。其中，枣庄市中行推出“中银信贷工厂”模式，提高企业的贷款可获得性。二是实行经济资本和内部资金转移定价优惠政策。在经济资本占有上采取差异化考核，降低小微企业信贷资本占有率。其中，枣庄市农行对使用土地使用权和商用房地产抵押的小微企业贷款，经济资本计量系数由10.22%下调为7.6%；对由政府背景融资担保公司提供担保的，经济资本计量系数由15.46%调整为7.6%。三是创新小微企业金融产品。金融管理部门联合税务部门，指导银行机构推出“个税贷”“税E融”“发票贷”等“银税互动”业务产品，累计为近6000户中小企业提供贷款9.1亿元。联合市科技局、知识产权主管部门加快科技金融创新，研发“科创贷”“专利权质押贷款”等产品，贷款余额近2亿元。四是深化互联网信息技术应用。运用大数据、互联网、人工智能等技术提高小微企业金融服务效率，创新服务渠道，压缩信贷获得时间。其中，枣庄市建行开发的“小微快贷”业务，可实现在线申请和7×24小时实时审批、签约、支用和还款，2018年度新增客户341户，贷款余额新增1.65亿元；枣庄农商银行开展“信e贷”自动办贷业务，通过网上自助申请、系统自动审批的模式，3分钟即可完成10万元以下信用贷款的发放。市农行推出自助申请、快速到账、自助用信的“微捷贷”“网捷贷”“惠农e贷”等纯信用、纯线上信贷产品，2018年末，贷款余额达2.05亿元，较2017年增加1.63亿元。

（四）在乡村振兴中已经开展普惠金融服务

一是加大涉农贷款和乡村生态宜居建设贷款供给力度。截至2018年末，全市涉农贷款余额500.14亿元，较年初增加17.06亿元，增幅3.53%，其中农业基础设施建设贷款余额91.36亿元，较年初增加15.86亿元，增幅21.01%。二是创新涉农信贷产品。根据乡村振兴产业、企业、项目资金需求特点，探索农业生产设施、种植养殖物抵押物融资模式，推出了大型农机具抵押贷款、活体畜禽抵押贷款等信贷产品，累计发放贷款1219笔，共计2.43亿元。推动“两权”抵押贷款增量扩面，2018年末全市已抵押土地经营权面积11.5万亩，抵押农民住房面积20.08万平方米，“两权”抵押贷款余额达13.3亿元。三是深入推进新型农村合作金融试点。按照社员制、封闭性原则，通过严格资金出资来源、强化封闭管理、引入第三方托管等方式，规范农民合作社信用互助行为，防范道德风险。同时，兼顾灵活性、便利性原则，坚持问题导向，采取社区性信用互助和农民合作社内部信用互助两种业务模式。截至2018年末，全市新型农村合作金融试点48家，累计借出资金756笔，共计2185万元，社员互助金使用成本平均不超过9%，最低仅为7.2%，未发生一笔不良贷款，较好地满足了社员小额、分散的资金需求。

四 各省普惠金融改革试点经验

（一）普惠金融兰考模式

2016年12月26日，经国务院同意，中国人民银行等七部委联合批复了《河南省兰考县普惠金融改革试验区总体方案》（以下简称《总体方案》）。目前，兰考县是全国唯一的国家级普惠金融改革试验区。

兰考县普惠金融改革试验区创建两年来，按照七部委批复的《总体方案》，坚持政策引导与市场机制相结合，问题导向与目标导向相统一，逐渐探索形成了“一平台四体系”的普惠金融发展模式，即：通过创新开发普惠金融一网通平台，建设普惠授信体系、信用体系、风险防控体系、金融服务体系，不仅培育形成了开放、竞争、多元的农村金融市场，而且通过数字普惠金融发展带来了服务成本、效率、风控的根本改变，成为脱贫攻坚、乡村振兴和农村治理的重要支撑。

1. 搭建数字普惠服务平台

运用“互联网+”思维，探索建设市场化运营的“普惠金融一网通”数字普惠服务平台，平台功能包括支付、理财、保险、证券、生活缴费、惠农补贴、金融消费权益保护等。随着功能升级，2017年10月又推出“普惠金融一网通”平台的升级版即“普惠通”手机App，并开通了“普惠授信”在线服务、金融超市、二维码支付等功能。一方面，解决基层群众金融服务单一、覆盖面窄的问题；另一方面，解决金融服务推送成本和触达效率问题。

2. 建设普惠金融四大体系

（1）普惠金融授信体系。针对大多数农民从未获得过银行信贷服务的状况，结合农民生产经营中的小额资金需求，以普及小额信贷、培育信用习惯、完善信用体系为目的，以建立完善的风险防控为支撑，探索推出以“信贷+信用”为特点的、低门槛低成本的普惠授信模式。普惠授信整个过程分为授信、启信、用信、还信四个环节。在第一个环节，金融机构对农户进行额度3万元（目前已提至5万元）、利率不高于6.75%的普遍授信；农民得到授信后，只要有生产需求，符合“三无”条件（无拖欠贷款本息、未被列入银行黑名单，无赌博、诈骗等不良行为，无游手好闲、好吃懒做等“懒汉”习气），即可启用贷款，按照“一次授信、三年有效、随借随还、周转使用”的原则周转使用。

（2）普惠金融信用体系。将信用体系建设与普惠授信紧密结合，通过普惠授信，将授信前置，变“信用+信贷”为“信贷+信用”，让农民先有授信，在农民启用授信时再收集农户信息，在普惠授信中推动信用体系建设，实现信用信贷良性互动，“信用信贷相长”。一方面，使信息收集工作更有针对性，大大降低了信息收集成本，减少了农户的麻烦；另一方面，通过授信把农民与银行联系起来，引导农民积累信用记录、培养信用习惯，根据农民信用积累情况进行信用评级，根据农户信用等级变动情况调整授信额度和信用成本，让农民在利用信贷的实践中体会信用的价值，珍惜信用，从而实现了信用与信贷的相互促进，激发了农民参与信用建设的热情。

（3）普惠金融风险防控体系。建立科学有效的普惠金融风险分担机制，打破以往银行、政府两家分担风险的做法，引入保险公司、担保公司等市场主体，采取银、政、保、担“四位一体”的风险分段分担机制。“分段分担”，即不良资产划分出2%以下、2%～5%、5%～10%和10%以上四个风险段，不同区间银行、保险公司、担保公司和政府分别承担不同的责任。同时，设置风险隔离机制。当普惠授信不良率达到一定比例时，银行即可启动该机制。风险分担机制突破了传统风控模式，按照“共同参与、权责利对等”原则，通过明晰各方权、责、利，注重分散风险，把不确定性风险在各方锁定，解除后顾之忧，有效激发各方参与普惠金融工作的积极性，推动普惠金融向纵深发展。

（4）普惠金融服务体系。建设两级普惠金融服务站，促进普惠金融服务与便民政务服务高效结合，既增强线下金融服务能力，也确保服务的规范性和可持续性。一是在县行政服务中心设立普惠金融服务中心，实现普惠授信、农村产权抵押登记、还贷周转金等普惠金融相关业务的集中办公、一站式办理，有效提高金融服务效率，目前已入驻银行、证券公司、保险公司、担保公司等单位 17 家，设立窗口 22 个。二是依托村委党群服务中心提质改造，建设“4 + X”功能的村级普惠金融服务站，加载金融代理服务功能（惠农支付、小额人民币券别调剂等）、信用服务功能（采集更新农户信用信息、协助开展失信联合惩戒等）、风险防控功能（贷款推荐、贷后协助管理等）、金融消费权益保护功能（金融消费权益保护咨询、金融政策宣传等）4 项基础金融服务和商业银行各自的特色金融服务，促进了普惠金融服务与便民政务高效结合。

（二）普惠金融宁波模式

2015 年 10 月，中国人民银行批复同意宁波市开展普惠金融综合示范区试点。作为国内首个普惠金融试点城市，宁波普惠金融综合示范区试点得到了宁波市政府、金融管理部门、金融机构和社会各界的广泛参与。试点 4 年来，宁波市按照中国人民银行批复的“政府引导、市场为主，立足特色、综合推进，促进竞争、保护权益”原则，探索运用数字技术促进普惠金融发展，逐步形成了普惠金融发展“宁波模式”，可以概括为“六个体系”。

1. 数字化金融服务体系

建立数字化金融服务体系的目的是为城乡居民提供“新体验”。通过创建各种数字化支付手段，在农（渔）产品交易、农村公交、村级财务和农民日常生活等领域广泛应用数字普惠金融技术。2017 年前 9 个月，宁波市农村移动支付业务量比 2016 年同期增长了 125.76%。试点期间开发建成的普惠金融（移动）公共服务平台整合加载各类移动金融应用，成为区域数字普惠金融发展的重要基础设施。安全、高效、便捷的手机信贷为身处偏远海岛、山区的渔民、农户提供融资支持，2017 年前 9 个月手机信贷交易额累计达 464.7 亿元，同比增长了 302%。

2. 平台化社会信用体系

建立平台化社会信用体系为“三农”和城市低收入等弱势群体提供“增信力”。中国人民银行宁波市中心支行在完善小微企业与农户信用信息数据库的基础上，建成了普惠金融信用信息服务平台，汇集来自商业银行、政府部门和公共服务机构的 24 类共 3.2 亿条信用信息，成为 64 家银行、小额贷款公司、保险公司重要的授信审批和风险管理工具，目前日均查询逾 7000 笔，有效缓解了小微企业与农户融资服务中的信息不对称问题。农村信用体系建设得到进一步加强，实现了涉农金融机构信用信息数据的整合共享。

3. 多元化融资服务体系

建立多元化普惠金融融资服务体系的目的是汇集更多的资金供给，为普惠金融需求方引来源头活水。截至 2017 年第三季度，宁波全市 6 大类、158 个小微金融创新产品的融资余额达到 595 亿元，惠及 10 万余家小微企业，“多权一房”（农村住房、土地承包经营权、农村股份经济合作社股权、集体土地房屋拆迁补偿权益、集体林权、水域滩涂养殖权、大型农机具和船舶使用权、海域使用权等）的农村金融创新产品的融资余额达到 181.7 亿元，惠及 9 万多户农户。在产业工人集聚的北仑区，金融机构为传统上被排斥在金融服务体系之外的产业工人量身打造“匠人贷”“人才积分贷”“蓝领通”等小额信用贷款产品，先期试点发放贷款 6.87 亿元，已惠及工人 1 万多名，实现了工人、企业、银行的共赢。

4. 层次化的组织机构体系

参与普惠金融业务的各类金融机构是普惠金融发展的“主力军”。由于监管部门和监管要求不同，不同层次的金融机构在普惠金融建设中承担着不同的职责。宁波市各金融机构立足市场定位和业务特色，在各自领域发挥普惠功能，贴近一线，靠前服务。农村金融机构深入植根农村，推广适合“三农”需求的融资产品，业务人员进村入户上门服务；国有大型银行快速设立普惠金融事业部；城市商业银行发挥机制灵活、贴近企业的优势，创新小微企业金融产品和服务；保险机构推出了小额贷款保证保险、巨灾保险、农业保险、出口信用保险等99个保险创新项目，有效服务经济社会薄弱环节和经济转型升级。宁波市2273个行政村设立了3202家助农金融服务点，为农民提供存取款、汇款、代理缴费等基础金融服务，并逐步推广电子支付代理、贷款申请与还款、电子商务等新功能，使助农服务点成为开在农民家门口的“银行”，2017年前三季度业务笔数已达到702.1万笔，同比增长60.5%，交易金额达到33.3亿元。

5. 系统化的政策引导体系

中国人民银行宁波市中心支行积极运用定向降准、支农支小再贷款、再贴现等货币信贷政策工具。宁波市政府专门下发了《宁波市人民政府关于建设普惠金融综合示范区的实施意见》，从统筹规划、组织协调、均衡布局到政策扶持，给予了全方位的支持。同时，出台了金融支持小微企业“11条”、小额贷款保证保险、文化科技风险池等一系列扶持政策。积极发挥公共财政在试点建设、中小企业贷款风险补偿等方面“保基本、有重点、可持续”的作用。政府性融资担保体系不断完善，16家国有融资担保机构的担保总额、在保余额在全市45家融资担保机构中已占到将近50%。

6. 制度化的消费者权益保护体系

《推进普惠金融发展规划（2016～2020年）》明确要求，加强金融消费者权益保护监督检查，及时查处侵害金融消费者合法权益的行为，维护金融市场有序运行。宁波市金融管理部门和金融机构持续开展金融知识普及和消费者教育，提升消费者的金融素养和自我保护能力，试点以来各类宣传教育活动受益群众达到319万人次。实施“金融普惠校园启蒙”国民金融素质教育提升工程，目前已从“进校园”“进课堂”发展到“进课程”，2017年在宁海县87所中小学对1.9万名学生实现了全覆盖，下阶段将逐步推广到全市，惠及更多的青少年和他们的家庭。畅通各类诉求渠道，建立宁波市金融消费纠纷人民调解委员会，形成多元化的金融消费纠纷化解机制，在发展普惠金融的过程中有效维护了消费者权益，防范了潜在风险。

五 枣庄市普惠金融改革试验区方案设计

（一）建设功能强大的普惠金融综合服务平台

根据《推进普惠金融发展规划（2016～2020年）》提出的“鼓励金融机构运用大数据、云计算等新兴信息技术，打造互联网金融服务平台，为客户提供信息、资金、产品等全方位金融服务”和《G20数字普惠金融高级原则》，参考国内已有普惠金融试点地区经验，枣庄市普惠金融改革试验区建设的核心内容就是打造功能强大的普惠金融服务体系，以满足小微企业、农民、城镇低收入人群、贫困人群等资金需求为核心，统筹政府资源，撬动金融和社会资源，搭建集“金融综合服务”“企业信用征集”“信用保证基金”“金融创新研究”四大功能于一体的普惠金融综合服务平台，依托该平台为广大市场主体提供丰富的金融产品和增值服务，实现融资需求和金融资源的有效对接，推动形成大众创业、万众创新的新局面。落实《山东省社会信用体系建设工作方案》要求，以农村和小微企业征信数据库建设为切入点，加快推进农户、小微企业和城镇低收入人群等电子信用档案建设，加强信用信息归集和管理工作，持续开展小微企业信用评价和“信用户”“信用家庭”“信用村（社区）”“信用乡镇”评定工作，利用两年左右时间，基本实现评定工作全覆盖和农户、企业信用信息采集、查询服务全覆盖。征集中国人民银行、法院、公安、发改、国税、地税、社保、国土、环保、住建、电力等多部门信息，建立地方企业信用信息数据库，实现企业、个体工商户及重点个人客户的综合信用报告、信用正负面清单、不良名录库和自动风险提示预警等多种功能，形成一个功能完善的企业综合信用评价体系。普惠金融综合服务平台示意图见图3。

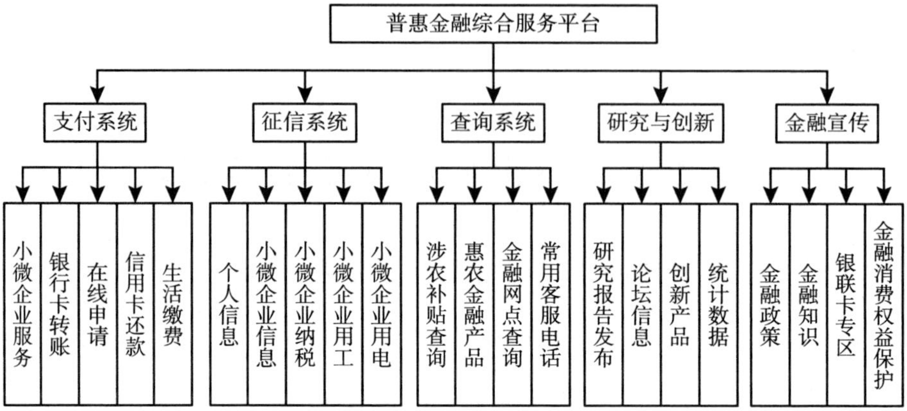

图3　普惠金融综合服务平台示意

资料来源：齐鲁财富网。

（二）建设普惠金融六大体系

1. 打造金融服务乡村振兴体系

加大金融资源向乡村振兴重点领域和薄弱环节的倾斜力度，建立完善金融服务乡村振兴的市场体系、组织体系、产品体系，促进农村金融资源回流，增加农村金融供给。支持国家开发银行、农业发展银行等政策性银行和中国农业银行、邮政储蓄银行等涉农银行在枣庄开展金融服务乡村振兴业务试点。强化国家开发银行、中国农业发展银行的政策性功能定位，加大对枣庄乡村振兴中长期信贷的支持力度，在农业开发和水利、道路等农业农村基础设施建设等方面加大信贷投放。推动中国农业银行、邮政储蓄银行发挥"三农"金融事业部对枣庄乡村振兴的支持作用，稳步发展小额涉农贷款业务，逐步扩大涉农贷款业务范围。鼓励银行全面加快网点建设，深入推进支农服务点建设，扎根农村、服务社区，为小微企业、"三农"和城乡居民提供更有针对性、更加便利的金融服务。发挥政策性、商业性、合作性金融机构的优势和作用，通过政策银行批发资金转贷、涉农银行设立助农取款服务点、普惠金融服务站等形式，逐步延伸和拓展金融服务。健全完善监管政策，建立正向激励机制，依法依规，适度提高对涉农贷款的不良容忍度。积极引导社会资本发起设立小额贷款公司、民间资本管理公司、融资担保公司和互联网金融企业或平台等，争取省级政策支持，在扩大经营区域、开展创新业务等方面享受与济南、青岛同等的相关优惠政策；健全完善农业信贷担保体系，密切同省农业担保公司合作，通过财政担保费率补助和以奖代补等，加大对新型农业经营主体的支持力度；完善市、区两级政府性融资担保体系，同等条件下，国家和省融资担保基金优先向枣庄市倾斜，进一步完善担保贷款风险分担和补偿机制，加大对涉农企业融资担保的支持力度，满足乡村振兴多样化、多层次的金融需求。探索推进多样化涉农融资试点，打造农村普惠金融服务新体系。鼓励银行机构特别是地方法人银行结合自身优势，创新服务模式，建设特色普惠金融服务站，推动中国农业银行“金穗惠农通”金融服务点、中国银行“乡邻小站”电子商务平台、枣庄银行“惠农服务点”建设提档升级。积极创新农村金融产品和服务方式，稳妥有序推进农村“两权”抵押贷款试点；探索推进农地收益贷试点，建立完善风险补偿金制度和涉农保险风险分担机制，推动将农地收益贷作为应收账款在动产融资统一登记公示系统办理质押登记，保障债权债务人合法权益，打造农地收益贷“枣庄样板”，进一步挖掘释放农村土地融资潜能。

2. 设立普惠金融专营机构，完善普惠金融组织机构体系

支持重点商业银行和保险公司等在枣庄设立普惠金融专营机构，针对“三农”和小微企业研发设计产品并实行专门的“贷前、贷中、贷后”服务。鼓励支持设立“普惠金融事业部”的商业银行和保险公司，信誉良好、运行水平较高的担保公司、创投基金等金融机构，通过组建银团、共保体、投贷保联合体等多种形式，发挥传统与新型互动的集合优势，打破产品同质化困局，重点为无法对接满足融资需求的“三农”、小微企业制定解决方案。鼓励银行机构开展“助保贷”“税易融”等信贷产品创新，推广运用“信贷工厂”等模式；加快保险机构普惠金融产品推广运用，深入推进“政银保贷款”“保单融资”等产品运用，提高小微企业融资获得率。依托枣庄矿业集团、山东泉兴集团、薛城能源集团等本地龙头企业，通过发起设立财

务公司、融资租赁公司等途径，探索推进供应链金融，提升普惠金融集群服务能力。鼓励符合条件的优质企业到枣庄市发起设立民营银行。建立同网商银行等具有互联网大数据优势银行的战略合作，大力发展“互联网+普惠金融”，充分利用移动互联、大数据、移动终端等新技术，创新开发普惠金融产品，积极推动数字普惠金融供给，有效缓解中小微企业融资难、融资贵等问题。鼓励设立保理公司，利用供应链金融资产证券化优势，加快应收账款变现流转，减少企业财务压力；探索创新保理公司税收收缴机制，支持保理公司按照实际收益部分纳税，激活保理活性。

3. 完善权益类交易机构建设，构建专业化金融中介服务体系

发挥枣庄市农村产权交易中心的区域辐射作用，建立辐射鲁南区域的集土地经营权、宅基地使用权、林权等各类产权要素的确权颁证、价值评估、抵押登记、交易流转和风险处置机制为一体的农村产权交易平台，有效盘活农村现有资源，拓宽抵押融资渠道。探索建立以互联网为基础的自助式动产、权利抵质押登记平台，推动开展动产抵质押融资业务。建立农业保险管理信息平台，有效对接全国农业保险管理信息平台。培育发展农村资产评估、资信评级、融资咨询、保险经纪等中介服务组织，逐步构建专业化的中介服务体系。积极推进基金小镇建设工作，引入基金、保理、融资租赁等多种金融业态进驻发展，并在办公场地租用、企业所得税减返、高端金融人才和紧缺人才个人所得税减返等方面制定出台优惠政策。协调基金行业协会在基金小镇设立申请备案绿色通道，对在小镇内申请设立的私募基金公司，按照基金行业协会要求进行初步筛选，并直报基金业协会，提高小镇内基金公司设立效率。

4. 建立普惠金融监管与风险防范体系

2016 年出台的《山东省地方金融条例》是国内唯一一部地方性金融法规，为普惠金融监管和风险防范提供了法律依据。普惠金融改革试验区必须加大非法集资等金融违法犯罪防范处置工作力度，打造良好的普惠金融发展环境。建立涉嫌非法集资活动风险排查和监测预警机制，定期组织排查，通过单位和个人举报、新闻监督、日常巡查等方式，搜集登记涉嫌非法集资活

动的信息，及时规范清理有风险隐患的经营活动，对发现的涉嫌非法集资活动线索，及时移送公安机关进行查处。充分发挥网格化管理和基层群众自治的经验和优势，将防范和处置非法集资各项工作纳入网格化管理范畴，对基层网格人员开展非法集资监测预警、宣传教育等工作进行考核。公安、司法机关要采取有力措施，充分利用各种法律手段，严厉依法打击涉嫌非法集资的行为，稳妥处置案件，最大限度地追缴涉案资产及违法所得。广泛开展宣传教育活动，加强信息发布、出版、印刷或者复制环节涉嫌非法集资风险的监测管理，严禁以新闻报道形式发布虚假和误导性信息。坚决阻断非法集资传播渠道，净化社会舆论环境。探索建立金融广告治理工作协作机制，加强与工商、公安等部门的沟通协作，共同做好虚假违法违规金融广告线索移送、证据提供、案件督办、结果反馈等工作，严格规范金融机构管理广告宣传行为，切实保护金融消费者的合法权益。

5. 建立金融消费者权益保护体系

从世界各国的普惠金融实践看，普惠金融消费者比一般金融消费者更需要提供法律保护。因此，《玛雅宣言》等对大多数国家具有指导作用的普惠金融国际公约，都将消费者权益保护作为重要内容和核心内容。普惠金融改革试验区应当将加大金融消费权益保护工作力度、打造金融消费维权绿色通道作为重要建设内容。健全完善非诉第三方纠纷解决机制，发挥多部门合力，形成人民调解、仲裁调解和诉调对接等多元化的金融消费纠纷工作格局，推动矛盾纠纷有效化解。构建城乡一体的金融维权服务网络，在全市各金融机构网点设立金融消保工作联络员，依托普惠金融服务站等载体，开展社区、农村等金融消费权益保护工作，促进投诉受理、金融教育、业务咨询进一步贴近百姓。发挥金融消费权益保护协会的职能作用，推进金融消费者投诉分类标准推广应用，不断提高投诉受理处理规范化、专业化水平，及时有效解决金融消费纠纷。加强金融消费者权益保护监督检查，及时查处侵害消费者合法权益的行为。开展“金融知识进普及月”“金融消费者权益日”“金融知识进万家”“送金融知识下乡”“投资者保护宣传月”服务活动，向广大市民积极宣导金融知识，全面提升金融安全意识。

6. 打造普惠金融研究创新体系

成立齐鲁普惠金融研究院。该研究院为民非机构，注册地在枣庄市。研究院将成为对接高端金融信息、资源、成果、渠道，形成高端金融人才聚集区和普惠金融成果孵化基地。研究院成立时将引进不低于10名国内金融领域著名专家学者，每年编写、出版和发布《山东省普惠金融发展报告》《枣庄市普惠金融改革试验区运行报告》等与普惠金融相关的年度研究报告，举办全国性普惠金融高端论坛。研究院还将发挥枣庄市作为首个海峡两岸交流基地的优势，完善海峡两岸普惠金融服务交流机制，加强两岸金融人才交流和培养；积极争取台湾金融教育、培训机构等落户枣庄，借鉴吸收台湾金融业服务小微企业的先进经营管理经验和理念；引进台资金融机构，探索设立合资基金公司和证券投资咨询研究机构。加强对外考察学习，借鉴美欧的普惠金融先进理念和产品，服务普惠金融发展。推动枣庄学院设立金融学院，加强普惠金融人才培养。建立金融知识教育发展长效机制，推动中小学积极开展金融知识普及教育，高校开设金融基础知识相关公共课等内容，将普惠金融知识教育纳入国民教育体系。

六　枣庄市普惠金融改革试验区建设举措与实施保障

（一）加强组织领导

枣庄市政府成立普惠金融改革试验区工作领导小组，统筹推进试点各项工作。依托枣庄市地方金融监管局（市金融办）成立普惠金融服务中心，负责普惠金融改革试验区具体工作，协调中国人民银行、银保监分局、保险行业协会等部门，在国务院相关部门、省政府、省地方金融监管局等的指导下，按照党中央、国务院关于发展普惠金融的相关政策要求，通过上下联动、部门协作，形成省、市、区各级统一协调、分头推进的工作机制。

（二）严格考核督导

制定成立普惠金融改革试验区工作计划和目标任务。建立目标责任体系，将目标任务层层分解，明确各部门职责分工，责任落实到人。将试点工作纳入全市经济社会发展综合考核，完善考核奖惩机制，加大对区（市）政府、部门和金融机构推进普惠金融工作的考核力度，通过定期召开协调会、专题会等方式，及时解决前期工作中遇到的各种问题和困难，确保普惠金融改革试验区建设工作扎实推进、取得成效。

（三）完善人才保障

对国内从事普惠金融领域研究和实物的专家学者进行摸排，按照省委、省政府《关于做好人才支撑新旧动能转换工作的意见》（鲁发〔2017〕26号）和市委、市政府《关于做好人才支撑新旧动能转换工作的实施意见》（枣发〔2018〕13号）规定，与专家学者建立务实有效的联系，通过柔性引进、定期举办活动等方式，发挥专家学者的作用，为普惠金融改革试验区服务。深化与高等院校的合作，支持枣庄学院设立金融学院，搭建全市普惠金融人才培养平台。优选金融机构设立枣庄市普惠金融人才实训基地，集聚普惠金融后备人才。完善人才价值体现机制，开展“普惠金融之星”评选工作，对优秀普惠金融工作者给予奖励。进一步完善高端普惠金融人才奖励补助机制，形成集聚人才的良好氛围。

附　　录

Appendix

B.10
附　表

山东省村镇银行名单（2018 年）

单位：万元，家

地市	村镇银行名称	主发起行名称	注册资本	网点家数	成立日期
滨州	滨州河海村镇银行	博兴农商银行	12000	1	2016－05－26
	博兴新华村镇银行	安徽马鞍山农商银行	8000	2	2013－01－16
	惠民舜丰村镇银行	诸城农商银行	5000	3	2014－09－28
	无棣中成村镇银行	四川成都农商银行	8000	1	2013－12－27
	阳信河海村镇银行	博兴农商银行	8000	2	2016－08－22
	沾化青云村镇银行	安丘农商银行	6000	3	2016－12－01
	邹平浦发村镇银行	上海浦发银行	15000	5	2010－05－13
	邹平青隆村镇银行	青州农商银行	16828	6	2012－08－29
德州	德州陵城圆融村镇银行	寿光农商银行	4000	4	2015－06－30
	乐陵圆融村镇银行	寿光农商银行	5000	5	2015－06－15
	临邑中银富登村镇银行	中国银行	3000	4	2011－06－16
	宁津胶东村镇银行	龙口农商银行	5000	4	2013－12－28
	平原圆融村镇银行	寿光农商银行	4000	4	2015－07－22

续表

地市	村镇银行名称	主发起行名称	注册资本	网点家数	成立日期
德州	齐河胶东村镇银行	龙口农商银行	7000	4	2013－12－28
	庆云乐安村镇银行	广饶农商银行	5000	3	2013－09－18
	武城圆融村镇银行	寿光农商银行	5000	3	2015－07－22
	夏津胶东村镇银行	龙口农商银行	5000	5	2013－12－28
	禹城胶东村镇银行	龙口农商银行	7000	2	2013－12－27
东营	东营河口中成村镇银行	四川成都农商银行	10000	2	2013－12－09
	东营莱商村镇银行	莱商银行	58000	34	2010－09－30
	东营融和村镇银行	广东江门融和农商银行	12100	4	2014－04－29
	广饶梁邹村镇银行	邹平农商银行	10000	5	2011－07－13
	垦利乐安村镇银行	广饶农商银行	10000	5	2011－07－07
	利津舜丰村镇银行	诸城农商银行	5000	5	2014－09－28
菏泽	曹县中银富登村镇银行	中国银行	4000	6	2011－03－30
	成武汉源村镇银行	江苏邳州农商银行	5000	4	2014－08－20
	单县中银富登村镇银行	中国银行	3000	2	2012－01－10
	定陶河海村镇银行	博兴农商银行	5000	2	2016－11－28
	东明中银富登村镇银行	中国银行	4000	2	2013－08－16
	菏泽牡丹北海村镇银行	莱州农商银行	5000	2	2015－11－18
	巨野中银富登村镇银行	中国银行	4000	4	2013－08－16
	鄄城包商村镇银行	内蒙古包商银行	3000	2	2011－04－13
	郓城北海村镇银行	莱州农商银行	5000	2	2015－11－18
济南	济南高新北海村镇银行	莱州农商银行	8000	1	2016－04－28
	济南槐荫沪农商村镇银行	上海农商银行	5000	2	2012－05－11
	济南历城圆融村镇银行	寿光农商银行	20000	6	2015－08－14
	济阳北海村镇银行	莱州农商银行	4000	1	2015－11－24
	平阴蓝海村镇银行	青岛农商银行	10000	2	2016－05－16
	商河汇金村镇银行	昌邑农商银行	10300	5	2015－07－02
	章丘齐鲁村镇银行	齐鲁银行	10406	8	2011－09－30
	长清沪农商村镇银行	上海农商银行	5000	3	2012－05－11
济宁	济宁高新村镇银行	日照银行	5000	5	2012－04－23
	济宁蓝海村镇银行	青岛农商银行	10000	2	2016－05－23
	济宁儒商村镇银行	济宁银行	21002	14	2012－09－04
	嘉祥中银富登村镇银行	中国银行	3000	4	2012－01－04

续表

地市	村镇银行名称	主发起行名称	注册资本	网点家数	成立日期
济宁	金乡蓝海村镇银行	青岛农商银行	10000	2	2016－05－23
	梁山民丰村镇银行	江苏民丰农商银行	5000	5	2012－08－17
	曲阜中银富登村镇银行	中国银行	5000	4	2013－02－20
	泗水齐丰村镇银行	临淄农商银行	5000	4	2015－08－19
	微山北海村镇银行	莱州农商银行	5000	3	2016－03－11
	汶上中银富登村镇银行	中国银行	3000	3	2013－11－15
	兖州中成村镇银行	四川成都农商银行	10000	1	2013－12－10
	鱼台青隆村镇银行	青州农商银行	6000	4	2015－05－29
	邹城中银富登村镇银行	中国银行	10000	1	2012－04－23
莱芜	莱芜中成村镇银行	四川成都农商银行	8000	2	2013－12－12
	莱芜珠江村镇银行	广东广州农商银行	6000	8	2011－03－29
聊城	茌平沪农商村镇银行	上海农商银行	5000	2	2012－06－10
	东阿青隆村镇银行	青州农商银行	6000	3	2015－08－18
	高唐青隆村镇银行	青州农商银行	8000	3	2015－06－29
	冠县齐丰村镇银行	临淄农商银行	5000	3	2015－12－11
	聊城沪农商村镇银行	上海农商银行	5000	2	2012－06－05
	临清沪农商村镇银行	上海农商银行	5000	3	2012－06－01
	莘县青隆村镇银行	青州农商银行	8000	2	2015－06－26
	阳谷沪农商村镇银行	上海农商银行	5000	1	2012－06－05
临沂	费县梁邹村镇银行	邹平农商银行	6000	7	2013－06－21
	莒南村镇银行	江苏赣榆农商银行	8240	7	2012－05－24
	兰陵村镇银行	寿光农商银行	16000	11	2011－10－09
	临沭民丰村镇银行	江苏民丰农商银行	5000	4	2011－08－12
	临沂河东齐商村镇银行	齐商银行	30000	11	2010－12－27
	蒙阴齐丰村镇银行	临淄农商银行	5000	3	2015－10－30
	平邑汉源村镇银行	江苏邳州农商银行	10000	4	2014－07－21
	郯城汉源村镇银行	江苏邳州农商银行	5000	4	2014－06－06
	沂南蓝海村镇银行	青岛农商银行	10000	1	2016－06－17
	沂水中银富登村镇银行	中国银行	4000	4	2011－04－19
青岛	即墨惠民村镇银行	北京农商银行	20000	3	2008－10－14
	胶南海汇村镇银行	潍坊市商业银行	10000	10	2008－12－29
	胶州中成村镇银行	四川成都农商银行	20000	1	2011－12－06
	莱西元泰村镇银行	宁夏石嘴山银行	5000	5	2010－07－09

续表

地市	村镇银行名称	主发起行名称	注册资本	网点家数	成立日期
青岛	崂山交银村镇银行	中国交通银行	15000	4	2012-08-16
	平度惠民村镇银行	吉林九台农商银行	10285	9	2010-12-23
	青岛城阳珠江村镇银行	广东广州农商银行	10000	4	2012-07-25
	青岛黄岛舜丰村镇银行	诸城农商银行	11400	7	2014-10-21
日照	莒县金谷村镇银行	内蒙古金谷农商银行	10388	7	2010-11-25
	日照沪农商村镇银行	上海农商银行	7727	2	2012-05-28
	日照九银村镇银行	江西九江银行	5000	7	2011-11-30
	日照蓝海村镇银行	青岛农商银行	10000	2	2016-01-22
	五莲中银富登村镇银行	中国银行	4000	4	2013-02-26
泰安	东平沪农商村镇银行	上海农商银行	5000	2	2012-06-06
	肥城民丰村镇银行	江苏民丰农商银行	5000	3	2011-07-22
	宁阳沪农商村镇银行	上海农商银行	6549	2	2012-06-06
	泰安沪农商村镇银行	上海农商银行	10084	1	2012-08-30
	新泰齐丰村镇银行	临淄农商银行	8000	2	2015-07-16
威海	荣成汇丰村镇银行	汇丰银行	10000	2	2011-07-07
	乳山天骄村镇银行	内蒙古鄂尔多斯农商银行	5000	7	2010-09-13
	威海富民村镇银行	龙口农商银行	5000	4	2015-03-18
	文登建信村镇银行	中国银行	10000	1	2012-11-30
潍坊	安丘北海村镇银行	莱州农商银行	6000	3	2016-04-18
	昌乐乐安村镇银行	广饶农商银行	10000	5	2014-10-31
	昌邑北海村镇银行	莱州农商银行	5000	2	2016-04-14
	高密惠民村镇银行	吉林九台农商银行	10185	8	2011-05-25
	临朐聚丰村镇银行	临沂兰山农村合作银行	20000	7	2012-12-25
	青州中银富登村镇银行	中国银行	6500	3	2011-06-09
	寿光张农商村镇银行	江苏张家港农商银行	10000	3	2008-11-11
	潍坊寒亭蒙银村镇银行	内蒙古银行	10000	6	2011-02-12
	潍坊奎文中成村镇银行	四川成都农商银行	20000	1	2013-12-31
	潍坊潍城北海村镇银行	莱州农商银行	8500	3	2016-04-18
	诸城建信村镇银行	中国银行	10000	1	2012-03-15
烟台	海阳珠江村镇银行	广东广州农商银行	7000	5	2011-12-01
	莱山齐丰村镇银行	临淄农商银行	8000	3	2015-11-23
	莱阳胶东村镇银行	龙口农商银行	7000	4	2014-03-04

续表

地市	村镇银行名称	主发起行名称	注册资本	网点家数	成立日期
烟台	莱州珠江村镇银行	广东广州农商银行	8000	5	2011-11-30
	龙口中银富登南山村镇银行	中国银行	20000	2	2010-11-03
	牟平胶东村镇银行	龙口农商银行	7000	5	2014-03-04
	蓬莱民生村镇银行	民生银行	10000	3	2011-04-28
	栖霞中银富登村镇银行	中国银行	5000	2	2013-08-12
	烟台福山珠江村镇银行	广东广州农商银行	10000	3	2012-04-27
	招远中银富登村镇银行	中国银行	10000	1	2013-04-19
	芝罘齐丰村镇银行	临淄农商银行	10000	3	2015-10-20
枣庄	滕州中银富登村镇银行	中国银行	10000	1	2011-12-05
淄博	高青汇金村镇银行	昌邑农商银行	6000	2	2016-07-11
	桓台青隆村镇银行	青州农商银行	8000	3	2015-11-19
	临淄汇金村镇银行	昌邑农商银行	10000	3	2015-09-07
	沂源博商村镇银行	张店农商银行	13000	17	2011-07-11
	周村青隆村镇银行	青州农商银行	6000	4	2015-09-16
	淄博博山北海村镇银行	莱州农商银行	5000	1	2016-04-29
	淄博淄川北海村镇银行	莱州农商银行	5000	1	2016-04-29

资料来源：中国银保监会山东监管局、全国企业信用信息公示系统、村银网、齐鲁财富网。

B.11
参考文献

[1] 孙国茂主编《山东省金融科技发展报告（2019）》，中国金融出版社，2019。

[2] 孙国茂主编《山东上市公司经营绩效及市值管理研究报告（2019）》，中国金融出版社，2019。

[3] 孙国茂主编《实施乡村振兴战略需要构建普惠金融体系》，中国财富网，2019－09－14。

[4] 孙国茂主编《山东省普惠金融发展报告（2018）》，社会科学文献出版社，2018。

[5] 孙国茂主编《中国证券公司竞争力研究报告（2018）》，社会科学文献出版社，2018。

[6] 孙国茂主编《山东省中小企业发展报告（2018）》，社会科学文献出版社，2018。

[7] 孙国茂主编《山东省普惠金融发展报告（2017）》，社会科学文献出版社，2017。

[8] 孙国茂主编《山东省互联网金融发展报告（2018）》，中国金融出版社，2018。

[9] 孙国茂主编《山东省互联网金融发展报告（2017）》，中国金融出版社，2017。

[10] 孙国茂、胡汝银、陈志超：《金融资源配置、所有制结构与企业绩效》，《济南大学学报》（社会科学版）2018年第1期。

[11] 孙国茂：《市值表现分化显著　龙头企业强者恒强》，《上海证券报》2018年1月13日，第6版。

[12] 孙国茂：《区块链技术的本质特征及在证券业的应用》，《上海证券报》2017 年 2 月 8 日，第 8 版。

[13] 孙国茂：《金融改革的目标是实现金融服务的普惠性》，《国际融资》2017 年第 11 期。

[14] 孙国茂：《尽快推进普惠金融制度体系建设》，《经济参考报》2017 年 3 月 3 日，第 8 版。

[15] 孙国茂：《金融改革的目标是实现金融服务的普惠性》，《国际融资》2017 年第 11 期。

[16] 孙国茂、李猛：《网络借贷模式异化与普惠金融使命漂移》，《金融发展研究》2017 年第 12 期。

[17] 孙国茂：《P2P 问题平台的风险特征与原因》，《证券时报》2016 年 9 月 8 日，第 11 版。

[18] 孙国茂：《降低 M2 增速并不等同于去杠杆》，《上海证券报》2017 年 7 月 20 日。

[19] 孙国茂、胡汝银：《健全资本市场　加快新旧动能转换》，《中国社会科学报》2017 年 9 月 20 日。

[20] 孙国茂、安强身：《普惠金融组织与普惠金融发展研究——来自山东省的经验与案例》，中国金融出版社，2017。

[21] 孙国茂：《互联网金融：本质、现状与趋势》，《理论学刊》2015 年第 3 期。

[22] 孙国茂：《释放资本市场改革的更大红利》，《人民日报》2014 年 10 月 29 日，第 7 版。

[23] 孙国茂：《从根本上改革股票发行制度》，《理论学刊》2014 年第 3 期。

[24] 孙国茂：《金融创新的本质、特征与路径选择——基于资本市场的视角》，《理论学刊》2013 年第 6 期。

[25] 孙国茂、范跃进：《金融中心的本质、功能与路径选择》，《管理世界》2013 年第 11 期。

[26] 孙国茂:《中国股市与经济运行背离的原因分析》,《理论学刊》2012年第2期。

[27] 孙国茂:《中国式庞氏融资的成因及治理研究》,《山东社会科学》2012年第2期。

[28] 孙国茂:《经济发展需要“金融深化”》,《上海证券报》2006年4月11日,第9版。

[29] 孙国茂:《经济发展中的金融深化研究——山东经济发展中的问题与对策》,《东岳论丛》2006年第1期。

[30] 巴曙松:《普惠金融的技术变革》,《21世纪经济报道》2016年6月8日。

[31] 巴曙松:《中国“普惠金融”的新路径与反思》,《农村金融研究》2016年第7期。

[32] 张正平、窦慧敏:《普惠金融发展如何缓解贫困?——一个文献评述》,《金融监管研究》2019年第1期。

[33] BR互联网金融研究院:《互联网金融报告2016》,中国经济出版社,2016。

[34] 胡金焱、李建文、张博:《P2P网络借贷是否实现了普惠金融目标》,《世界经济》2018年第11期。

[35] 温智良、肖青云:《商业银行践行普惠金融的信贷转型探讨》,《金融与经济》2018年第9期。

[36] 包钧、谢霏、许霞红:《中国普惠金融发展与企业融资约束》,《上海金融》2018年第7期。

[37] 艾永梅:《农村合作金融的风险控制——以山东、浙江供销社资金互助为例》,《中国金融》2015年第14期。

[38] 安娜:《我国银行业有充足“弹药”抵御风险》,《金融世界》2018年第3期。

[39] 巴曙松、刘少杰、杨倞:《2014年中国资产管理行业发展报告》,中国人民大学出版社,2014。

[40] 白鹤祥:《完善我国普惠金融体系》,《中国金融》2016 年第 17 期。
[41] 穆争社、穆博:《深化农村普惠金融供给侧改革面临的难点及化解机制》,《上海金融》2018 年第 12 期。
[42] 蔡洋萍:《我国农村普惠金融内生化发展现状、障碍及对策研究》,《浙江金融》2016 年第 1 期。
[43] 陈华、李国峰:《互联网金融:现状、存在问题及应对策略》,《金融发展研究》2014 年第 5 期。
[44] 戴宏伟、随志宽:《中国普惠金融体系的构建与最新进展》,《理论导刊》2014 年第 5 期。
[45] 粟勤孟、娜娜:《法制环境、银行业市场结构与普惠金融》,《首都经济贸易大学学报》2018 年第 5 期。
[46] 杜晓山:《发展农村普惠金融的思路和对策》,《金融教学与研究》2015 年第 3 期。
[47] 杜晓山:《构建完整的农村普惠金融体系》,《金融世界》2016 年第 2 期。
[48] 夏蜀:《新时代中小银行的普惠金融化》,《中国金融》2018 年第 3 期。
[49] 范秀红:《国外普惠金融发展实践》,《中国金融》2014 年第 22 期。
[50] 范秀红:《国外普惠金融可持续发展对我国的启示》,《经济研究参考》2014 年第 59 期。
[51] 耿欣、冯波:《小额贷款公司运营及其可持续发展研究——以山东小贷公司为例》,《山东社会科学》2015 年第 1 期。
[52] 白当伟、汪天都、李潇潇、蒋润东、冯丝卉:《普惠金融与金融稳定:传导机理及实证研究》,《上海金融》2018 年第 8 期。
[53] 陈鹏:《政府引导型数字普惠金融创新》,《中国金融》2019 年第 4 期。
[54] 中国人民银行、世界银行集团:《全球视野下的中国普惠金融:实践、经验与挑战》,中国金融出版社,2018。
[55] 郭田勇、丁潇:《普惠金融的国际比较研究——基于银行服务的视角》,《国际金融研究》2015 年第 2 期。
[56] 何德旭、苗文龙:《金融排斥、金融包容与中国普惠金融制度的构

建》,《财贸经济》2015 年第 3 期。

[57] 刘强:《打造大行特色的普惠金融》,《中国金融》2018 年第 1 期。

[58] 黄益平、黄卓:《中国的数字金融发展:现在与未来》,《经济学(季刊)》2018 年第 4 期。

[59] 胡金焱、梁巧慧:《小额贷款公司多重目标实现的兼顾性——来自山东省的证据》,《财贸经济》2015 年第 5 期。

[60] 胡金焱、刘险峰、李永平:《"两区、一圈、一带"战略深入实施及区域协调发展研究——基于山东省金融发展战略视角》,《金融发展研究》2015 年第 6 期。

[61] 温智良、肖青云:《商业银行践行普惠金融的信贷转型探讨》,《金融与经济》2018 年第 9 期。

[62] 中国银保监会:《中国普惠金融发展情况报告》,中国金融出版社,2018。

[63] 谭溪:《普惠视角下的互联网金融监管》,《中国金融》2018 年第 11 期。

[64] 黄国平、伍旭川:《中国网络信贷行业发展报告:P2P 网贷平台风险评级与分析》,社会科学文献出版社,2015。

[65] 谭正航:《我国农村普惠金融发展法律保障体系的构建》,《求实》2018 年第 2 期。

[66] 黄益平:《数字普惠金融的机会与风险》,《新金融》2017 年第 8 期。

[67] 徐忠:《新时代背景下中国金融体系与国家治理体系现代化》,《经济研究》2018 年第 7 期。

[68] 李永森:《资本市场规范发展与制度创新》,《中国金融》2018 年第 1 期。

[69] 李永刚:《系统性金融风险调查:英国经验及启示》,《西南民族大学学报》(人文社科版)2018 年第 2 期。

[70] 李永华、张燕:《"一行三会"开启"最强监管"》,《中国经济周刊》2018 年第 1 期。

[71] 李永平、胡金焱：《设立小额贷款公司的政策目的达到了吗？——以山东省为例的调查分析》，《山东社会科学》2011年第1期。

[72] 李爱君：《互联网金融法律与实务》，清华大学出版社，2015。

[73] 张子豪、谭燕芝：《数字普惠金融与中国城乡收入差距——基于空间计量模型的实证分析》，《金融理论与实践》2018年第6期。

[74] 梁骞、朱博文：《普惠金融的国外研究现状与启示——基于小额信贷的视角》，《中央财经大学学报》2014年第1期。

[75] 刘兴成：《法律应成为金融监管标尺》，《法人》2018年第3期。

[76] 刘政：《关于互联网金融法律监管问题的探讨》，《中国市场》2015年第27期。

[77] 葛和平、朱卉雯：《中国数字普惠金融的省域差异及影响因素研究》，《新金融》2018年第2期。

[78] 刘国强：《探索中国特色普惠金融发展之路》，《中国金融》2017年第19期。

[79] 林政、李高勇：《互联网金融背景下的普惠金融发展研究》，《管理现代化》2016年第5期。

[80] 李均锋：《发展农村普惠金融助推乡村振兴战略》，《中国银行业》2019年第5期。

[81] 马延霞、潘璐：《普惠金融视阈下的社区银行发展研究》，《山东社会科学》2016年第5期。

[82] 马彧菲、杜朝运：《普惠金融指数测度及减贫效应研究》，《经济与管理研究》2017年第5期。

[83] 董玉峰、赵晓明：《负责任的数字普惠金融：缘起、内涵与构建》，《南方金融》2018年第1期。

[84] 中国人民银行货币政策分析小组：《2017年中国区域金融运行报告》2017年8月4日。

[85] 中国人民银行：《中国区域金融运行报告（2018）》，2018年7月。

[86] 马绍刚、冯丝卉：《普惠金融国际实践的主要模式比较》，《上海金

融》2018 年第 1 期。
[87] 邹克：《普惠金融、农业 TFP 变动与城乡收入不平衡——基于普惠金融结构性问题视角》，《金融经济学研究》2019 年第 2 期。
[88] 杜光宇：《普惠金融各主体金融能力建设的实践研究》，《中国商论》2019 年第 10 期。
[89] 任青、保洪武：《普惠金融在我国农村地区的发展探析》，《南方农业》2019 年第 1 期。
[90] 朱天水：《我国农村商业银行普惠金融可持续发展探讨》，《现代营销》（下旬刊）2018 年第 10 期。
[91] 谭燕芝、彭千芮：《普惠金融发展与贫困减缓：直接影响与空间溢出效应》，《当代财经》2018 年第 3 期。
[92] 王伟、朱一鸣：《普惠金融与县域资金外流：减贫还是致贫——基于中国 592 个国家级贫困县的研究》，《经济理论与经济管理》2018 年第 1 期。
[93] 张建波：《关于普惠金融对城乡收入差距影响的门槛效应研究》，《甘肃社会科学》2018 年第 1 期。
[94] 付莎、王军：《中国普惠金融发展对经济增长的影响——基于省际面板数据的实证研究》，《云南财经大学学报》2018 年第 3 期。
[95] 周孟亮：《普惠金融与精准扶贫协调的路径创新研究》，《南京农业大学学报》（社会科学版）2018 年第 2 期。
[96] 苏薇：《普惠金融发展影响因素及对策分析》，《时代金融》2017 年第 24 期。
[97] 焦瑾璞：《微型金融学》，中国金融出版社，2013。
[98] 焦瑾璞、黄亭亭、汪天都等：《中国普惠金融发展进程及实证研究》，《上海金融》2015 年第 4 期。
[99] 毕夫：《互联网普惠金融的深度检视》，《中关村》2018 年第 7 期。
[100] 王兆星：《我国普惠金融的今朝与明日》，《IMI 研究动态》2018 年第二季度合辑，2018。

[101] 欧理平：《普惠金融对商业银行盈利可持续性的影响研究》，《学术论坛》2016年第4期。

[102] 彭晓娟：《普惠金融视角下互联网金融发展之法律进路》，《法学论坛》2018年第3期。

[103] 刘亦文、丁李平、李毅、胡宗义：《中国普惠金融发展水平测度与经济增长效应》《中国软科学》2018年第3期。

[104] 邹伟、凌江怀：《普惠金融与中小微企业融资约束——来自中国中小微企业的经验证据》，《财经论丛》2018年第6期。

[105] 顾宁、刘扬：《我国农村普惠金融发展的微观特征分析》，《农业技术经济》2018年第1期。

[106] 苑珂珂、宋良荣：《普惠金融绩效评价指标构建及其应用研究》，《金融理论与实践》2017年第11期。

[107] 杜光宇：《普惠金融发展中金融科技应用研究》，《中国市场》2019年第7期。

[108] 魏鹏：《商业银行普惠金融事业部经营管理机制研究——以五家大型商业银行为例》，《金融监管研究》2017年第9期。

[109] 魏鹏：《商业银行加速构建普惠金融服务体系》，《上海证券报》2017年11月17日。

[110] 胡宗义、李明月：《普惠金融发展的空间关联及溢出效应——基于社会网络视角的分析》，《华东经济管理》2018年第8期。

[111] 胡宗义、丁李平、刘亦文：《中国普惠金融发展的空间动态分布及收敛性研究》，《软科学》2018年第9期。

[112] 顾宁、刘扬：《我国农村普惠金融发展的微观特征分析》，《农业技术经济》2018年第1期。

[113] 顾宁、张甜：《基于普惠金融发展的农村信用体系创新研究》，《财经问题研究》2018年第2期。

[114] 韦博洋、宋晓玲：《商业银行普惠金融商业可持续发展模式研究》，《现代管理科学》2017年第1期。

[115] 尹志超、彭嫦燕、里昂安吉拉：《中国家庭普惠金融的发展及影响》，《管理世界》2019 年第 2 期。

[116] 孙英杰、林春：《中国普惠金融发展的影响因素及其收敛性——基于中国省级面板数据检验》，《广东财经大学学报》2018 年第 2 期。

[117] 武锐、胡金焱：《小额贷款公司促进小微企业发展了吗？——基于山东省数据的研究》，《山东社会科学》2015 年第 3 期。

[118] 邢乐成、羿建华：《中国普惠金融体系构建与运行要点》，《东岳论丛》2015 年第 8 期。

[119] 徐明伟、徐鑫、解其昌：《普惠金融在绿色生态发展中的传递作用》，《山东社会科学》2018 年第 3 期。

[120] 张龙耀、马倩倩、刘荣茂：《金融普惠的群体差异性：市场失灵还是制度缺陷》，《经济评论》2018 年第 3 期。

[121] 黄震：《普惠金融的理论和实践问题》，《山东社会科学》2018 年第 12 期。

[122] 徐沈：《中国新型农村金融组织发展研究》，中共中央党校，2012。

[123] 杨团：《新型农村合作金融：特征及体系——浅议山东省新型农村合作金融试点》，《银行家》2015 年第 8 期。

[124] 余文建：《普惠金融指标体系构建——从国际探索到中国实践》，《中国金融》2017 年第 5 期。

[125] 曲家文：《金融科技时代数字普惠金融实践》，《中国金融家》2019 年第 1 期。

[126] 杜晓山：《关于政府政策支持金融扶贫的思考》，《治理现代化研究》2018 年第 3 期。

[127] 尹优平：《金融科技助推普惠金融》，《中国金融》2017 年第 22 期。

[128] 赵新宇：《村镇银行法律规制缺陷与完善研究》，《农业经济》2017 年第 12 期。

[129] 张翔：《民间金融合约的信息机制：来自改革后温台地区民间金融市场的证据》，社会科学文献出版社，2016。

[130] 张茜:《争做普惠金融引领者——国际视角下的邮政普惠金融》,《中国邮政》2019年第2期。

[131] 张亚枝:《普惠金融视角下村镇银行信贷运行机制研究》,山东大学,2014。

[132] 张郁:《结构视角下中国农村普惠金融发展的现实困境与制度选择》,《南方金融》2015年第9期。

[133] 郑中华、特日文:《中国三元金融结构与普惠金融体系建设》,《宏观经济研究》2014年第7期。

[134] 中国农业银行山东省分行课题组、宋秀峰、赵崇民:《商业银行深化互联网金融服务的探索与思考》,《金融发展研究》2014年第3期。

[135] 中国银监会合作部课题组:《普惠金融发展的国际经验及借鉴》,《国际金融》2014年第3期。

[136] 周俊仰:《证监会连出重拳整顿资本市场》,《银行家》2018年第1期。

[137] 梁榜、张建华:《中国普惠金融创新能否缓解中小企业的融资约束》,《中国科技论坛》2018年第11期。

[138] 王作功、杨茂巧、何赛:《银行业金融机构普惠金融评价指标体系研究》,《金融理论与实践》2018年第11期。

[139] Sanjay, S., Raj, P. K. and Nitin, M., 2018, "Fintech and the Demand Side Challenge in Financial Inclusion", *Enterprise Development and Microfinance*, 29 (1): 94-98.

[140] Park, C., and Mercado, R. J., 2018, "Financial Inclusion, Poverty, and Income Inequality", *Singapore Economic Review*, Forthcoming (5), 419-435.

[141] Ozili, D. P. K., 2018, "Impact of Digital Finance on Financial Inclusion and Stability", Mpra Paper.

[142] Kabakova, O., and Plaksenkov, E., 2018, "Analysis of Factors Affecting Financial Inclusion: Ecosystem View", *Journal of Business Research*, 89.

[143] Adeola, O. and Evans, O., 2017, "Financial Inclusion, Financial

Development, and Economic Diversification in Nigeria", *Journal of Developing Areas*, 51 (3), 1 – 15.

[144] Chauvet, L. and Jacolin, L., 2017, "Financial Inclusion, Bank Concentration, and Firm Performance", *Social Science Electronic Publishing.*

[145] Mishra, S. and Kumari, S., 2017, "Role of Indian Banking System and Financial Inclusion for Rural Development", *International Journal of Research in Finance and Marketing*, 7 (5), 174 – 181.

[146] Nyanhete, A., 2017, "The Role of International Mobile Remittances in Promoting Financial Inclusion and Development", *European Journal of Sustainable Development*, 6 (2), 256 – 266.

[147] Drebentsov, V., Bergsman, J. and Broadman, H. G., 2016, "Finance and Growth: Schumpeter Might Be Right", *Social Science Electronic Publishing*, 39 (2329), 401 – 419.

[148] Sethy, S. K., 2016, "Developing a Financial Inclusion Index and Inclusive Growth in India", *Theoretical & Applied Economics.*

[149] Alter, A. and Yontcheva, B., 2015, "Financial Inclusion and Development in the CEMAC", IMF Working Papers, 15 (235).

[150] Anand, S. K. and Chhikara, K. S., 2013, "A Theoretical and Quantitative Analysis of Financial Inclusion and Economic Growth", *Management & Labour Studies*, 38 (1 – 2), 103 – 133.

[151] Deborah, M. F., 2013, "Institutionalist Policies for Financial Inclusion", *Journal of Economic Issues*, 47 (4), 873 – 894.

[152] Ghosh, J., 2013, "Microfinance and the Challenge of Financial Inclusion for Development", *Cambridge Journal of Economics*, 37 (6), 1203 – 1219.

[153] Gupte, R., Venkataramani, B. and Gupta, D., 2012, "Computation of Financial Inclusion Index for India", *Procedia-Social and Behavioral Sciences*, 37 (1), 133 – 149.

B.12
代后记
普惠金融与乡村振兴的可持续性

孙国茂

乡村振兴是党的十九大提出的重大战略部署，是关系到社会主义现代化建设的全局性和历史性任务，是新时代中国特色社会主义消除发展不平衡、不充分的客观要求，也是全面建成小康社会赋予我国农业农村发展的新内涵。改革开放40年，我国工业化和城市化建设创造了举世瞩目的成就。无论是城市数量还是城市规模，都取得了空前的进步，为人类历史上波澜壮阔的史诗般的人口迁移创造了巨大的城市空间，使数以亿计的农村人口进入城市生活。40年来，我国城市化率从18%提高到58.5%。但令人忧虑的是，人口转移后的大部分农村地区发展缓慢，有些地方甚至出现停滞和衰退。2005年10月，党的十六届五中全会提出“建设社会主义新农村”，从此我国进入了统筹城乡社会经济发展，实行工业反哺农业、城市支持农村建设的新阶段。十八大以来，我国农业农村的发展速度不断加快，并取得显著成果。但由于农村人口基数庞大，加之工业化过程中对农业农村“欠账”太多，城乡发展不平衡、不充分依然是我国当前面临的突出矛盾。站在中国特色社会主义新时期的历史关口，加快农业农村发展，缩小城乡差距，使广大农村居民共享发展成果显得更加紧迫。

习近平总书记在十九大报告中指出：“要坚持农业农村优先发展，按照产业兴旺、生态宜居、乡风文明、治理有效、生活富裕的总要求，建立健全城乡融合发展体制机制和政策体系，加快推进农业农村现代化。”国务院乡村振兴战略规划提出了“五大振兴”的具体目标。与十六大相比，党的十九大提出的乡村振兴目标更加科学、更加全面、更加宏伟。但是我们必须清醒地认识到，乡村振兴是一个艰巨而复杂的系统工程，绝不是三五年就可以完成的事情。在拥有 5 亿多农村居民和近 2000 万贫困人口的国家，实施乡村振兴战略绝非易事，更不可能一蹴而就。在乡村振兴战略实施过程中，如果路径选择和制度供给操作不当，很可能会出现不断反复。

乡村振兴的决定性因素是什么？

回顾人类社会 200 多年经济发展历史不难发现，世界各国在工业化和城市化进程中，乡村衰落是一个普遍性现象。20 世纪下半叶以来，在联合国等国际组织推动下，乡村振兴与反贫困逐渐演化为全球性运动。由于社会制度和国情差异，各国政府对乡村衰落认识的程度有所不同，选择消除乡村衰落的时间节点不尽一致。各国根据自然禀赋、经济发展水平以及经济结构等确定自己的乡村振兴路径。一些国家获得了成功，如美国、英国、法国、德国、日本、韩国等国，也不乏失败案例，如巴西、委内瑞拉等国，不仅农业农村发展失败，而且使整个经济陷入困境。

十九大报告指出，我国仍处于并将长期处于社会主义初级阶段的基本国情没有变，我国是世界最大发展中国家的国际地位没有变。这意味着，我国实施乡村振兴的历史任务比其他国家更加艰巨，认真总结各国的经验教训就显得尤为重要。尽管世界各国并未形成乡村振兴的统一模式，但是我们必须找出决定性因素。只有从问题的关键入手，才能确保乡村振兴战略实施的可持续性。在此，我们首先考察两个国家的经验。

一是美国乡村振兴经验。美国虽然是个只有 200 多年历史的国家，但是农业的立法十分完善，通过立法来保护农业和农民，这为乡村振兴提供了法律保障。早在 19 世纪，美国农业部就明确定位“农业是制造业和商业的基础”。从 20 世纪 30 年代的罗斯福新政开始，开启了长达几十年的立法推动农业发展阶段，使美国的农业保护制度逐步完善。在乡村振兴过程中，美国先后制定出台并修改完善《农业调整法》《农业法》《农业安全与农村投资法案》等百余部法律法规。对农业补贴是农业政策的核心，通过立法不仅确立了农业的基础性地位，而且促进了美国农业发展，夯实了美国乡村建设的经济基础，将土地资源和水资源保护、农业科技发展、农产品价格、农业信贷、农业税收和农产品对外贸易等方面都囊括进农业法律体系内。近年来，美国农业立法越来越关注对乡村发展的引导扶持以及农业农村的可持续发展。《2014 年新农业法案》对建设宜居宜业的农村居住社区、培育增进互信的农村合作组织、发展兴旺发达的农村多元经济、创新促进发展的农村资源环境保护工作等进行规范。《2018 年农业提升法案》继续加强了一系列农村发展举措，对农村互联网建设、可持续发展、资源保护项目的投入等方面做出具体规定。针对农业农村基础设施投资大、公益性强、回收周期长等特点，美国综合运用信贷担保、补贴等政策工具，由联邦政府和地方政府共同出资建设乡村公路、供气供热、垃圾污水处理等公益、半公益基础设施，由市场投资主体建设农业发展等相关基础设施，为振兴乡村经济提供了有力支撑。此外，为了确保农业发展领先于世界各国，美国还建立了完备的农村金融体系，形成了政策性金融机构、商业性金融机构和合作性金融机构三足鼎立的农村金融体系。

二是日本乡村振兴经验。二战后，遭受战争重创的日本经济几近崩溃，百废待兴。由于战后重建过分投资于城市建设，大量劳动力需求导致农村青壮年纷纷流向城市，城乡差距逐渐加大，农村开始出现明显衰败。20 世纪 50 年代，日本政府制定法律保护农民并开始了早期的乡村振兴。1952 年出台了《农地法》，1961 年出台了《农业基本法》和《农协合并助成法》，1967 年又出台了《结构政策的基本方针》。通过一系列法律法规，在粮食增产、农民增收、农业增效等方面起到了促进作用。1969 年，日本政府出台《农业振兴法》后，又提出了令世人瞩目的“造村运动”，目的在于通过农业产业化和发展乡村特色旅游等新型农业经营形式，改变农村落后面貌，实现乡村振兴。1999 年，日本出台了旨在指导 21 世纪农业农村发展的新农业法《食品、农业、农村基本法》，把乡村振兴作为农业农村发展的基本理念。日本发挥农业协同组织在农业生产、技术和金融等方面的独特优势，改造提升传统农业，推广以地方特色产品为基础的“一村一品”发展模式，经历了初加工或简单加工的“1.5 次产业”和农工商融合发展的“第六产业”两次转型升级，农业产业链条不断延伸，农产品附加值显著提升。经过20多年的造村运动，日本基本消灭了城乡差距，农业现代化水平明显提高。与美国乡村振兴模式不同的是，日本通过立法确保乡村振兴所需的资金投入。自20世纪50年代以来，日本政府颁布了《农林中央金库法》《农林渔业金融公库法》《农业共济基金法》《农业改良资金助成法》《渔业现代化资金助成法》《林业改善资金法》等10项法律，规范和调整国家对农业的投资政策，加强对农业的扶持和保护。此外，日本还建立了完善的农村金融体系。日本的农村金融体系既包括政府主办的政策性金融，也包括农民主办的合作金融。日本唯一的政策性金融机构就是农林渔业金融公库，它为从事农林渔业生产、加工和贸易的企业与个人提供金融服务。《农林渔业金融公库法》规定，农民、渔民在出现资金困难时，政策性金融机构必须向他们提供长期低息贷款。日本的合作金融机构是指农协系统。农协系统是按农民自主自愿的原则登记成立的，主要由农业协同组合、信用农业协同组合联合会、农林中央金库三级组成。农协系统可以接受成员存款，根据需要向成员贷款，不以营利为目的，旨在为全体成员提供金融服务。

综观美国、日本等国的乡村振兴经验，我们可以从中得出这样的启示。在乡村振兴过程中起关键作用的因素有两个：一是制度设计，即乡村振兴立法；二是资金保障。从世界各国乡村振兴成功经验看，制度保障和资金保障这两个关键因素缺一不可，无一例外。目前，党中央已连续16年发布一号文件聚焦农业农村问题。农业农村方面已制定且现行有效的法律有15部、行政法规28部、部门规章148部、地方性农业法规规章600余部，以《农业法》为核心的农业农村法律体系逐步构建。下一步，国家还将制定乡村振兴促进法，通过立法，明确乡村振兴要按照产业兴旺、生态宜居、乡风文明、治理有效、生活富裕的总要求，构建产业发展、人才支撑、生态保护、文化传承、组织建设的制度体系。可以说，我国围绕农业农村经济发展和乡村振兴的立法已经比较完善，剩下的另一个决定性因素就是资金保障。

乡村振兴所需资金规模与乡村振兴可持续性

无论是经济学理论还是经济发展经验都告诉我们，经济增长离不开资本要素的投入。党中央、国务院《关于实施乡村振兴战略的意见》明确提出："实施乡村振兴战略，必须解决钱从哪里来的问题。要健全投入保障制度，创新投融资机制，加快形成财政优先保障、金融重点倾斜、社会积极参与的多元投入格局，确保投入力度不断增强、总量持续增加。"近日，央行等五部门发布的《关于金融服务乡村振兴的指导意见》提出"完善农村金融资源回流机制，把更多金融资源配置到农村重点领域和薄弱环节"，充分显示了金融对于乡村振兴的重要性。问题的关键是，要实现乡村振兴每个阶段性目标，到底需要投入多少资金？乡村振兴 5 年期规划、10 年期规划与资金规模之间到底存在怎样的逻辑关系？

在 2005 年十六届五中全会提出"建设社会主义新农村"后，学术界曾对新农村建设所需资金规模开展过讨论，形成了几种方案。中国社会科学院提出，大约需要投入 2 万亿～4 万亿元；中国银保监会测算，大约需要投入 15 万亿～20 万亿元；农村问题研究专家赵俊臣认为，国家需要投入 30～50 万亿元。但是 2018 年"中央一号文"出台以来，尚未发现国内专家学者关于乡村振兴所需资金投入的研究成果。最近，农业农村部副部长余欣荣在公开场合表示：实现乡村振兴战略 5 年规划目标，至少要投资 7 万亿元。值得说明的是，《广东省 2017 年预算执行情况和 2018 年预算草案的报告》披露，广东省 2018 年省级一般公共预算支出中用于乡村振兴的资金规模是 1055 亿元。

目前，我国农村居民人均收入为 14600 元，农村居民人均消费为 13066 元，全国仍有 1660 多万贫困人口生活在农村，尤其是欠发达的西部山区，农业和农村基础设施基本上是空白。农村问题研究专家李昌平认为，乡村振兴首先是让农村居民尤其是老人和儿童过上有品质的生活。从农村人均 GDP、农业和农村现状看，我国在实施乡村振兴战略过程中确实存在比发达国家更多的困难，需要投入更多的资金。综合研究成果和公开信息来看，我国乡村振兴的第一阶段至少需要投入 10 万亿元资金。

投入乡村振兴的资金分两类：一类是可以产业化的投入，如“一乡一业”“一村一品”项目投资、现代农业经营体系投资等；另一类是非产业化投入，如农民生活条件改造投资、农业基础设施投资等。对第一类投入，可以考虑筹集社会资金；对第二类投入，主要依靠政府。财政部数据显示，2018 年，我国一般公共预算中用于农林水的支出为 20786 亿元，占公共支出总额的 9.41%。2019 年《政府工作报告》提出“全年减轻企业税收和社保缴费负担近 2 万亿元”，以“放权、减税、让利”为主的治国方略被称为百年未有之大变局，这意味着，所有财政支出的增加都会非常困难。在此情况下，对农业农村增加财政投入的空间有多大值得思考。假如每年约 2 万亿元乡村振兴投入中有一半来自财政，农业农村投资占公共支出总额的比重将从 9.41% 提高到 14%。这显然不太现实。必须建立财政优先保障、金融重点倾斜、社会积极参与的多元投入格局。乡村振兴这样的系统工程，完全靠财政资金投入是不现实。必须建立乡村振兴的“造血”机制，才能确保乡村振兴的开创性。除了财政资金，另外两个资金来源是农村金融和社会资金。

从以上分析可知，资金投入决定了乡村振兴的可持续性。在财政资金约束的条件下，如何建立一种机制，确保社会资金进入农业农村就成了最关键的因素。

普惠金融是乡村振兴可持续性的根本保证

普惠金融最早由联合国提出。根据联合国定义，普惠金融具有包容性、便捷性、可获得性和商业可持续性四大特征。美国次贷危机后，普惠金融得到 G20、国际货币基金和世界银行等大力推广，成为世界大多数国家开展国际合作的纽带和衡量金融体制变革、社会进步发展的重要标准之一。

党的十八届三中全会提出“发展普惠金融”后，我国把普惠金融上升为国家战略，并在国际上积极倡导和推动普惠金融。习近平总书记先后在

G20 安塔利亚峰会和 G20 杭州峰会上向全世界承诺：发展普惠金融，消除贫困人口。国务院《推进普惠金融发展规划（2016～2020 年）》指出："大力发展普惠金融，是我国全面建成小康社会的必然要求。"并明确提出，小微企业、农民、城镇低收入人群和贫困人群等特殊群体是当前我国普惠金融的重点服务对象。

当前，我国普惠金融体系还不完善，很多农村地区的金融需求无法得到满足。一方面，外部资金很难进入农村；另一方面，市场化环境下农村资金有可能向城市流动，导致农村金融短板长期得不到解决，贷款难、贷款贵、担保少、风险大和坏账多等问题成为农村金融难以解决的顽症。国务院出台普惠金融发展规划后，监管部门把工作重点放在传统的大型金融机构上，采取了对"三农"增加金融产品、改进服务方式、规定金融机构发放支农贷款比例、鼓励金融机构增加支农贷款等一系列政策措施扶持农村金融发展；银保监会要求商业银行设立普惠金融部，增加对"三农"的普惠金融业务。但是，由于大型金融机构同时受到宏观审慎监管约束，"信用不匹配"和"信贷配给"等导致农村地区金融服务不足问题始终无法从根本上消除。五部委《关于金融服务乡村振兴的指导意见》提出的"金融精准扶贫力度不断加大"、"金融支农资源不断增加"和"农村金融服务持续改善"客观上要求乡村振兴必须"创新投融资机制"，建立普惠金融体系。

习近平总书记在第五次全国金融工作会议上指出，要建设普惠金融体系。普惠金融改变了以往金融机构只为大企业和有钱人服务的传统金融服务模式和金融理念，从这个意义上说，普惠金融也是金融领域最大的供给侧改革。从国际普惠金融发展经验看，乡村振兴规划中提到的"农村金融"及与"三农"相关的所有金融需求和金融服务都属于普惠金融范畴，农村金融是普惠金融的重要组成部分。大量事实证明，要实现乡村振兴的战略目标，就必须建立完善的、具有商业可持续性的普惠金融体系，确保农村金融服务可获得、全覆盖。这也是为什么党中央、国务院《关于实施乡村振兴战略的意见》明确要求："普惠金融重点要放在乡村。"

通过立法和积极财政政策建设普惠金融体系

自十八届三中全会以来，我国已出台了很多关于发展普惠金融的政策，但与普惠金融相关的立法很少，目前只有2017年新修订的《中小企业促进法》第三章的部分条款涉及普惠金融。这也许是国家推动普惠金融多年却收效不彰的根本原因。要建立完善的有效服务乡村振兴的普惠金融体系，必须制定相关法律。比如制定“普惠金融法”或在“乡村振兴促进法”中为农村金融和农村合作金融提供保障。

2019年的中央经济工作会议提出要继续实施积极的财政政策和稳健的货币政策。应当利用积极的财政政策，建立乡村振兴财政优先保障机制。利用扩大地方政府专项债券规模等政策，建设普惠金融体系，加快推进乡村振兴战略实施。只有建立了财政优先保障机制和普惠金融体系，才能真正形成“金融重点倾斜、社会积极参与的多元投资格局”。

具体地说，政府应当列出财政专项资金做好两件事情。一是建立和完善普惠金融基础设施。比如：“乡乡有机构，村村有服务，乡镇一级实现银行物理网点和保险服务全覆盖”；建立“三农”与中小企业征信系统；提高全省农村地区互联网普及率等。提高农村地区互联网普及率，对于普惠金融体系建设至关重要。根据第43次《中国互联网络发展状况统计报告》数据，截至2018年12月，我国互联网普及率为59.6%，其中农村地区互联网普及率仅为38.4%。因此，提高农村地区互联网普及率已成当务之急。互联网普及率不提高，不仅严重制约普惠金融发展，也严重制约人才振兴和文化振兴。

二是创新投融资机制。社会资金难以向农村流动的根本原因是“三农”金融消费者信用不匹配，对于社会资金来说存在较高的风险溢价。监管部门现行的“信贷配给”政策，强制要求大型金融机构按比例向“三农”提供金融服务，既有悖于市场规律，也违反宏观审慎监管原则。要吸引社会资金向“三农”流动，政府必须承担部分“三农”金融需求的风险溢价。否则，即使社会资金即使进入农村，也缺乏商业可持续性。

近年来，尽管政府和监管部门做出很多尝试，但是由于金融监管要求以及产品门类设计过于烦琐，降低“三农”金融需求风险溢价没有产生明显效果。因此，必须对财政资金引导社会资金的机制进行创新。投融资机制创新至少包含三方面内容：一是制度安排方面要体现财政优先保障，财政资金从总量上要确保对“三农”所需资金的支持数量，鼓励金融机构尤其是小微金融机构对“三农”增加金融服务，激活社会资金尤其是正规金融机构以外的民间资金通过普惠金融体系进入农村；二是在产品设计方面尽量简化，鼓励各金融机构和投资者不断开发和推出适合“三农”特点的新产品；三是在服务手段方面，利用品牌建设、社会责任提升等鼓励村镇银行、小贷公司以及各类担保机构开展服务“三农”的竞争。

2019 年 7 月于济南

Abstract

The "*General Plan for the Comprehensive Pilot Zone Construction of Replacing Old Growth Drivers with New Ones*" proposes to "enhance the ability of finance serves real economy, accelerate development of inclusive finance, standardized develop small loan companies, financing guarantee companies, and lease finance companies, deeply carry out new rural cooperative financial pilot, support to carry out the inclusive financial reforms according to procedures, and explore and improve the regional inclusive financial service system." The development goal of modern financial industry proposed by "*Shandong Province Modern Financial Industry Development Plan (2018-2022)*" is that "new financial services such as inclusive finance, science and technology finance, green finance, ocean finance, cultural finance, quality finance, etc. are flourishing, small and micro enterprises and farmers' loan coverage rate and subscription loan rate have increased steadily, and financial poverty alleviation tasks have been completed ahead of schedule. In 2018, with the implementation of a series of major strategies such as innovation-driven, rural revitalization and high-quality development of small and medium enterprises, the State and Shandong Province have paid more and more attention to inclusive finance, inclusive finance has achieved accelerated development, and becomes significant force of replacing old growth drivers with new ones in Shandong Province.

"*Annual Report on the Development of Inclusive Finance in Shandong Province*" takes the Party Central Committee and the State Council to develop inclusive finance, build the inclusive financial system, and the great strategy of building a moderately prosperous society in all respects as background. It systematically tracks the development process of inclusive finance in Shandong Province, enriches the connotation, function and operation mode of inclusive financial development. The "*Annual Report on the Development of Inclusive Finance in Shandong Province*" has compiled three years in a row, the "*Annual Report on the Development of Inclusive Finance in Shandong Province* (*2019*)" continues the scientific rigor and objective authority of the "Blue Book of Shandong Province" series, analyzes the current condition, advantages and problems with the development process of inclusive financial development in Shandong Province, combined with the fact of economic and social in Shandong Province, put forward policy suggestions for the development of inclusive finance. The book is divided into four parts: general report, topical reports, special topics and appendix.

The general report introduces the development of inclusive finance in Shandong Province in 2018, based on the operating situation of the banking industry across the country, microfinance industry, digital financial inclusion industry and the operation of finance industry in Shandong Province as the background for analysis, it found the inclusive finance in Shandong Province throughout the year is present characteristics that the service principals are more diversified, the inclusiveness of insurance services is improved, financial poverty alleviation has significant effects. At the same time, there are problems such as insufficient development of digital financial inclusion, uneven development of the financial system, poor quality of inclusive financial products and services, and the inclusive financial ecological environment needs to be improved. Relevant departments should focus on building digital inclusive financial platforms, improve the quality of inclusive financial products and services, establish and improve inclusive financial risk prevention and compensation mechanisms, and optimize the inclusive financial development ecological environment.

The topical reports introduce in detail the current condition and existing problems with the inclusive financial development in Shandong Province from the four aspects that inclusive finance of commercial Banks, village bank, small and micro financial institutions, new rural cooperative finance, and proposes suggestions. In 2018, the commercial banks in Shandong Province actively promoted the practice of inclusive finance in accordance with the deployment of the China Banking and Insurance Regulatory Commission, the major commercial banks' branches in Shandong Province have seen outcomes of the inclusive financial. On November 30, 2018, the China Securities Regulatory Commission issued "Reply for Audit and Approval of Qingdao bank co. , LTD. Initial Public Offering", Qingdao Bank became the first listed company from banking industry and the first listed financial company in Shandong Province, providing driven force for inclusive financial development in Shandong Province. By the end of 2018, the number of village banks in Shandong Province ranked first in China, reaching 126. The Bank of China became the main sponsoring bank with the largest number of sponsors (holdings), and the rural commercial bank became the main force to initiate the village banks. Small and micro financial institutions represented by private financing institutions and microfinance companies have become an important force in the development of inclusive finance in Shandong Province by its own characteristics. Shandong as a pilot province for new rural cooperative finance, by the end of 2018, there were 460 farmer specialized cooperatives in 118 counties (cities, districts) in the province to carry out credit mutual assistance pilot projects, an increase of 63 over the previous year, the counties (cities, districts) coverage ratio as high as 86.13%, further promoted the development of inclusive finance in Shandong Province.

The special topics have four reports, including "Inclusive Financial Supervision and Risk Prevention in Shandong Province", "Development Evaluations of Inclusive Finance in Shandong Province", "Reports on Rural Commercial Bank Inclusive Financial in Shandong Province", "Feasibility Researches of Inclusive Financial Reform Pilot Zone in Zaozhuang City". Taking the inclusive financial organizations such as private lending, online lending and microfinance as examples, conducting research on regulation and risk prevention of inclusive finance in Shandong Province, and propose four risk prevention measures. According to the calculation results of the evaluation index system of inclusive finance in Shandong Province, there are still some problems such as weak support for inclusive finance from the banking industry, insufficient application of financial technology in the development of inclusive finance, service quality of financial institutions and financial literacy of residents need to be improved, and propose five development suggestions accordingly. In order to vividly describe the current development condition of inclusive finance in Shandong Province, the special topic focuses on 110 rural commercial banks in the province, and reflects its inclusive financial services capabilities in terms of current development condition, major client, service range, service features, and social responsibility, etc. In response to the State Council and the Shandong Provincial Government's call that development of inclusive finance, the construction of the National Inclusive Financial Reform and Development Pilot Zone, the special topic carries out the research the feasibility of the inclusive financial reform pilot zone in Zaozhuang City, by summarizing the experience of the inclusive financial pilot reform in various provinces, designing the plan of the inclusive financial reform pilot zone in Zaozhuang City, and putting forward safeguard measures. The appendix provides the core laws and regulations on the development of inclusive finance issued by Shandong Province and the relevant data of the village banks for readers' research and reference.

Keywords: Inclusive Finance in Shandong Province; Evaluation Index System; Inclusive Financial Reform Pilot Zone; Digital Inclusive Finance

Contents

Ⅰ General Report

Abstract: In 2018, the development of inclusive finance has become significant driven force of replacing old growth drivers with new ones in Shandong Province. This report first summarizes the staged results of the province's inclusive financial development in light of the financial operation in Shandong Province. Secondly, the report analyzes and summarizes the existing problems, based on the current condition of inclusive financial development in Shandong Province. Development suggestions are put forward at last. From the perspective of the whole country, Shandong Province is at the forefront in the process of developing inclusive finance which manifested in the increase of local government support, also strengthen local financial reform and financial supervision, the inclusive financial supply system consists of banking, insurance and multi-level capital markets is constantly improving, inclusive finance serves the rural revitalization and poverty alleviation has achieved significant results. At the same time, the existing problems cannot be ignored, especially the development of digital inclusive finance is insufficient and the risks are frequent. In response to the existing problems, relevant departments should focus on building a digital inclusive financial platform to prevent and control risks and optimize the inclusive financial ecological environment.

Keywords: Inclusive Finance in Shandong Province; Digital Inclusive Finance; Risk prevention; Inclusive Financial Ecological Environment

Ⅱ Sub-reports

Abstract: The "Report on the Work of the Government" of 2018 proposed that it is necessary to support financial institutions to expand the inclusive financial business, demand to make great efforts to reduce the financing costs of small and micro enterprises. Therefore, commercial banks have vigorously played the role of inclusive financial sector, focusing on supporting small and micro enterprises, "agriculture, rural areas and farmers", entrepreneurship innovation and poverty alleviation. In 2018, the commercial banks in Shandong Province actively promoted the practice of inclusive finance in accordance with the deployment of the China Banking and Insurance Regulatory Commission, the major commercial banks' branches in Shandong Province have seen outcomes of the inclusive financial. In the joint-equity commercial bank, HENGFENG Bank constantly improved the inclusive financial service quality and efficiency. City commercial banks actively docked the capital market; Rural commercial banks continuously increased the effective financial service supply to small and micro enterprises and "agriculture, rural areas and farmers." However, in the process of carrying out the inclusive financial business, Shandong commercial banks still have problems such as high service costs, poor service system, insufficient integration with technology, and relatively weak awareness to serve the real economy. In order to truly make the development outcomes benefit people and achieve the purpose of financial services supports the real economy, commercial banks need to increase the resources for inclusive finance, build the micro-financial service organization system, innovate inclusive financial services, and prevent inclusive financial risks.

Keywords: Commercial Banks in Shandong Province; Inclusive Financial Division; Rural Commercial Bank in Shandong Province

Abstract: In 2018, the "Central No. 1 Document" proposed: "The focus of inclusive finance should be placed in the countryside." The "*Rural Revitalization Strategic Plan (2018 ~ 2022)*" also proposed that need to develop rural inclusive finance. The implementation of the rural revitalization strategy is inseparable from the support of inclusive finance, the village bank is an important supplier of inclusive financial services. After more than 10 years of development, China's village banks have reached 1616, covering 1286 counties across the country, with a county coverage rate of 70%, village banks have become a new force for inclusive finance, contributing to targeted poverty alleviation and build moderately prosperous society. In 2018, Shandong Provincial Government proposed to establish Qilu rural revitalization models, strengthened rural financial services and product innovation, as the banking financial institution close to the "agriculture, rural areas and farmers", the support role of village banks received much attention. By the end of 2018, the number of village banks in Shandong Province reached 126, ranked first in the country. The Bank of China became the main sponsoring bank with the largest number of sponsors (holdings), and the rural commercial bank became the main force to initiate the village banks. In addition, through the analysis of the operating performance of Qingdao Rural Commercial Bank's five village banks in the province, it is found that the average asset size is small and the profitability is insufficient, Shandong Province still needs to strengthen the development improvement of village banks in the province.

Keywords: Operation Analysis of Village Bank; Village Banks in Shandong Province; Rural Finance

B. 4 Reports on Small and Micro Financial Institutions Development in Shandong Province *Sun Dongdong*, *Liu Ye* / 094

Abstract: Small and micro financial institutions include many forms. This report mainly researches private financing and micro-loan companies. This report focuses on private financing and microfinance companies, showing the important role of small and micro financial institutions in inclusive finance in Shandong Province, through the analysis of the current condition and operation condition of small and micro financial institutions. Through the analysis of small and micro financial institutions, it is found that the small and micro financial institutions in Shandong Province still have problems such as insufficient performance of the inclusive function, lack of innovation in business, illegal operation, inadequate internal governance structure, and difficult financing. Small microfinance institutions should serve the national rural revitalization strategy, support the high-quality development of the private economy, actively integrate into the major projects of replacing old growth drivers with new ones, strengthen the deep integration with financial technology from its own perspective, and innovate the financing channels.

Keywords: Small and Micro Financial Institutions in Shandong Province; Private Financing Institutions in Shandong Province; Small-loan Company in Shandong Province

Abstract: Rural cooperative finance is an important realization form of inclusive finance and a significant part of the national rural revitalization strategy. "Development Plan of Modern Financial Industry in Shandong Province (2018-2022)" proposes: "Steadily expand the scale of new rural cooperative finance pilot, encourage the grassroots to explore and innovate credit mutual assistance mode under the premise of risk controllable, and strive to achieve a cumulative amount of credit mutual assistance business exceeding 500 million by the end of 2022." As the first pilot province for new rural cooperative finance in the country, Shandong Province has accumulated valuable experience in the new rural cooperative financial practice. Therefore, Shandong has obvious first-mover advantage in terms of policy and location. By the end of 2018, a total of 460 farmer professional cooperatives in 118 counties (cities, districts) had piloted credit mutual assistance business, an increase of 63 from the beginning of the year, and the coverage rate of counties (cities, districts) was as high as 86.13%.

Keywords: New Rural Cooperative Finance; Rural Revitalization; Agricultural and Rural Reform

Ⅲ Special Topic Reports

Abstract: In recent years, due to the development of inclusive finance driven by financial technology has formed many new commercial activities, the range of supervision needs to be continuously expanded, and the importance of risk prevention work has become increasingly prominent. In 2018, financial supervision continued the strict supervision concept, and more emphasis on macro-prudential supervision. In order to prevent systemic risks, the financial regulatory framework is shifting towards coordinated supervision and unified supervision. Under the unified supervision system, financial chaos has been contained, the prudent management concept of financial institutions has been strengthened, and the financial operation has been stable overall. This report researches inclusive financial supervision and prevention, through the analysis of inclusive financial supervision system in Shandong Province, risk disposition conditions and related policies and regulations, it introduces the current condition of inclusive financial supervision in Shandong Province, and it also targets the existing risks of private lending, online lending, and microfinance in inclusive finance to analyze. In the end, the report proposed various suggestions for inclusive financial risk prevention in Shandong Province such as to actively introduce policies to regulate lending activities, establish a regulation mechanism to reduce the lending rate, accelerate the construction of compliance in the online lending industry, and establish an effective information disclosure mechanism.

Keywords: Private Finance in Shandong Province; Internet Peer to Peer Lending; Private Lending; Financial Supervision in Shandong Province

B. 7 Development Evaluations of Inclusive Finance in Shandong Province *Sun Guomao, Wang Dalei and Pu Yang* / 171

Abstract: The inclusive financial evaluation system constructed in this report consists of 3 prime indicators include availability, usage, and service quality, and 13 secondary indicators include internet basic resources index, small and micro enterprise loan acquisition rate, and etc., it measures that inclusive financial development index in Shandong Province in 2018 is 0. 322072, ranking the 8th in China. According to the results of the inclusive financial evaluation system, we find that there are some problems need to be solved in the development of inclusive finance in Shandong Province, such as the banking system's support for inclusive finance needs to be improved, the inclusive role of the insurance industry is difficult to play, the application of financial technology in the digital economy is insufficient, the service quality of financial institutions and residents' financial literacy need to be improved, etc. In response to these problems, this report proposes suggestions such as giving full play to the role of the "leading goose" in the banking industry, giving full play to insurance and security advantages to strengthen fiscal weaknesses, vigorously develop digital inclusive finance based on financial technology, improving the service quality of financial institutions, and actively exerting inclusive financial function of the capital market.

Keywords: Inclusive Financial Evaluation System; Availability; Service Quality.

Abstract: In 2018, The People's Bank Of China, the Ministry of Finance of People's Public of China and other departments unveiled several preferential policies promote inclusive finance developing. In order to reflect the current condition of rural commercial banks carrying out inclusive financial business in Shandong Province, this report focuses on 110 rural commercial banks in the province, and reflects its inclusive financial services capabilities in terms of current development condition, major client, service range, service features, and social responsibility, etc. As the management and guiding department of the rural commercial banks in the province, Shandong Rural Credit Union focused on policies implementation to guide rural commercial banks providing support to inclusive finance in significant areas, with small and micro enterprises in the county, private economy and new agricultural business as the significant target, promoted inclusive finance to serve rural revitalization strategy, serve province revitalization through ocean strategy, serve army-civilian integration strategy, earnestly carry out targeted poverty alleviation, and serve popular entrepreneurship and popular innovation. The province's rural commercial bank system has basically completed the financial ecosphere with "three platforms and one payment" as the main body, accelerated the promotion of the online business and branches transformation, and launch the online loan product "credit-e-loan" to energetically expand the retail business and keep to improve customer's experience.

Keywords: Rural Commercial Bank; Small and micro Enterprise; Rural Revitalization; Province Revitalization Through Ocean

B. 9 Feasibility Researches of Inclusive Financial Reform Pilot Zone in Zaozhuang City

Abstract: The State Council issued the "*Promote Inclusive Financial Development Plan (2016-2020)*", and lay out that under the conditions of risk control and legal compliance, all regions should carry out pilot projects to promote the development of inclusive finance, promote reform and innovation, and strengthen practice verification. In 2018, the "*Shandong Province Modern Financial Industry Development Plan (2018-2022)*" issued by the People's Government of Shandong Province also made the development of inclusive finance and the construction of the national inclusive financial reform and development pilot zones as an important content. In recent years, Zaozhuang City has carried out inclusive financial practice exploration in accordance with the requirements of the State Council and People's Government of Shandong Province, and has achieved significant results. This report analyzes the necessity and feasibility of establishing the inclusive financial reform pilot zones in Zaozhuang City. By summarizing the experiences of the inclusive financial reform pilot zones in each province, it proposes to begin with the construction of a powerful diversified financial services platform, construction of six systems of inclusive finance, etc. , to carry out the design of the inclusive financial reform pilot zones in Zaozhuang City, and proposes construction measures of the pilot zone such as strengthening organizational leadership, strict assessment and supervision, improve guarantees of talents.

Keywords: Inclusive Financial Reform in Zaozhuang City; Inclusive Financial Reform Pilot Zones; Replace Old Growth Drivers With New Ones

皮书起源

“皮书”起源于十七、十八世纪的英国，主要指官方或社会组织正式发表的重要文件或报告，多以“白皮书”命名。在中国，“皮书”这一概念被社会广泛接受，并被成功运作、发展成为一种全新的出版形态，则源于中国社会科学院社会科学文献出版社。

皮书定义

皮书是对中国与世界发展状况和热点问题进行年度监测，以专业的角度、专家的视野和实证研究方法，针对某一领域或区域现状与发展态势展开分析和预测，具备原创性、实证性、专业性、连续性、前沿性、时效性等特点的公开出版物，由一系列权威研究报告组成。

皮书作者

皮书系列的作者以中国社会科学院、著名高校、地方社会科学院的研究人员为主，多为国内一流研究机构的权威专家学者，他们的看法和观点代表了学界对中国与世界的现实和未来最高水平的解读与分析。

皮书荣誉

皮书系列已成为社会科学文献出版社的著名图书品牌和中国社会科学院的知名学术品牌。2016 年，皮书系列正式列入“十三五”国家重点出版规划项目；2013~2019 年，重点皮书列入中国社会科学院承担的国家哲学社会科学创新工程项目；2019 年，64 种院外皮书使用“中国社会科学院创新工程学术出版项目”标识。

中国皮书网

（网址：www.pishu.cn）

发布皮书研创资讯，传播皮书精彩内容
引领皮书出版潮流，打造皮书服务平台

栏目设置

关于皮书：何谓皮书、皮书分类、皮书大事记、皮书荣誉、
皮书出版第一人、皮书编辑部

最新资讯：通知公告、新闻动态、媒体聚焦、网站专题、视频直播、下载专区

皮书研创：皮书规范、皮书选题、皮书出版、皮书研究、研创团队

皮书评奖评价：指标体系、皮书评价、皮书评奖

互动专区：皮书说、社科数托邦、皮书微博、留言板

所获荣誉

2008 年、2011 年，中国皮书网均在全国新闻出版业网站荣誉评选中获得“最具商业价值网站”称号；

2012 年，获得“出版业网站百强”称号。

网库合一

2014 年，中国皮书网与皮书数据库端口合一，实现资源共享。

S 基本子库
UB DATABASE

中国社会发展数据库（下设 12 个子库）

全面整合国内外中国社会发展研究成果，汇聚独家统计数据、深度分析报告，涉及社会、人口、政治、教育、法律等 12 个领域，为了解中国社会发展动态、跟踪社会核心热点、分析社会发展趋势提供一站式资源搜索和数据分析与挖掘服务。

中国经济发展数据库（下设 12 个子库）

基于"皮书系列"中涉及中国经济发展的研究资料构建，内容涵盖宏观经济、农业经济、工业经济、产业经济等 12 个重点经济领域，为实时掌控经济运行态势、把握经济发展规律、洞察经济形势、进行经济决策提供参考和依据。

中国行业发展数据库（下设 17 个子库）

以中国国民经济行业分类为依据，覆盖金融业、旅游、医疗卫生、交通运输、能源矿产等 100 多个行业，跟踪分析国民经济相关行业市场运行状况和政策导向，汇集行业发展前沿资讯，为投资、从业及各种经济决策提供理论基础和实践指导。

中国区域发展数据库（下设 6 个子库）

对中国特定区域内的经济、社会、文化等领域现状与发展情况进行深度分析和预测，研究层级至县及县以下行政区，涉及地区、区域经济体、城市、农村等不同维度。为地方经济社会宏观态势研究、发展经验研究、案例分析提供数据服务。

中国文化传媒数据库（下设 18 个子库）

汇聚文化传媒领域专家观点、热点资讯，梳理国内外中国文化发展相关学术研究成果、一手统计数据，涵盖文化产业、新闻传播、电影娱乐、文学艺术、群众文化等 18 个重点研究领域。为文化传媒研究提供相关数据、研究报告和综合分析服务。

世界经济与国际关系数据库（下设 6 个子库）

立足"皮书系列"世界经济、国际关系相关学术资源，整合世界经济、国际政治、世界文化与科技、全球性问题、国际组织与国际法、区域研究 6 大领域研究成果，为世界经济与国际关系研究提供全方位数据分析，为决策和形势研判提供参考。